bvbooks

eu leio

bvbooks
BV Films Editora Ltda.
Rua Visconde de Itaboraí, 311
Centro | Niterói | RJ | 24.030-090
55 21 2127-2600 | www.bvfilms.com.br

EDITOR RESPONSÁVEL
Claudio Rodrigues

COEDITOR
Thiago Rodrigues

ADAPTAÇÃO CAPA
Chayanne Maiara

DIAGRAMAÇÃO
Larissa Almeida

TRADUÇÃO
Regina Aranha

REVISÃO DE PROVAS
Christiano Titoneli

ÍNDICE ONOMÁSTICO
Gabriela Amaral

As passagens bíblicas utilizadas nesta obra serão indicadas neste livro com suas respectivas versões, quando necessário.

Os conceitos concebidos nesta obra não, necessariamente, representam a opinião da BV Books, selo editorial BV Films Editora Ltda. Todo o cuidado e esmero foram empregados nesta obra; no entanto, podem ocorrer falhas por alterações de software e/ou por dados contidos no original. Disponibilizamos nosso endereço eletrônico para mais informações e envio de sugestões: faleconosco@bvfilms.com.br.

NORTON, David.
A Bíblia King James: Uma breve história de Tyndale até hoje. Rio de Janeiro: BV Books, 2013.

ISBN	978-85-8158-041-8
1ª edição	Maio | 2013
Impressão e Acabamento	Promove
Categoria	Teologia | Cristianismo

Impresso no Brasil | Printed in Brazil

A BÍBLIA KING JAMES

A Bíblia King James (BKJ) foi o resultado de um esforço extraordinário de quase mais de um século, em que se utilizaram de muitas traduções boas para o inglês e as transformaram no que os tradutores consideraram "a melhor dentre as boas traduções, sem nos opor a outras traduções". David Norton rastreia o trabalho até Tyndale e seus sucessores, analisando a tradução e as revisões de duas passagens representativas. Seu novo e fascinante relato segue em detalhes a criação da BKJ, dando atenção ao manuscrito dos tradutores. Ele também examina evidências desconhecidas, como o diário de John Bois, o único homem que fez anotações sobre a tradução. No centro do livro, há uma discussão abrangente da primeira edição da Bíblia. A última parte do livro rastreia a história do texto e da impressão da BKJ e apresenta um relato conciso de sua erudição em constante transformação e reputação literária.

DAVID NORTON é professor de Inglês na Victoria University of Wellington. Suas publicações anteriores incluem *A History of the Bible as Literature*, 2 volumes (Cambridge, 1993) e *The New Cambridge Paragraph Bible* (Cambridge, 2005).

A BÍBLIA KING JAMES

Uma Breve História de Tyndale até Hoje

DAVID NORTON

Sumário

Ilustrações

1 Gênesis 3:1-2, Bíblia dos Bispos, de 1602, com anotações feitas pelos tradutores da BKJ. Biblioteca Bodleian Bib. Eng. 1602 b. I. Reproduzida com permissão da Biblioteca Bodleian, University of Oxford. 70

2 Página-título, de 1611, feita por Cornelis Boel. Bible Society: BSS.211.CII (cópias múltiplas). Reproduzida com permissão Bible Society e do representante da Cambridge University Library. 144

3 1611: Gênesis 16-17. Reproduzida com permissão da Bible Society e do representante da Cambridge University Library. 149

4 BKJ, de 1642, com anotações de Genebra, impressa em Amsterdã. Bible Society (Fry Collection). BSS.201.C42. Gênesis 16-17. Reproduzida com permissão da Bible Society e do representante da Cambridge University Library. 164

5 Gênesis 15-17, Bíblia de Cambridge, de 1629. Cópias múltiplas da Sociedade da Bíblia e UL. BSS.201.C42. Reproduzida com permissão da Bible Society e do representante da Cambridge University Library. 174

6 Página-título e fólio, de 1660, de Field e Ogilby. Biblioteca da Universidade de Cambridge. Reproduzida com permissão da Bible Society e do representante da Cambridge University Library. 180

7 Gravuras in-oitavo de Bill e Barker, 1680, em "A história do Antigo e do Novo Testamentos em gravuras". Bible Society: BSS.201.C80.2. A primeira encontra-se na parte de Gênesis. A segunda encontra-se na parte de 2Samuel 22-23. Reproduzida com permissão da Bible Society e do representante da Cambridge University Library. 181

David Norton para o leitor

Esse título é em homenagem a William Tyndale, que usou a mesma forma para o prólogo de seu Novo Testamento de 1534. Foi Tyndale quem começou a escrever em inglês o que se tornou a Bíblia King James e fez o máximo que pode para torná-la o que é. Claro que ele tinha de ter uma Bíblia para traduzir; por isso, começo com a própria Bíblia e um exame seletivo nos recursos que os tradutores da Reforma tinham disponíveis. A história inglesa da Bíblia King James começa com Tyndale, e examino como ele e seus sucessores coletivamente criaram a BKJ. Esse exame, em parte, é feito por intermédio da história do trabalho deles e, em parte, mostrando como eles desenvolveram duas breves passagens. A seguir, traço a história do trabalho na própria Bíblia King James e examino a erudição dos tradutores, sobretudo por meio da biblioteca de um dos tradutores e do diário, anteriormente desconhecido, de outro deles. No cerne da história está a primeira edição de 1611, examinada desde a página-título até os mínimos detalhes do texto. A isso, segue-se uma pesquisa da história da impressão da Bíblia King James por intermédio do estabelecimento do texto padrão, em 1769, seguido de um exame mais seletivo das últimas edições. Nem sempre a Bíblia King James foi admirada como passou a ser nos últimos dois séculos e meio de sua vida, assim, concluo com um esboço da mudança de sua reputação. Essa é uma história, assim espero, que aumentará o entendimento e o apreço pela primeira Bíblia impressa em inglês.

Há relatos da Bíblia em inglês, muitos deles excelentes, desde 1645. A reunião de informação, como a criação da BKJ, é processo colaborativo ao longo dos séculos, portanto, algumas coisas oferecidas neste livro são encontradas em muitos outros livros; e fico satisfeito de ter extraído informações deles. Este não é um retrato vívido da época dos tradutores: a tradução, acima de tudo, é uma questão de determinar os detalhes mais refinados de palavras, assim, tanto quanto possível, tento apresentar uma impressão genuína, esperando que o leitor esteja disposto a dar mais atenção ao detalhe do que transformou a Bíblia King James no que ela é para nós. Também uso algum material de minha obra anterior sobre a Bíblia e, de vez em quando, repito a mim mesmo, pelo que espero ser perdoado.

A disponibilidade de imagens digitais de livros anteriores, notavelmente em Early English Books Online (Chadwyck-Healey) e Eighteenth-Century Collections Online (Gale), além de tornar o processo muito mais acessível, permitiu-me, em muitos casos, a citar edições originais, mas usei a grafia moderna para essas citações.

Além de agradecer a outros escritores que escreveram sobre as Bíblias inglesas, em geral, e sobre a Bíblia King James, em particular, agradeço a Ward Allen, estudioso pioneiro da Bíblia King James; a Jim Urry, designado por ele mesmo como o incansável assistente de pesquisa; a Art Pomeroy e Peter Gainsford, que me ajudaram de modo inestimável no entendimento do diário de John Bois; a Tatjana Schaeffer e Jack Thiessen que me ajudaram a entender o alemão de Lutero; a Paul Morris, Kathryn Walls, Glyn Parry, Michael Wheeler, Laurence M. Vance e muitas bibliotecas e estudiosos de Cambridge, incluindo Alan Jesson e Rosemary Matthews (Sociedade Bíblica); Nicholas Rogers (Sidney Sussex); David McKitterick (Trinity); Scott Mandelbrote (Peterhouse); Helen Carron (Emmanuel) e à equipe e à biblioteca do Gonville and Caius College.

Quero aproveitar a oportunidade para também agradecer aos correspondentes que me ajudaram a encontrar erros na *The New Cambridge Paragraph Bible*: seu interesse foi útil e encorajador. Sou especialmente agradecido a Raoul Comninos, que enviou sugestões e notas detalhadas sobre o texto todo, e a Thomas L. Hubeart.

Refletindo sobre o fato que, há muito tempo, pareceu ser um momento curioso em minha carreira que me levou trabalhar com a Bíblia, agora, parece ter sido um tipo de inevitabilidade. Assim, minha maior dívida de gratidão é com minha mãe e seu contínuo amor pela Bíblia. Sua herança metodista galesa, remontando a um dos fundadores do metodismo, Daniel Rowland, influenciou-me mais do que imaginava. A presença de várias Bíblias em nossa casa, incluindo as traduções de J. B. Phillips e James Moffatt, e a obra *The Bible Designed to be Read as Literature*, de E. S. Bates, ajudaram a modelar minha consciência acerca da Bíblia. Quando ela lia em voz alta *The New Cambridge Paragraph Bible* para meu pai, sentia um prazer estranho e profundo nisso. Este livro foi originalmente dedicado a ela, mas, agora, tenho de acrescentar:

Em memória de minha mãe, Margaret Norton,
cuja bondade amorosa ensinou a nós todos como viver.

Lista de abreviações

Bod 1602	Bíblia dos Bispos com anotações dos tradutores da BKJ
BKJ	Bíblia King James
NCPB	*The New Cambridge Paragraph Bible*
ODNB	*Oxford Dictionary of National Biography*
OED	*Oxford English Dictionary*
AT	Antigo Testamento
NT	Novo Testamento

CAPÍTULO 1

Predecessores

ORIGINAIS E TEXTOS

OS ORIGINAIS

A Bíblia King James, o livro mais importante da religião e cultura inglesas, começou a ser criada em algum momento desconhecido mais próximo de três que de dois mil anos antes 1604, o ano em que James VI e I, rei da Escócia, agora, também conhecido como rei da Inglaterra, reuniu os líderes religiosos da nação, em Hampton Court, e, aparentemente ao acaso, ordenou que fosse feita uma nova tradução da Bíblia. Esse momento original desconhecido de criação aconteceu quando os descendentes de Abraão deixaram de apenas contar e passaram a escrever suas crenças e a história de sua herança. Esse foi um momento crucial da civilização. Os antigos hebreus começaram a fazer parte do mundo escrito. Seus escritos se transformaram em uma coletânea de livros conhecidos como o Antigo Testamento. O AT guarda como uma relíquia o conhecimento que tinham deles mesmos e de seu relacionamento com Deus. Sem o AT, talvez eles não tivessem sobrevivido como povo, e o mundo cristão — e talvez também o mundo islâmico — seria algo inimaginavelmente distinto do que é.

A Palavra de Deus era tudo para os religiosos judeus. No começo, Deus falava com Adão e Eva como um senhor fala com seus arrendatários, pessoa a pessoa; depois, com Moisés, Ele falou face a face, como um homem fala com seu amigo (Êx 33.11). A intimidade diminuiu e, na época do jovem Samuel, a Palavra de Deus tinha se tornado "mui rara" (1Sm 3.1), ou seja, rara e valiosa. Deus ainda falava por intermédio de seus profetas, e eles podiam dizer: "Assim diz o Senhor". Mas com as pessoas comuns, com certeza, Ele falava mais por intermédio das palavras do livro. Essas palavras passaram a ser guardadas como o maior tesouro, pois Deus e a Palavra eram a mesma:

"O Verbo era Deus" (Jo 1.1). Nem o menor detalhe, "nem um i ou um til" (Mt 5.18) deixará de ser cumprido e nada pode ser mudado na Palavra. Assim, Moisés ordenou: "Nada acrescentareis à palavra que vos mando, nem diminuireis dela, para que guardeis os mandamentos do Senhor, vosso Deus, que eu vos mando" (Dt 4.2). A perfeita obediência aos mandamentos de Deus passou de mão em mão com um texto imutável.

Essa obediência só é possível se o livro for entendido. No entanto, enquanto há partes simples como os Dez Mandamentos, há partes, como as visões proféticas de Ezequiel, que são muitíssimo difíceis, assim, alguém pode se juntar aos discípulos e dizer: "Que quer isto dizer?" (At 2.12) Até mesmo o sentido literal de palavras individuais pode ser difícil. O Antigo Testamento representa quase tudo que sobreviveu do antigo hebraico: é um corpus muitíssimo reduzido para, a partir dele, determinar o sentido de todas suas palavras e entender completamente como ele funciona como linguagem. Seu vocabulário tem pouco mais de 8.000 palavras, das quais quase mil aparecem apenas uma vez, e há menos de vinte ocorrências de quatro quintos delas. Além disso, o texto é falho em algumas passagens. O imenso esforço para preservar um texto que, em algumas partes, tinha mais de mil anos, inevitavelmente, quer pelo trabalho editorial quer por cópia imperfeita, nem sempre representava o que foi originalmente escrito. Na verdade, o texto, às vezes, mal fazia sentido.

O respeito pelo texto e os problemas de entendimento são um pano de fundo essencial na história dos livros, da erudição e dos homens que se tornaram a história da Bíblia King James.

Deus prometeu a Abraão que ele seria "pai de numerosas nações" (Gn 17.4); e muitas nações de fala não hebraica herdaram a Bíblia hebraica. Contudo, por mais que respeitassem o texto, essas nações, na prática, não trataram o texto como os judeus o tratavam. Uma coisa era mais importante que ter a Bíblia na língua de Deus: tê-la na língua do povo. O texto tinha de ser traduzido com a maior reverência, e a prática começou cedo. O aramaico substituiu o hebraico como a língua diária do povo judeu, assim, data do exílio babilônio, no século VI a.C., o Targum aramaico — tradução-interpretações — foi feito de todo o Antigo Testamento, com exceção dos livros de Esdras, Neemias e Daniel. A outra língua mais importante do judaísmo era o grego, à medida que se desenvolveram comunidades judaicas fora de Israel. A tradução dessas comunidades era a Septuaginta (c. século

III a.C.), notável por fornecer versões alternativas de alguns livros, como Ester, Daniel, Esdras e Neemias, e por incluir outros que não faziam parte da Bíblia hebraica: Tobit, Suzana, a Sabedoria de Salomão, Eclesiástico, Baruque e Macabeus (essa é a base dos livros apócrifos). Essa era a versão do Antigo Testamento usada para as citações no NT. A Igreja do Oriente, ou Igreja Ortodoxa, mantém o grego como sua principal língua e ainda usa a Septuaginta com seu Antigo Testamento padrão. No devido curso, o latim tornou-se a língua predominante no cristianismo ocidental e também ganhou uma versão padrão, a Vulgata de Jerônimo, feita entre 382 e c. 404 d.C. Essas foram as principais versões antigas usadas pelos tradutores da Reforma.

O NT, os escritos sagrados que começaram como uma pequena facção no judaísmo, os seguidores de Cristo, criou, fundamentado no Antigo Testamento, um novo entendimento do relacionamento entre Deus e a humanidade alicerçado nos ensinamentos de Jesus e na crença de que Ele era o Messias, o Filho ressurreto de Deus. O NT, que se transformou na parte final e mais importante da BKJ, foi escrito em grego e desenvolvido em espaço de tempo muito mais curto que o Antigo Testamento. Seu rápido desenvolvimento e disseminação impediu-o de alcançar uma forma tão fixa como a do Antigo Testamento. Ele chegou à Reforma por intermédio de um pequeno número de manuscritos (muito menos dos conhecidos hoje) que nem sempre eram idênticos. Além disso, o texto, como o Antigo Testamento, veio por intermédio da Vulgata.

OS TEXTOS

Como era de esperar, a partir da tradição por trás disso tudo, houve pouca variação entre os textos hebraicos, e os tradutores dos séculos XVI e XVII, provavelmente, usaram qualquer edição impressa que tinham à mão sem achar necessário fazer comparações. O texto básico impresso da Reforma, embora não o primeiro, foi o trabalho de Daniel Bomberg, impressor e estudioso cristão que trabalhou em Veneza, e de Felix Pratensis, judeu convertido, publicado pela primeira vez em 1516-1517. Essas Bíblias de Bomberg, ou Rabínicas, mais destacadamente a segunda edição de 1524-1525, estabeleceram o padrão. As principais edições deram origem ao Targum, impresso junto com comentários rabínicos medievais em hebraico em tipo menor e, muitas vezes, envolvendo-o completamente. Os comentários eram principalmente de Rashi, muitissímo influente como preservador da tradição judaica, do filólogo Abraham Ebn Ezra e do renomado gramático David Kimchi.

O texto do NT foi impresso mais tarde e demorou mais para tomar uma forma padrão. O trabalho de produzir os primeiros NTs gregos impressos dependeu principalmente dos manuscritos aos quais os editores tiveram acesso primeiro, às vezes, usando mais manuscritos. Os dois primeiros NTs impressos em grego foram o resultado de trabalho independente e concomitante. Em Alcalá (Complutum, nome latino do lugar), na Espanha, foi impresso o texto poliglota complutensiano, em 1514, mas só publicado em 1522 e, nessa ocasião, em apenas uma edição de seiscentas cópias bastante caras. O texto afirmava ter sido feito a partir dos manuscritos mais antigos, mas não temos conhecimento de que manuscritos eram esses, só que obras muito críveis entraram no texto. Estimulado pelo impressor John Froben, Desidério Erasmo, um dos mais famosos eruditos da época, aumentou o preço, acordado anteriormente, para os espanhóis de um texto grego com observações acompanhado por sua nova tradução latina, o *Novum Instrumentum*, em 1516. O texto, conforme os erros apontados e admitido por Erasmo, foi "verdadeiramente feito com mais pressa, que editado",[1] preparado em questão de meses e principalmente a partir de dois manuscritos do século XII, comparado com alguns outros e um único manuscrito incompleto do Apocalipse, também do século XII; ele usou seus manuscritos mais antigos, do século X, no mínimo, porque eles, pelo menos, se adequavam aos seus outros textos (hoje, acha-se que esse manuscrito foi o melhor manuscrito ao qual teve acesso).[2] Ele tinha esperança de encontrar um manuscrito bom o suficiente para Froben usar como cópia, mas foram necessárias algumas correções, e ele as fez diretamente no manuscrito.[3] Nos trechos de seu manuscrito que tinham omissões ou nos trechos do texto e do comentário que estavam tão misturados que ficaram indistinguíveis, ele apresentou sua própria tradução grega, baseada na Vulgata. Às vezes, o resultado não corresponde a nenhum dos manuscritos gregos, porém, permanece no Texto Recebido.

[1] "Praecipitatum verius quam editum"; citada em Greenslade (ed.), *Cambridge History of the Bible*, vol. III, p. 59.

[2] Metzger. *The Text of the New Testament*, p. 102.

[3] Ibid., p. 99 ff., ilustração XVI.

Cerca de 3.300 cópias das duas primeiras edições do texto de Erasmo, comparativamente mais barato e conveniente, além do prestígio do próprio Erasmo, garantiram que esse fosse o texto preferido durante — e bem depois — o tempo dos tradutores. Erasmo e os editores subsequentes refinaram o texto, extraindo do texto complutensiano e trabalhando mais com manuscritos. Em 1550, Robert Estienne, estudioso e impressor, publicou um elegante fólio que salientava problemas de exatidão textual fornecendo leituras variantes na margem baseadas no texto complutensiano e a comparação com mais de quinze manuscritos feita por seu filho, Henri. Não obstante, o próprio texto foi pouco mudado das edições finais de Erasmo. Theodore Beza, importante estudioso genebrino, sem alterar muito o texto elaborou uma obra crítica em uma sucessão de edições a partir de 1565 em diante; os tradutores da BKJ usaram suas edições de 1588-1589 e de 1598.[4] A despeito do conhecimento acumulado das leituras variantes, havia um forte senso de que o texto grego alcançava uma autenticidade similar à do texto hebraico. Isso ficou bem estabelecido pela prensa Elzevir, produzindo edições relativamente baratas e populares e informando o comprador de sua segunda edição, de 1633, de que "você tem o Texto Recebido por todos".[5]

Texto Recebido acabou por se tornar o nome desse texto, e a versão de Estienne, de 1550, do texto de Erasmo permaneceu o texto padrão até o século XIX. Ele representa a forma geral do texto encontrado na maioria dos manuscritos, o texto bizantino, ou seja, associado com a Igreja do Oriente, em Bizâncio (Constantinopla). A maioria das atestações e o uso tradicional deram a esse texto, no qual foram baseadas as traduções da Reforma, uma posição e importância especiais. O texto representa o que a maioria dos cristãos entende como a verdade do NT. Não obstante, os avanços na crítica textual e o conhecimento de muitos mais manuscritos, agora, deixam claro que isso não é o mais próximo que podemos chegar dos originais perdidos dos autores do NT (um assunto complexo que está além do escopo deste livro). A escolha é entre tradição e autenticidade: o que se acreditava ser verdade contra algo mais próximo da verdade dos autores do NT e, por meio deles, da origem do cristianismo.

[4] Ibid., p. 105.

[5] "Textum ergo habes, nunc ab omnibus receptum"; citado na Greenslade (ed.). *Cambridge History of the Bible*, vol. III, p. 64.

Os textos hebraicos e os gregos, com frequência, eram impressos com outras versões, marcadamente versões latinas. Estes eram de grande utilidade para os tradutores, pois o latim era o vernáculo internacional da erudição. Os textos poliglotas, o complutensiano e a Bíblia Poliglota da Antuérpia, de Plantin, ou Bíblia Plantiniana, (1569-1572), incluíam outras versões antigas, algumas vezes, intercaladas com traduções para o latim. O NT de Erasmo tem tradução para o latim, a *Novum Instrumentum*, em uma coluna paralela. A tradução para o latim de Sanctes Pagnino é extremamente literal, *Veteris et Novi Testamenti nova translatio* (1528), e foi muitíssimo influente não apenas por sua tradução literal para o latim do AT (outras versões suplantaram seu NT), mas também por causa do extenso uso de fontes rabínicas.

Os tradutores de diversas línguas encontram um mestre em Pagnino. Coverdale foi um deles; os tradutores da Bíblia dos Bispos foram instruídos a seguir Paninus e Münster "para a verdade do hebraico", e a BKJ recorreu a Pagnino para algumas leituras.[6] Sebastian Münster publicou uma versão em latim do AT com observações impressas junto com o hebraico, em 1535, que também recorreu muitíssimo a fontes rabínicas. Embora a tradução de Münster não tenha alcançado o sucesso duradouro da de Pagnino, suas observações eram muito valorizadas. A Bíblia Latina de Zurique, de 1543, incluía uma nova tradução dos livros apócrifos e uma versão revisada do NT em Latim de Erasmo. As últimas versões desses influentes ATs em latim com observações e influências judaicas foram a obra de Tremélio e seu genro Júnio. A versão inclui traduções do AT, o NT Peshitta e os livros apócrifos. Depois do NT de Erasmo, a nova principal versão latina do NT foi a de Beza (1557); ambas incluíam observações e foram reimpressas muitas vezes.

A apresentação, com frequência, aumentava o valor dessas versões, pois, em geral, eram apresentadas como cópias ou empréstimos de outras traduções. Foram desenvolvidas formas de salientar as conexões entre o latim e as línguas originais. A Bíblia Poliglota Complutensiana ligou as palavras do NT à Vulgata usando letras sobrescritas: o leitor só tinha de voltar a vista do grego, na coluna à esquerda da página, para o latim, na coluna à direita, para verificar qual palavra em uma língua representava o termo na outra língua.[7]

[6] Pollard. "Observations respected of the translators", *Records of the English Bible*, p. 297; Lloyd Jones. *Discovery of Hebrew in Tudor England*, p. 41–2.

[7] Metzger. *Text of the New Testament*, p. 97, ilustração XVI.

Os textos sobrescritos eram ainda mais fáceis de usar. Após a publicação da tradução de Pagnino, em 1528, poucos, talvez nenhum, dos tradutores estaria trabalhando apenas a partir das línguas originais, auxiliados por nada mais que gramáticas e dicionários e nunca se encontrariam trabalhando sem um vasto conhecimento do texto na mente; a maioria deles conhecia intimamente a Vulgata.

Todos esses homens, desde o primeiro escritor hebraico até Beza, contribuíram, direta ou indiretamente, para a BKJ. Muitos mais tradutores — em especial os tradutores vernaculares continentais, como Martinho Lutero e os produtores de dicionários, gramáticas e concordâncias — têm de ser acrescentados, mas esses livros são suficientes para dar uma ideia de todo o material a partir dos quais os tradutores para o inglês trabalharam.

O PRIMEIRO ESBOÇO: WILLIAM TYNDALE

Os tradutores da BKJ se consideravam revisores, não criadores de uma nova tradução. Em seu prefácio, "Dos tradutores para o leitor", eles dizem:

> Bom e verdadeiro leitor cristão, desde o início, não pensávamos que teríamos de fazer uma nova tradução, nem em transformar uma tradução ruim em uma boa, [...] mas aperfeiçoar uma boa tradução ou a partir de muitas boas traduções fazer a melhor dentre as boas traduções, sem nos opor a outras traduções, e esse foi nosso trabalho, a nossa marca.[8]

A "boa tradução" que tinham de aperfeiçoar, tornando-a melhor, era a Bíblia oficial da Igreja da Inglaterra, a Bíblia dos Bispos, de 1568, e as "muitas boas traduções" eram os Testamentos e as Bíblias feitas por William Tyndale e seus sucessores. Esses muitos homens fizeram esboços e mais esboços da BKJ. Contudo, o imenso débito da BKJ com as Bíblias inglesas que a antecederam é diferente de seu débito com os criadores da Bíblia e com os estudiosos que determinaram o texto e mostraram como ele fora entendido e como devia ser entendido. Os predecessores ingleses contribuíram para o entendimento do texto, mas sua principal contribuição foi desenvolver uma maneira de expressar a ideia em inglês. As expressões dos tradutores ingleses, a compreensão do texto de acordo com os estudiosos continentais: essa, de forma geral, é a fórmula da BKJ.

[8] *NCPB*, p. xxxi.

Este capítulo examina a história externa das versões que antecederam a BKJ, considerando-as esboços para a BKJ e, às vezes, servindo para os debates acadêmicos para chegar ao texto final da BKJ. No próximo capítulo, volto para a história interna, pegando duas passagens curtas para mostrar como os tradutores ingleses modelaram a versão que recebemos como a BKJ.[9]

William Tyndale morreu como mártir antes de conseguir concluir sua tradução. A impressão de seu NT, de início, foi frustrada pela invasão da gráfica em 1525; só o prólogo e a maior parte de Mateus sobreviveram. Seu NT completo apareceu, em 1526, com a edição revisada em 1534. A primeira parte do AT, o Pentateuco, foi publicado em 1530; e o livro de Jonas, um pouco depois. A tradução de Tyndale de Josué a 2Crônicas apareceu postumamente na Bíblia de Matthew (1537). Isso foi suficiente para estabelecer o caráter geral da Bíblia inglesa por intermédio da BKJ e traduções posteriores. Sem Tyndale, a Bíblia inglesa seria diferente e, com toda probabilidade, inferior. Quando lemos a BKJ, até certo ponto, estamos lendo Tyndale, às vezes, um pouco revisado, outras vezes, retrabalhado de maneira substancial. Um único espírito inspira a Bíblia inglesa protestante — e até mesmo, até certo ponto, a católica — desde Tyndale até a BKJ; e Tyndale foi sua primeira e mais importante manifestação.

"Não havia ninguém a quem pudesse imitar nem qualquer texto em inglês, de tempos passados, no qual pudesse me apoiar por já ter interpretado a mesma parte ou parte semelhante das Escrituras", declara ele na carta "para o leitor" de seu NT de 1526. Ele foi, de fato, um pioneiro. Contudo, como esse texto mesmo reconhece, houve outras traduções da Bíblia ou de partes dela para o inglês. A mais notável entre estas foi a Bíblia de Wycliffe ou Bíblia de Lollard, que apareceu em duas versões por volta de 1382 e 1388. Esse manuscrito da Bíblia anterior à Reforma foi traduzido a partir da Vulgata: primeiro, com tal literalidade que parecia uma cópia literal do latim; depois, foi revisada procurando usar um pouco de expressões idiomáticas inglesas. Talvez Tyndale conhecesse essa Bíblia, apenas a fonte latina, o próprio inglês obsoleto e a excessiva literalidade a transformavam em um modelo a ser evitado.

Ele tinha muito poucos modelos não ingleses, mas ele, de todos os tradutores ingleses, foi o que chegou mais perto de trabalhar sozinho a partir das

[9] A "história externa" e a "história interna" são as duas principais divisões da obra de Westcott, *History of the English Bible*, uma das melhores obras sobre o assunto.

línguas originais. Sua última carta sobrevivente escrita em latim da prisão pouco antes de ser morto como mártir sugere isso; nessa carta, ele pede "a Bíblia, a gramática e o dicionário hebraicos para que [pudesse] passar o tempo nesse estudo".[10] Não devemos considerar que isso seja uma sugestão de que ele continuou sua tradução na prisão — precisaria de muito mais material que esse ou, no mínimo, de papel — mas mostra o que ele considerava básico para seu estudo: texto, gramática e dicionário.

Sua revisão do NT aponta na mesma direção. O título proclama que o NT foi "diligentemente corrigido e comparado com o grego", e esse é o primeiro ponto que ele apresenta nos dois prefácios. Na carta de "W. T. para o leitor", ele escreve: "Examinei[-a] mais uma vez (agora na última revisão) com toda diligência e comparei-a com o grego e eliminei muitas falhas, que, no início, a falta de ajuda e de supervisão fez com que se propagassem". Ele acrescenta que "se o texto parecer mudado ou não concordar com o grego, deixe aquele que encontrou a falha avaliar a frase em hebraico ou como as palavras são ditas no grego", e continua para explicar algumas das características hebraicas do grego do NT.[11] A primeira coisa que Tyndale estudou foi o texto na língua original, e seu principal esforço era ser tão verdadeiro quanto possível, incluindo manter a "frase ou maneira de falar" do texto original.

Ele teve alguns materiais de ajuda — texto, gramática e dicionário eram suficientes para o estudo privado, mas não para a tradução. Para o NT, ele tinha o texto grego de Erasmo e a tradução latina, além da Vulgata; parece que ele também tinha um conhecimento genérico de outras traduções, pois escreveu o seguinte: "todos os tradutores de que já ouvi[ra] falar seja em que língua for".[12] E ele tinha Lutero. Martinho Lutero, o gigante entre gigantes da Reforma, publicou sua primeira edição do NT em alemão em 1522; o Pentateuco veio logo depois em 1523, e os livros de Josué e de Cântico dos Cânticos foram publicados em 1524. Para o AT, Tyndale tinha a Vulgata, a Septuaginta, Lutero e, provavelmente, Pagnino.

As estimativas quanto à dependência de Tyndale desses auxílios variam bastante. Westcott e Hammond são os mais convincentes. Westcott demonstra que "[Tyndale], tanto em sua primeira tradução quanto nas duas revisões subsequentes do NT, lida direta e principalmente com o texto grego. Se ele

[10] Conforme apresentado em Daniell. *William Tyndale*, p. 379.

[11] Novo Testamento, 1534, seg. *v^{r} .

[12] Ibid., seg. *VIII^{r}, **IIII^{v}.

usou a Vulgata, Erasmo ou Lutero, foi com o julgamento de um estudioso" (p. 146). Seu grego era excelente, mas é provável que precisasse de mais ajuda com o hebraico, uma vez que começou a aprender essa língua mais tarde, provavelmente, por volta de 1526.[13] A percepção de Hammond do trabalho do AT sugere que Tyndale deu prioridade semelhante ao hebraico, mas

> que [ele] dependia muito de Lutero; provavelmente fez algum uso da versão de Pagnino, fez tanto uso da Vulgata quanto seria consistente com sua grande familiaridade com a versão estabelecida da igreja; e, mais importante, seu conhecimento do original hebraico era suficiente para responder de forma sensível e eficaz às peculiaridades do vocabulário e do estilo hebraicos.[14]

A independência criteriosa de Tyndale foi um modelo para seus sucessores. Da mesma maneira que ele, ao revisar seu NT, o deixou mais fiel aos textos originais, também seus sucessores, ao completar e revisar o que ele iniciara, seguiram a direção de ser mais fiéis ao original, o que, com frequência, representava maior literalidade na tradução. Às vezes, esse trabalho de revisão, conforme aponta Daniell, era realizado até mesmo à custa da clareza.[15]

Embora permanecer verdadeiro em relação às línguas originais fosse a prioridade acadêmica de Tyndale, sua motivação era tornar as Escrituras compreensíveis para seus conterrâneos. John Foxe, escritor especializado em martirologia, registra que Tyndale, no calor de um debate, disse a um clérigo oponente: "Se Deus poupar minha vida aqui por muitos anos, farei o menino que guia o arado saber mais das Escrituras do que você sabe".[16] Havia questões de suma importância envolvidas nessa aparentemente simples ambição: fornecer às pessoas um fundamento sobre o qual adquirirem seu próprio senso da verdade equivalia a desafiar o poder da Igreja Católica e, inevitavelmente, causaria cisma no cristianismo. Para a Igreja Católica, a heresia andava de mãos dadas com a tradução — ato que aproximava, sem autorização, uma parte da verdade, despojada de sabedoria e sem a tutela da igreja, das pessoas sem instrução. Contudo, os primeiros hereges surgiram na igreja e, mesmo que Tyndale quisesse, não conseguiriam se livrar da

[13] Daniell. *William Tyndale*, p. 296.

[14] Hammond. 'William Tyndale's Pentateuch', p. 354. Veja também os capítulos 1 e 2 do livro *Making of the English Bible*, de Hammond.

[15] Daniell. *William Tyndale*, p. 2.

[16] Foxe. *Acts and Monuments*, p. 514b.

crença de que a Bíblia era difícil. Eles tinham aprendido que havia graus de entendimento além do sentido literal; também tinham aprendido que cada detalhe do texto tinha de ser pressionado para se ajustar ao seu sentido sagrado. As palavras que escolhiam não eram toda a verdade e talvez não fossem mais que o início da verdade, mas elas, com certeza, seriam examinadas em detalhes: e se o acadêmico não as descartasse, seriam examinadas a fim de checar sua fidelidade ao detalhe do texto (ou seja, a Vulgata); e se os não instruídos as usassem como queriam os tradutores, receberiam igual, embora indulgente, atenção. Além disso, as pessoas para quem Tyndale e, depois, Coverdale trabalhavam só teriam a tradução como a chave para a verdade: elas não usariam a tradução como um caminho para o texto genuinamente sagrado latino, grego ou hebraico nem poderiam usá-la lado a lado com outras traduções, como uma aproximação para chegar à verdade; nem mesmo poderiam usá-la com um comentário, uma vez que ainda não fora criado um comentário vernacular do texto. A tradução tinha de ser a mais perfeita possível. Por isso, Tyndale trabalhou arduamente para ser fiel aos originais.

A Bíblia em inglês modelou a cultura inglesa oral do protestante. Isso não se devia apenas ao fato de que a Bíblia era lida, ouvida e conhecida: a Bíblia em inglês tornou primordial o ato da leitura e compreensão individuais, criando uma cultura combinada com a crença de que era de suma importância entender as palavras. Além disso, a Bíblia, mais que qualquer outro escrito em inglês, modelou a língua inglesa. Essa foi uma consequência imprevista do trabalho de Tyndale, pois ele nunca pretendeu criar uma revolução linguística nem tampouco literária. Contudo, foi isso, além da revolução religiosa, o que ele criou. As decisões que ele tomou quanto ao tipo de inglês que usaria afetou cada falante e escritor do inglês. Thomas More, seu arquiantagonista, sugeriu zombeteiramente que, "agora, toda a Inglaterra se inscreveria para ir à escola com Tyndale a fim de aprender inglês".[17] O ponto de More era a dificuldade da linguagem usada por Tyndale. Essa linguagem — que, hoje, achamos extraordinariamente simples, direta e até mesmo ponderosa — existe precisamente porque toda a Inglaterra foi à escola com Tyndale e aprendeu inglês com ele e seus sucessores, sobretudo a partir da principal forma que seu trabalho assumiu, a BKJ.

[17] More, *The Confutation of Tyndale's Answer* (1532, 1533); Complete *Works of St. Thomas More*, vol. VIII, p. 187.

A despeito das muitas realizações da literatura inglesa anteriores a Tyndale que, agora, reconhecemos, o inglês não tinha prestígio como língua literária nem erudita. Pouco antes de Shakespeare começar a escrever e mais de meio século após a publicação do NT de Tyndale, George Pettie, tradutor literário, declarou que, "todavia, alguns outros lançaram luz sobre meu trabalho porque escrevi em inglês; e [...] o pior é que acham impossível conseguir uma [boa escrita] em nossa língua, pois a consideram árida, bárbara, indigna de ser apreciada".[18] Embora Pettie tenha prosseguido e defendido o inglês, a situação é clara: traduzir a Bíblia para o inglês tanto a rebaixava quanto a punha em uma língua que muitos achavam que não tinha os meios para expressar seu sentido.

Aqui precisamos estar conscientes de que a linguagem pode fazer mais do que pretende: ela pode transmitir sentimento, pode até mesmo ser mágica à custa do sentido. Tyndale e seus sucessores criaram em inglês tanto o sentido da Bíblia quanto a "beleza da santidade" (Sl 29.2), mas para entender como isso aconteceu e em que isso consiste, precisamos deixar de lado as perspectivas modernas e tentar pensar a partir do ponto de vista da década de 1520. Que escolhas Tyndale tinha quanto a como devia escrever? Ele tinha sua obrigação com o texto, e já vimos que tentou amoldar seu estilo ao estilo do texto. Ele também tinha obrigação com o povo, imaginado como "o menino que guia o arado" (diríamos, hoje, o homem na rua): era a obrigação de ser compreensível para um público não sofisticado; assim, a escolha inevitável era escrever de uma forma que se aproximasse do inglês falado a sua volta. Essas duas obrigações eram soberanas, e as escolhas pareciam inevitáveis.

Ele, provavelmente, tinha outras duas escolhas. Uma era fazer a tradução totalmente literal, seguindo a ordem das palavras do original e imitando seu vocabulário sempre que possível. Essa opção, às vezes, acabaria por se opor à obrigação de ser compreensível. Outra escolha era tentar escrever adequadamente em majestoso inglês religioso, se esse inglês existisse — mas não existia. O mais próximo disso que ele podia chegar seria tentar escrever de forma majestosa modelando sua linguagem de acordo com os melhores padrões de eloquência que conhecia, a dos clássicos latinos e gregos. Mais uma vez, a questão da compreensibilidade se levantaria, pois o público que tinha em mente não sabia latim. Naquela época, o latim era muito menos

[18] Pettie. *Civil Conversation of M. Stephen Guazzo*, seg. II^{r-v}.

assimilado no inglês que hoje. As pessoas comuns ouviriam muito do que temos por certo como inglês como uma língua estrangeira só parcialmente assimilada à língua que falavam e achariam a estrutura latina das sentenças muito estranha ao seu próprio jeito de falar. Qualquer tentativa de escrever com a eloquência dos clássicos pecaria contra a compreensibilidade e a língua inglesa tanto quanto a tradução literal o faria.

Havia ainda razões políticas para evitar a maneira de escrever o vocabulário ou a estrutura das sentenças de forma alatinada. Isso ficaria muito próximo da língua da Vulgata e da Igreja Católica e, assim, apoiaria a instituição à qual ele se opunha.

A escolha de Tyndale foi tentar conseguir um equilíbrio entre o inglês comum e a forma de escrever nas línguas originais. Felizmente, conforme ele observou, a forma de escrever do hebraico (e em alguma extensão do grego), sobretudo em suas estruturas simples de sentenças e vocabulário ligado ao mundo diário, ajustavam-se bem ao inglês. O que ele diz pode ser posto lado a lado com a observação feita por Pettie quando comenta sobre seu sentido de agir encarando o inglês como língua.

> Jerônimo também traduziu a Bíblia para sua língua materna. Por que não podemos fazer a mesma coisa? Eles diriam que não podia ser traduzida para o inglês por ser uma língua grosseira. O inglês não é uma língua tão grosseira se comparado à mentira deles. Pois o grego harmoniza mais com o inglês que com o latim. E as propriedades da língua hebraica concordam mil vezes mais com o inglês que com o latim. A maneira de falar é única a ponto de em mil passagens não ser preciso fazer nada além de traduzir palavra por palavra para o inglês, enquanto que no latim tem de buscar não extrapolar o sentido, tendo ainda muito trabalho para traduzir bem, a fim de que o texto tenha a mesma graça e doçura, sentido e pureza de entendimento no latim quanto o tem no hebraico. Milhares de passagens são mais bem traduzidas para o inglês que para o latim.[19]

Essa percepção das qualidades do inglês que casam com o grego e, em especial, com o hebraico é crucial para a forma como Tyndale fez a tradução. Ele, com frequência, traduziu palavra por palavra, ou seja, de forma literal e ainda conseguiu escrever em um inglês natural que revela o sentido pleno do original. Isso seria tão verdade para o sentido quanto para a Vulgata e

[19] Tyndale. *Obedience of a Christian Man*, seg. xv^{v}.

mais verdade ainda para a forma como os originais foram escritos. Isso, em termos gerais, era para ser o método, estilo e propósito da BKJ.

Não obstante, esses termos são, de fato, gerais. A ideia é que o "inglês natural" não deve ser imposto demais ao texto. Como as palavras de More sugeriram, o inglês de Tyndale — e subsequentemente da BKJ — não parecia tão natural e fácil quanto somos inclinados a achar. Nem parecia grande ou majestoso. A Inglaterra aprendeu inglês com Tyndale. Ao delinear a BKJ, ele modelou o inglês de modo que, com o passar dos anos, muitos vieram a considerar o inglês da BKJ refinado. Além disso, a BKJ, com o Livro de Oração de Cranmer, criou o inglês religioso.

REVISÃO, CONCLUSÃO DO PRIMEIRO ESBOÇO E MAIS REVISÃO: MYLES COVERDALE

Myles Coverdale concluiu e revisou o trabalho iniciado por Tyndale, produzindo a primeira Bíblia completa impressa em inglês (AT, livros apócrifos e NT), em 1535. Ele não era um linguista, como Tyndale ou seus predecessores do continente, faltando-lhe hebraico e grego suficientes para trabalhar a partir dos textos originais. Assim, uma versão de sua primeira Bíblia declara na página-título que foi "fiel e verdadeiramente traduzida do alemão e do latim para o inglês". Na dedicatória para Henrique VIII, ele declara o seguinte: "Com consciência limpa, traduzi fiel e puramente a partir de cinco intérpretes diferentes, tendo apenas manifestado a verdade das Escrituras que estavam diante de meus olhos". Esses "intérpretes", no latim, eram a Vulgata e o texto de Pagnino e, no alemão, Martinho Lutero e a Bíblia de Zurique de 1524-1529, todos esses estudiosos deixaram claras marcas em seu trabalho. Se Coverdale pretendia que suas cinco fontes fossem apenas alemães e latinas — diplomaticamente omitindo sua principal fonte, o proscrito Tyndale — então, é provável que a quinta fonte fosse o NT de Erasmo.

Coverdale, apesar de ter sido um estudioso limitado, tinha grande força. Ele era um escritor de inglês muito hábil; além disso, tinha trabalhado como assistente de Tyndale na preparação do Pentateuco, portanto, estava totalmente familiarizado com o estilo e a prática dele como tradutor e podia continuar o trabalho de uma forma que não ficasse dissonante com o que já fora feito. Ele também era diligente, talvez até mesmo inacreditavelmente diligente. Seu prólogo para a edição de 1550 afirma que, em 1534, ele pediu autorização para produzir uma Bíblia e sugere que começou o trabalho naquele ano. Ademais, o NT de Tyndale revisado, que usou como seu esboço para o NT, não foi publicado antes de agosto de 1534. A impressão da Bíblia de Coverdale foi concluída em 4 de outubro de 1535. Se ele, conforme se argumenta firmemente,[20] só começou o trabalho no segundo semestre de 1534, isso significa que ele revisou a obra de Tyndale e traduziu a partir do zero o AT do livro de Josué em diante e os livros apócrifos e tinha tudo na prensa em pouco mais de um ano. Salvo pela lendária confecção da Septuaginta em 72 dias, um feito desses não tem paralelo na história da confecção da Bíblia e acaba por comprometer a credibilidade. Há um pouco menos de um milhão de palavras na Bíblia inglesa, incluindo os livros apócrifos. De todos os livros da Bíblia, Coverdale revisou apenas um terço e criou quase dois terços. Deixando de lado o tempo necessário para imprimir a obra, ele estava revisando ou traduzindo quase 2.400 palavras por dia. Mas mesmo que adotemos a perspectiva mais provável de que Coverdale *começara* a traduzir antes de 1534,[21] ainda assim, a quantidade de trabalho executado no período de 1534-1535 seria imensa: nesse período, ele, com certeza, revisou o NT (aproximadamente, 180.000 palavras); planejou todo o trabalho para usar Tyndale sempre que houvesse um livro de Tyndale publicado, completou o que ele não tivesse feito do AT e dos livros apócrifos e pode muito bem ter revisado o que ele mesmo fez e, enfim, viu tudo isso impresso.

Independentemente de como alguém resolva o mistério de como Coverdale conseguiu produzir uma Bíblia completa em 1535, permanece o fato de que foi um trabalho extraordinariamente rápido. Isso só seria possível para alguém que não tivesse trabalhado com as línguas originais e que considerava que a tradução não era nada além de conseguir um sentido aproximado. Essa, na realidade, era a atitude dele. Ele liga as variações na tradução e no vocabulário com seu uso de várias fontes porque considera essas duas facetas relacionadas com a verdade. Na verdade, ele retrata a tradução como um processo de acertos e erros: mais traduções produzem mais acertos e uma gama de sinônimos que impedem que a verdade fique limitada a apenas uma palavra. Em uma importante passagem muitíssimo aplicável ao nosso tempo com sua extraordinária variedade de versões, ele escreve:

[20] Mozley. *Coverdale*, pp. 71–72.

[21] Mozley insiste que o sentido claro das declarações de Coverdale na dedicatória e no prólogo representa que começou a tradução em 1534 (p. 71), mas isso pode significar que ele começou o trabalho de publicação em 1534; talvez seja isso que "iniciar" significa em sua declaração: "Por isso (de acordo com meu desejo. Ano 1534) assumi iniciar essa tradução especial" (prólogo).

Tenho certeza de que se adquire mais conhecimento e entendimento das Escrituras por meio das várias traduções dela que de todas as observações de nossos sofisticados doutores. Pois quando alguém interpreta alguma coisa de forma obscura em uma passagem, ele mesmo ou outra pessoa pode traduzir a mesma coisa de forma muito mais manifestada com um termo mais claro em outra passagem. Assim, caro leitor, não se ofenda quando alguém chamar de escriba àquele que outro chamou de jurista. [...] Para não ser enganado pelas tradições do homem, você não deve ver mais diversidade entre esses termos que entre cinco moedas de um centavo e uma moeda de cinco centavos. E usei essa maneira na minha tradução, chamando de penitência em uma passagem e de arrependimento em outra, e fiz isso não só porque outros intérpretes fizeram isso antes de mim, mas para que os adversários da verdade vejam como não abominamos a palavra penitência como eles falsamente dizem que fazemos. (Prólogo)

Em última instância, essa é uma expressão da insegurança do tradutor e guia o leitor, se não exatamente para longe das palavras, com certeza, para além delas.

A Bíblia de 1535 não passava de um primeiro esboço completo e foi rapidamente revisado quando a história inicial da BKJ deixou de se desenvolver de forma simples e linear. Primeiro, em 1537, John Rogers (um dos primeiros mártires marianos), usando o pseudônimo de Thomas Matthew, publicou a Bíblia Matthew. Ele contribuiu com um pouco de texto próprio (revisou o trabalho de Coverdale que, às vezes, como aconteceu com os capítulos iniciais do livro de Jó, equivalia a um novo trabalho e acrescentou a oração de Manassés), mas encontramos sua verdadeira realização nas notas de margem e na apresentação dessa Bíblia. Ele também tomou uma decisão editorial que foi muito importante para a escrita da BKJ: Rogers não só se voltou, com variações, para Tyndale no NT e no Pentateuco,[22] mas também usou o manuscrito de Tyndale da tradução de Josué até 2Crônicas. Dessa forma, o esboço voltou a ser tão de Tyndale quanto podia ser (salvo o fato de que Rogers não usou a tradução de Tyndale do livro de Jonas). No resto do AT e nos livros apócrifos, ele seguiu Coverdale.

Então, por volta de 1537, havia dois esboços completos da BKJ, em grande parte idênticos, em cerca de metade da obra de Coverdale e Matthew.

[22] Daniell observa mais de trezentas variações no texto do livro de Gênesis de Tyndale de 1534 (*Tyndale's Old Testament*, p. xxviii).

Algumas partes desses esboços foram revisadas diversas vezes. O NT foi revisado uma vez por Tyndale (sem contar as mudanças ocasionais feitas entre 1525 e 1526) e, depois, foi revisto mais uma vez por Coverdale. O Pentateuco foi revisado por Coverdale. Os livros de Josué a 2Crônicas foram traduzidos independentemente por ambos: Tyndale e Coverdale. Coverdale foi o primeiro a apresentar o resto do AT e os livros apócrifos como esboço.

Também é digno de nota o fato de que no ano seguinte, 1538, houve outros esboços de partes da Bíblia que foram descartados — não porque não tivesse valor, mas porque os tradutores, até a confecção da BKJ, em geral, trabalhavam em relação a um único predecessor inglês, e aconteceu que esses outros esboços em particular não foram escolhidos. Havia duas versões do livro de Salmos (1529, 1534), de Isaías (1531), de Jeremias (de 1534), de Provérbios e de Eclesiastes (?1534) e uma revisão do NT de Tyndale (1534) feita por George Joye, além de uma revisão da Bíblia completa feita por Richard Taverner (1538) e uma revisão do NT baseada na Vulgata (1538) feita por Coverdale. Esse fenômeno de descartar esboços continuou, entre outros trabalhos, no de Sir John Cheke e, no fim do século, de Hugh Broughton.

A PRIMEIRA VERSÃO "AUTORIZADA": A GRANDE BÍBLIA

O projeto seguinte, mais uma vez de Coverdale, foi a Grande Bíblia, de 1539, também conhecida como a Bíblia de Cranmer porque, a partir da segunda edição, foi incluído o prefácio desse arcebispo. Essa foi a primeira revisão importante feita sob o patrocínio da Igreja da Inglaterra. A Grande Bíblia, como tal, foi a ancestral oficial da Bíblia dos Bispos, e esta, por sua vez, foi a ancestral oficial da terceira revisão feita pela igreja, a BKJ.

Os nomes pelos quais conhecemos essas primeiras Bíblias são apelidos, em vez dos títulos oficiais. Algumas páginas-título da Grande Bíblia declaram: "Esta é a Bíblia designada para o uso das igrejas"; a quarta e a sexta edições (1541) elaboraram essa mensagem passando a usar: "O maior e mais extraordinário volume da Bíblia em inglês autorizado e designado pela ordem de nosso mais formidável príncipe e senhor soberano o rei Henrique, o VIII". Essa é uma referência direta à proclamação de Eduardo VI, de 1541, ordenando que "essa Bíblia fosse a maior e mais extraordinária a estar em todas as igrejas".[23] O tamanho ou grandiosidade da Bíblia continuaria a ser uma característica determinante das Bíblias oficiais da igreja até o século XVII. Em retrospectiva, parece que a palavra-chave é "autorizada". A Grande Bíblia usa-a apenas duas vezes, e a Bíblia dos Bispos não tinha a palavra "autorizada" em seu título até 1584, dezesseis anos depois de aparecer (em 1588, ela se tornou "autorizada e designada"). A BKJ não usava a palavra "autorizada", apenas as seguintes palavras: "designada para ser lida nas igrejas". Na época, a Bíblia ser "autorizada" era muito menos importante que consideramos hoje.

O esboço da Grande Bíblia Revisada não era, como seria de esperar, a revisão do texto da Bíblia de Coverdale, de 1535, mas o da Bíblia de Matthew. Isso porque o arcebispo Thomas Cranmer, considerando a Bíblia de Matthew "melhor que qualquer outra tradução feita até o momento", persuadiu Henrique VIII a autorizá-la.[24] Jamais saberemos se Coverdale ficou feliz em descartar seu próprio trabalho de Josué a 2Crônicas ou não, mas ele estava claramente disposto a mudar seus textos-fonte e a revisar o que já tinha feito. Agora, ele usou a Bíblia Hebraica-Latina de Münster, de 1535, como principal fonte para seu trabalho no AT,[25] e o *Novum Instrumentum*, de Erasmo, para o trabalho no NT, e Coverdale trabalhou intensamente sobre a Bíblia de Matthew. O trabalho de Coverdale na Grande Bíblia — ao contrário do realizado na Bíblia de Matthew, na qual a maioria do novo trabalho foi desenvolvido nas notas de margem, em vez de no texto — estava principalmente interessado no texto, e o trabalho das anotações nunca foi concluído.

Anotações simples e claras eram para ser uma característica das Bíblias oficiais, talvez porque os líderes da igreja não confiavam nelas. As anotações tiravam da igreja a tarefa de interpretar a Bíblia e, embora se pudesse argumentar que eram uma forma de criar ortodoxia, também podiam ser consideradas como um incentivo para o pensamento independente e, portanto, dissidente e, até mesmo, herético. O prólogo de Cranmer sugere esse temor. Embora "as Escrituras sejam fartas pastagens para a alma; nela não há alimento venenoso, não há nada prejudicial; elas são alimento puro e saboroso", há, no entanto, "tagarelas e palestrantes negligentes em relação

[23] Pollard. *Records of the English Bible*, p. 261.

[24] MacCulloch. *Thomas Cranmer*, pp. 196–197.

[25] Berry. *Geneva* 1560 fac-símile, p. 3.

às Escrituras" em "todas as praças, em todas as tabernas e em todas as festas caseiras". O leitor que tivesse dúvidas, em vez dessa perigosa liberdade, devia recorrer ao seu clérigo: o verdadeiro entendimento pertencia à igreja, não ao indivíduo. Por isso, Cranmer declara de modo alarmante: "Não proíbo a leitura, mas proíbo apresentar argumentos".

A Grande Bíblia, além de ser um esboço da BKJ, também completou a escrita da versão do livro de Salmos usada no Livro de Oração. Os anglicanos, via de regra, deixando de lado a métrica muito popular ou a entoação dos salmos, conhecem os salmos a partir dessa fonte, ao passo que os não conformistas os conhecem a partir da BKJ.

BÍBLIA DE GENEBRA: A BÍBLIA DO POVO

Coverdale, por causa de sua dependência em traduções de outras pessoas como fonte para seu trabalho, levou o esboço da BKJ em uma direção falsa. Uma das principais contribuições da Bíblia de Genebra (1560) foi trazer de volta o princípio de Tyndale de traduzir dos textos hebraico e grego, movimento esse que foi particularmente importante para os livros poéticos e proféticos que ainda não tinham sido traduzidos do hebraico. A Bíblia de Genebra também foi imensamente importante pela qualidade de sua erudição, a extensão de suas anotações e sua popularidade. Embora não fosse o esboço sobre o qual os tradutores da BKJ estivessem direcionados a fundamentar seu trabalho, ela é a antecessora que mais influenciou a BKJ.

Considerar a Bíblia de Genebra simplesmente como um esboço da BKJ seria, é claro, uma tremenda injustiça com ela. Poder-se-ia dizer o mesmo em vários graus a respeito das outras versões, mas a Bíblia de Genebra foi uma realização duradoura por seu próprio mérito. Ela foi a Bíblia inglesa de mais sucesso por, pelo menos, oitenta anos, tendo cerca de 140 edições até 1644, com uma edição subsequente em 1775 e diversos fac-símiles nos séculos XX e XXI. Ela foi por muito tempo a Bíblia oficial da Escócia e, embora nunca tenha sido oficialmente designada nem autorizada na Inglaterra, não só foi a Bíblia do povo, mas também a versão em inglês mais usada pelo clero. Boa parte de sua popularidade devia-se às anotações, à impressão de qualidade e ao custo relativamente barato. As anotações nem sempre eram neutras da perspectiva teológica e passaram a ser firmemente identificadas com os não conformistas. Não obstante, as qualidades do texto da Bíblia de Genebra não devem ser subestimadas. Se a BKJ nunca tivesse sido produzida, a Bíblia de Genebra poderia ter mantido a posição na percepção inglesa que foi gradualmente conquistada pela BKJ. Ela bem poderia ter sido a Bíblia inglesa definitiva, em vez de mais um esboço no caminho para essa versão.[26]

A Bíblia de Genebra foi a primeira versão inglesa verdadeiramente colaborativa. Ela foi a obra de doze, ou por volta disso, estudiosos protestantes que estavam vivendo exilados da Inglaterra, país que tinha voltado ao catolicismo sob o reinado da rainha Maria. O líder deles era William Whittingham que produziu um esboço preliminar notável, o NT de Genebra de 1557. Anthony Gilby, conhecido em especial por seu conhecimento de hebraico, parece ter ficado principalmente responsável pelo AT. Coverdale também participou do trabalho. O grupo todo tinha considerável erudição e foi amparado por viver em Genebra no final da década de 1550, onde, em suas próprias palavras, "vendo a grande oportunidade e ocasião que Deus nos apresentou nessa igreja, pelo fato de haver tantos homens piedosos e instruídos e tal diversidade de traduções em várias línguas, empreendemos esse grande e maravilhoso trabalho".[27] Predominavam entre esses homens "piedosos e instruídos" João Calvino (sua "carta declarando que Cristo é o fim da lei" começa o NT de 1557), Beza e, entre os ingleses, John Knox. Genebra foi um centro do pensamento protestante descrito pelo prefácio de 1557 como "o patrono e espelho da verdadeira religião e piedade" (seg. IIV). A erudição e impressão bíblicas estavam prosperando com a Academia (mais tarde, Universidade) de Genebra, fundada em 1559. Pelo menos, 22 edições de Bíblias em francês, bem como Bíblias em italiano e espanhol foram publicadas ali na década de 1550, muitas das quais em novas versões (a estreita ligação da Bíblia de Genebra com estas é flagrante no uso de ilustrações com o uso de francês nelas).[28]

Os tradutores ingleses da Bíblia de Genebra usaram a Grande Bíblia como o texto base, fazendo mais revisões do AT de Coverdale do livro de Esdras em diante e dos livros apócrifos.[29] Eles usaram em particular a Bíblia Hebraica-Latina de Münster, o comentário hebraico de Kimchi, a Bíblia

[26] Hammond apresenta o mesmo ponto, *Making of the English Bible*, p. 137.

[27] Prefácio, seg. iiii^{r}.

[28] Para um relato mais completo do contexto genebrino, veja, por exemplo, Daniell. *Bible in English*, pp. 291–293.

[29] Westcott. *History of the English Bible*, p. 214.

Latina de Zurique, a revisão de Estienne do AT Latino de Pagnino (1557) e o NT Latino de Beza (1556).[30] Os tradutores, com muita razão, compararam sua situação com a de seus predecessores: "Contudo, considerando a imaturidade daqueles tempos e o conhecimento deficiente das línguas em relação ao tempo de madura e de clara luz que Deus revela agora, as traduções precisavam ser muito examinadas e reformadas".[31]

A palavra "reformadas" parece forte, sugerindo que os tradutores estavam tentando algo novo e diferente. A Bíblia de Genebra (e, antes dela, o NT de 1557) foi reformada no sentido em que, como um todo, era uma Bíblia de estudo. Ela, tão compreensivelmente quanto possível, dava ao "cristão simples e ingênuo", em especial, àqueles que não tinham recursos para comprar um comentário, tudo que era necessário para entender o sentido e a relevância doutrinal, para observar as traduções mais literais ou mais idiomáticas, os possíveis sentidos alternativos e as passagens em que havia variações relevantes nos originais, até mesmo para ver o significado do texto por meio de ilustrações que são mais bem entendidas como diagramas.[32] Nunca antes uma Bíblia em inglês tinha dado em igual medida o texto e a compreensão do mesmo.

Junto com esse uso de notas de margem e outros auxílios, como argumentos, cabeçalhos e apêndices, a inclusão de numeração nos versículos aumentou a capacidade do texto de ser estudado. Essa mudança, tão familiar para os leitores de Bíblia, teve um efeito imenso na maneira como os tradutores e os leitores passaram a experimentar o texto. O texto, em vez de ser algo que tem de ser lido de forma contínua, passou a ser lido em partes, cada parte numerada e apresentada como um parágrafo. A apresentação anterior em parágrafos não desapareceu de todo, mas os parágrafos passaram a ser menos visíveis. Eles eram marcados com ornamento (ou marca de parágrafo): Em algumas passagens, a marca de parágrafo é omitida, visivelmente no livro de Salmos, Cântico dos Cânticos e Jó 3–41; os marcadores de parágrafo são infrequentes e raros nos livros apócrifos e no NT (o livro de Apocalipse tem apenas oito deles). Tanto os tradutores quanto os leitores deixaram substancialmente de dar atenção à estrutura natural — ou "principais assuntos" — do escrito por causa das exigências de um sistema de referência e da apre-

[30] Berry. Geneva 1560 fac-símile, pp. 10–11; Westcott. *A General View*, pp. 212–13.

[31] Prefácio, seg. iiii^r^.

[32] Prefácio de 1557, segs. ii^r^, iii^r^.

sentação dos versículos como se fossem parágrafos. Os versículos numerados e as referências cruzadas levaram o leitor e os estudantes da leitura contínua para o que pode ser chamada de leitura concordante, um versículo em uma passagem da Bíblia guiando o leitor não para o versículo perto dele, mas também para outro versículo distante dele. Isso não é necessariamente uma coisa ruim, mas a Bíblia de Genebra cria um sentido bem diferente daquele criado pelas suas antecessoras inglesas de como a Bíblia deve ser lida. Outro aspecto dessa apresentação talvez seja um ganho: na poesia, os versículos, com frequência, aumentam o senso do paralelismo hebraico.

A palavra "reformadas" também significa revisado e corrigido: os tradutores, provavelmente, pretendiam dar esse sentido mais moderado. Eles, como Tyndale, tentaram fazer uma versão "traduzida fiel e claramente de acordo com as línguas em que os textos foram escritos pela primeira vez".[33] A tradução, com frequência, é literal, conforme eles advertem os leitores:

> Como observamos principalmente o sentido do texto e trabalhamos sempre para restaurar sua plena integridade: assim, mantivemos, com o maior respeito, a propriedade das palavras, considerando que os apóstolos, que falaram e escreveram para os gentios em grego, preferivelmente os constrangeram com a vívida locução hebraica, do que tomar a iniciativa extremada de abrandar sua linguagem e falar como os gentios falavam. Por esse e outros motivos, em muitas passagens, mantivemos as frases hebraicas, não obstante o fato de que elas possam soar um tanto duras aos ouvidos que não estão bem acostumados, para que se deleitem no doce som das frases das Sagradas Escrituras (seg. IIII^r).

O objetivo deles não é apenas dar aos leitores o sentido do texto, mas também manter visível a maneira de escrever nas línguas originais. Eles, além de ser geralmente literais, usavam o tipo itálico para marcar onde tinham acrescentado as palavras necessárias para o inglês, mas que não estavam presentes na língua original. Às vezes, quando consideravam a tradução literal inadequada para o texto, o leitor encontrava a tradução literal na margem.

Conforme o tempo passava, o AT da Bíblia de Genebra permaneceu em grande parte sem mudanças, mas o texto do NT foi revisado uma vez; e o texto de margem, duas vezes. *The New Testament... translated out of Greek by Theod. Beza* (1576), de Laurence Tomson, foi uma leve revisão do tex-

[33] Carta para a rainha, Bíblia de 1560, seg. ii^r.

to da Bíblia de Genebra acompanhada de substanciais, e novas, anotações. Continuou a tendência em direção à literalidade, como em João 1.1: "No princípio era o Verbo, e o Verbo estava com Deus, e o Verbo era Deus" (Jo 1.1). Essa é exatamente a forma como Tyndale traduziu pela primeira vez esse versículo. Thomas More reprovou-o pelo inglês pobre e sugeriu a leitura familiar, a qual Tyndale usou em seus NTs subsequentes. Ao usar o artigo "o", Tomson segue a atenção dada por Beza ao artigo grego em detrimento do bom inglês. Esse NT, em 1587, se tornou parte do texto da Bíblia de Genebra (em geral referida como Bíblia de Genebra-Tomson), mas o texto original também continuou a ser impresso. A versão de Tomson não parece ter gerado alguma leitura da BKJ:[34] é outro esboço descartado.

Tomson, ao contrário da Bíblia de Genebra original, deixa o livro de Apocalipse sem anotações. Em 1599, essa lacuna foi suprida com a inclusão de anotações feita por Júnio (Genebra-Tomson-Júnio). Essas anotações tinham alguns comentários anticatólicos contundentes que, em algumas regiões, estimularam o preconceito contra os comentários da Bíblia de Genebra.

A SEGUNDA VERSÃO "AUTORIZADA": A BÍBLIA DOS BISPOS

Hugh Broughton — homem para quem a vituperação era a segunda natureza; e a calúnia, a primeira — declarou que "nossa Bíblia dos Bispos podia muito bem dar lugar ao Alcorão, infestado de mentiras";[35] e a calúnia foi o destino geral dessa Bíblia, a segunda Bíblia oficial da igreja inglesa. Contudo, a Bíblia dos Bispos, sobretudo em sua forma final, não é tão ruim

[34] Não há comparação crítica alguma detalhada do NT de 1560 e do de Tomson. *Westcott (History of the English Bible, pp. 223–237)* detalha algumas leituras de Tomson, mas não comenta nenhuma conexão com a BKJ.

[35] *An Advertisement* (seg. H4[r]). Como é comum com Broughton, o ponto em particular é a cronologia bíblica que, em sua percepção, se for absolutamente verdadeira, provê o entendimento adequado. Sua discussão aqui é em relação à tradução de Atos 13.20 da Bíblia dos Bispos: "Vencidos cerca de quatrocentos e cinquenta anos. Depois disto, lhes deu juízes". Ele diz que Beza achava que essa passagem fora adulterada no grego, e que Paulo pretendia dizer: "Depois de tais 450 anos". "Vencidos cerca de" parecia dar essa leitura, mas Broughton não traduziria assim. A consequência é que "as histórias de Josué, Samuel, Saul e Davi podiam todas ser fábulas e não haveria tempo para Davi ter estado no mundo". Os erros numéricos transformavam o livro da verdade em mentiras; daí o opróbrio de Broughton. A BKJ repetiu exatamente o mesmo "erro". Poucas versões modernas, se houver alguma, teriam escapado à censura de Broughton nesse ponto.

quanto às vezes se sugere. Westcott é mais indulgente que a maioria: "O conhecimento do grego dos revisores é superior ao seu conhecimento do hebraico"; ele julga que o NT "mostra considerável vigor e frescor" (p. 231). Além disso, a Bíblia dos Bispos tem uma importância muito particular como esboço para a BKJ: os tradutores da BKJ, sob instrução, usaram sua forma final como texto base. Essa forma final passou por algumas revisões do AT e reverteu aos Salmos da Grande Bíblia; o NT foi revisado de forma mais completa.

Matthew Parker, arcebispo da Cantuária, foi o primeiro proponente. Em 1565, ele tinha parecido simpatizar com a Bíblia de Genebra, escrevendo que tinha meditado bem sobre ela e pedindo a extensão do privilégio de John Bodley para imprimi-la na Inglaterra. Embora ele já tivesse planos para "uma nova Bíblia especial para as igrejas", achava que "seria muito bom ter essa diversidade de traduções e leituras". Assim, ele estipulou um detalhe, "que nenhuma impressão fosse feita sem a nossa orientação, consentimento e aconselhamento".[36] E, como consequência disso, é bem possível que a Bíblia de Genebra tenha sido impressa na Inglaterra até um ano após a morte de Parker.

A Bíblia dos Bispos foi uma revisão da Grande Bíblia feita com a intenção de substituí-la como Bíblia oficial nas igrejas; Parker apresentou-a para a rainha como uma "nova edição" que não pretendia "variar muito da tradução que era comumente usada pela ordem pública, exceto nas passagens em que a verdade do hebraico ou do grego foi alterada ou em que o texto, por alguma negligência, foi adulterado em relação ao original".[37] Parece que Parker achava que ela seria chamada a Grande Bíblia Inglesa.[38] A ênfase dele era a continuidade, mais que a inovação, não se fazendo nada além de correções para aproximá-la mais do original. Ele redigiu alguns princípios ou "observações para os tradutores". Essas observações eram uma leitura curiosa, sobretudo quando contrapostas às instruções dadas aos tradutores da BKJ; pareciam ser declarações pós-fato das coisas que se esperava que os tradutores fizessem:

[36] Pollard. *Records of the English Bible*, p. 286.

[37] Ibid., p. 294.

[38] Strype usa esse termo e escreve: "Encontrei a Bíblia intitulada *Grande Bíblia Inglesa*, com o ano de impressão (a saber, 1568), no catálogo dos livros que o arcebispo doou para a biblioteca de Corpus Christi, Cambridge" (*Life and Acts of Matthew Parker*, p. 272).

Primeiro, seguir a tradução inglesa comum usada nas igrejas e não se afastar dela a não ser nas passagens em que ela estiver manifestamente diferente do original hebraico ou grego.

Segundo, usar essas seções e divisões dos textos como Pagnino usou em sua tradução e, para a veracidade do hebraico, seguir especialmente o que foi dito por Pagnino e por Münster e outros, em geral, que conheçam as línguas.

Terceiro, não fazer comentário mordaz sobre nenhum texto nem registrar nenhuma determinação em passagens controversas.

Quarto, anotar capítulos e passagens contendo assuntos de genealogias ou outras passagens não edificantes com alguma marca ou nota para que o leitor possa evitá-las na leitura pública.

Quinto, que todas as palavras que nas antigas traduções soaram de alguma forma ofensivas ou grosseiras sejam expressas com termos ou frases mais convenientes.

O impressor deve fornecer um papel mais grosso no Novo Testamento porque ele será mais manuseado.[39]

Assim, não passou de uma revisão da Grande Bíblia com representação acurada dos originais, usando edições específicas do hebraico, mas também tirando geralmente de outros estudiosos, incluindo uma fonte que a Bíblia de Genebra não usou, a Bíblia Latina de Castellio (1551). As observações tinham de ser diferentes das descritas por Parker, para a rainha, como as "diversas observações prejudiciais" da Bíblia de Genebra,[40] em vez de tentar dar a interpretação oficial dos pontos controversos, os tradutores não deviam mexer com esses pontos. Aqui, é manifestado um dos problemas com observações de um ponto oficial: quaisquer observações lidando com pontos teológicos contestados estão procurando problema. Um sentido incomum (mas talvez não despropositado) dos distintos méritos das diferentes partes vem na ideia de marcar as partes não edificantes (pouca coisa de Levítico sobreviveria a essa marcação). É difícil descobrir se houve alguma tentativa verdadeira de tentar evitar palavras ou frases que fossem "de alguma forma ofensivas ou grosseiras".

Além de tudo, as notas de Parker dizem muito pouco sobre como os tradutores tinham de trabalhar, e eles seguiram seu próprio caminho. A Grande Bíblia foi, antes, uma versão coletiva, em vez de colaborativa: os

[39] Pollard. *Records of the English Bible*, pp. 297–8.

[40] Ibid., p. 295.

tradutores individuais fizeram as partes que lhes foi designada, e a maioria deles pôs suas iniciais na parte em que traduziu, algo que Parker achou que seria uma boa estratégia para "deixá-los mais diligentes, responsáveis pelo que fizessem".[41] Sem dúvida, ele reconheceu a inconsistência nos princípios e a irregularidade na qualidade do trabalho. Os tradutores, em sua maioria, eram bispos (ou talvez membros do séquito deles), todos, em algum grau, responsáveis pelo esboço da BKJ: o próprio Parker, arcebispo da Cantuária; William Alley (Exeter); William Barlow (Chichester); Thomas Bentham (Conventry e Lichfield); Nicholas Bullingham (Lincoln); Richard Cox (Ely); Richard Davies (St. David); Edmund Grindal (Londres); Robert Horne (Winchester); talvez Hugh Jones (Llandaff); John Parkhurst (Norwich); Edwin Sandys (Worcester); Edmund Scambler (Peterborough); Thomas Bickley, capelão de Parker; Gabriel Goodman, deão de Westminster; Andrew Peerson, prebendeiro da Cantuária; e Andrew Perne, deão de Ely.[42]

Parte da correspondência deles sobreviveu. Edmund Guest (Rochester) era para ter feito o livro de Salmos, mas, pelas iniciais, parece que seu trabalho não foi usado. Sua carta para Parker sugere a liberdade que alguns tradutores tiveram e mostra como um tradutor podia errar se ele se afastasse do princípio de seguir o sentido literal; em particular, a declaração de que "a passagem do Novo Testamento que registrava uma parte de um salmo, traduzi-a, no livro de Salmos, de acordo com a tradução do Novo Testamento para evitar ofender as pessoas com várias traduções".[43] Esse princípio abre as portas para a reescrita de cada passagem paralela e harmonização dos evangelhos; em suma, para criar a Bíblia conforme o tradutor acha que ela devia ser escrita. Outras dão uma percepção verdadeira de como os tradutores pensavam e trabalhavam. Sandys, revisor dos livros de Reis e de Crônicas, recomendou uma supervisão firme do projeto todo "para que pudesse ser feito com tal perfeição que os adversários não tivessem chance de questionar o trabalho. Isso exige um tempo". Ele ofereceu o julgamento de um tradutor sobre a versão de seus livros da Grande Bíblia: o livro "seguiu demais Münster, homem que, com certeza, era muito negligente em seus feitos e, com frequência, desvia-se muito do hebraico".[44] Cox, revisor dos livros de Atos dos Apóstolos e de Romanos, aparentemente desde o início do

[41] Ibid., p. 293.

[42] Ibid., pp. 30-2.

[43] Strype. *Life and Acts of Matthew Parker*, p. 208.

[44] Ibid., p. 208.

projeto, também sugere que Park tinha de fazer muita supervisão e ofereceu algumas ideias sobre a linguagem que o tradutor devia usar: "Gostaria que as palavras usuais com as quais os ingleses estão acostumados permanecessem em sua forma e som, até o ponto em que o hebraico o permita; devem-se evitar termos afetados e emprestados de outra língua".[45] Devia-se usar o inglês comum o mais possível e evitar a moda de neologismos baseados no latim, como os encontrados na Bíblia Rheims-Douai.

Giles Lawrence, professor régio de grego em Oxford, não foi um dos tradutores originais, mas ajudou a revisão do NT para a segunda edição, 1572. Seus comentários sobre as 29 leituras dos evangelhos sinóticos e da epístola para os Colossenses são únicos na história primitiva da tradução da Bíblia para o inglês, porque ele explica exatamente o motivo das sugestões que faz. Esse é o tipo de material que alguém gostaria de ter mais dele, porque mostra a atenção que foi dada aos detalhes e o que a erudição pode aplicar. Além disso, é o único conjunto de notas de um quase contemporâneo com a qual podemos comparar com o conjunto de notas feito por um tradutor da BKJ. Todas as observações de Lawrence, menos duas, foram seguidas, literalmente ou em espírito, na segunda edição e nas leituras restantes da edição de 1602. Por isso, a maioria delas foram adotadas pelos tradutores da BKJ. As observações de Lawrence, poucas como são, criam e explicam o raciocínio para mais de vinte leituras da BKJ. Em suma, eis um dos autores da BKJ explicando exatamente o que ele estava fazendo.[46]

Metade das observações não pertence à primeira categoria de Lawrence: "palavras não traduzidas de forma adequada". Uma de suas entradas mais simples, característica em sua forma, é para Lucas 6.44, começando com as palavras da primeira edição da Bíblia dos Bispos

Nem uvas dos espinhos (A21). ἐκ βάτον, ou seja, de *um arbusto. Dioscorides, lib. 4 ca. 37. Espinhos* é uma designação tão genérica que pode significar *arbusto santo ou tojo, bem como arbusto da família das moráceas.*

O conhecimento preciso do grego, respaldado por uma referência, leva ao inglês preciso; também é mais literal, uma forma singular por uma forma singular.

[45] Ibid., p. 209.

[46] Ibid., p. 404. Todas as citações a partir das observações de Lawrence são do apêndice 85, pp. 139–42 (a numeração começa de novo nos apêndices).

Por conseguinte, a leitura da Bíblia dos Bispos, idêntica à das Bíblias de Tyndale, de Matthew, de Genebra e da Grande Bíblia, mudou na segunda edição para: "Nem se vindimam uvas dos abrolhos" (ARC), e essa passou a ser a leitura da BKJ.

Lawrence argumenta que "cast an angle" (Mt 17.27) seria "lança o *anzol*" porque no grego é "um *anzol*, e não um linha e carretilha, pois se jogar uma linha sem o anzol não há esperança de pegar o peixe". Ele cita um autor grego que distingue o substantivo grego usado aqui de dois outros. Daí, a leitura revisada da Bíblia dos Bispos e da BKJ. Todas as outras versões usam "angle". O ponto é essencial e convincente em sua atenção ao sentido em inglês. O "angle" mudou de seu sentido original, um anzol, para linha e carretilha.

Em termos do que aconteceu com a leitura da Bíblia dos Bispos e, depois, com a leitura da BKJ, o mais curioso dessas "palavras não traduzidas de forma adequada" aparece na parábola dos lavradores perversos. Lawrence argumenta que "enjoy" na frase: "Let us kill him, and let us enjoy his inheritance" (Mt 21.38: "Vamos, matemo-lo e apoderemo-nos da sua herança") é um equívoco de tradução (como é usual, ele observa qual palavra grega teria de ser usada para produzir essa palavra em inglês). O sentido é "apoderar-se ou tomar posse de sua herança". Hoje o termo *seisin*, em geral, é desconhecido, exceto no uso legal, significava: "tomar posse legal". Lawrence acrescenta que "enjoy" (desfrutar) e "tomar posse" não são "a mesma coisa, pois posso tomar posse e, todavia, não desfrutar". A segunda edição responde a isso com uma leitura que, na grafia original, fica muito estranha: "And let vs season vpon his inheritance". O termo "seisin" é usado em sua forma *verbal, agora, obsoleta (a última citação no* Oxford English Dictionary é de 1623) e é apresentado em uma de suas possíveis grafias do século XVI. Para os olhos modernos "season upon" parece a forma errada de "seize on" ou "seize upon", cujo sentido é apoderar-se, e já causava dificuldade em sua própria época: a edição de 1578 mudou o texto para: "Let us reason upon", e a edição de William Fulke traz: "Let vs sease vpon" (grafia original). O primeiro deles, com certeza, é um erro de impressão, e o segundo é provável que também seja. A BKJ traz: "Let us seize on his inheritance", o que parece simples e sensato até se conhecer essa história. Essa Bíblia usa a grafia de Fulke, "sease", uma grafia possível para "seize", mas é uma grafia que a BKJ não usa em outras passagens. A leitura da BKJ pode ser um acidente ou porque copiou o erro de Fulke ou porque os tradutores (ou o impressor), independentemente, cometeram o mesmo erro. Ou pode ter sido uma decisão deliberada porque acharam que "season upon" era um erro, porque julgaram que não era claro ou porque era deselegante. Uma vez que um sentido de "to seisin" é "apoderar-se", eles podiam estar melhorando o inglês. Outra alternativa seria terem reconhecido o sentido de "season upon" e terem usado "sease/seize" porque podia carregar o sentido de "seisin" como verbo. Se o que aconteceu foi essa última possibilidade, o "let us seize on his inheritance" da BKJ carrega um sentido que perdemos. As complexidades de uma única palavra são abundantes, mas a certeza é que Lawrence, quer isso tenha sido entendido quer não, ajudou mais uma vez a esboçar a BKJ.

A segunda categoria de Lawrence é a omissão de algo encontrado no grego. A maioria dessas circunstâncias é peculiar da primeira edição da Bíblia dos Bispos, embora uma mostre a influência do Texto Recebido. Marcos 15.3, em geral, traz nas palavras das versões da Bíblia de Tyndale e de Genebra: "And the high priests accused him of many things" ("Então, os principais dos sacerdotes o acusavam de muitas coisas"). Lawrence observa que o Texto Recebido (ele não usa essa frase) tem algumas palavras extras, por isso, a segunda edição e a BKJ acrescentam: "but he answered nothing" ("Porém ele nada respondia"; ARC). A seguir, fala sobre as "palavras supérfluas" com duas observações ("o que precisa ser *emplumado*?" pergunta ele com sarcasmo, as "aves emplumadas"; Mc 13.16), depois, também com duas notas: "As sentenças foram mudadas e há erro na doutrina".

Esses exemplos confirmam a extensão em que a BKJ é fundamentada na Bíblia dos Bispos de 1602. Eles também sugerem que sua leitura tendia a prevalecer sobre outras leituras, pois há circunstâncias nas quais traduções anteriores podiam ter fornecido uma solução tão boa quanto a adotada, mas não foram seguidas. O homem com espírito impuro clama a Jesus, nas palavras da primeira edição da Grande Bíblia, dizendo: "saying: Alas, what have we to do with thee" ("Ah! Que temos contigo?"; Mc 1.24, ARC). Lawrence comenta que esse "ah" representa um imperativo grego e sugere "deixe estar ou deixe-nos em paz". A segunda edição e a BKJ escolheram: "let us alone" (Deixe-nos em paz). Aqui a BKJ poderia ter seguido a Bíblia de Tyndale ou de Matthew, que trazem a primeira sugestão de Lawrence: "let be" ("Deixe estar"); as Bíblias de Coverdale e de Genebra trazem a exclamação: "Oh" e "Ah".

O NOVO TESTAMENTO DE RHEIMS

Os dois esboços finais tinham sido feitos: oficialmente, a Bíblia dos Bispos e, em termos de sua influência, a Bíblia de Genebra. Em 1582, os exilados católicos-romanos, em uma tentativa de frustrar a tradução protestante com a verdade católica, publicaram o Novo Testamento de Rheims (a este seguiu-se o Antigo Testamento em dois volumes, 1609 e 1610, muito tarde para ser usado na BKJ).

Os dois lados, com toda sua inimizade, inspiraram-se na erudição um do outro; assim o NT de Rheims, como tradução, é parte da tradição estabelecida por Tyndale; os tradutores da BKJ, por sua vez, extraíram palavras ou frases do NT de Rheims quando estas lhes serviam: era também um esboço de estilos.

O tradutor era Gregory Martin, estudioso do grego de Oxford, provavelmente auxiliado por William Allen (depois, cardeal); Richard Bristow, e acredita-se que este seja o autor das observações do NT; William Rainolds ou Reynolds (irmão do tradutor da BKJ, John Rainolds) e Thomas Worthington, quem fez anotações sobre o Antigo Testamento. Martin, seguindo a tática equivocada de Coverdale, traduziu a Bíblia inglesa a partir de uma tradução, a Vulgata, e para o livro de Salmos usou uma tradução de uma tradução, usando a tradução de Jerônimo do livro de Salmos da Septuaginta. Martin, ao contrário de Coverdale, não reporta seu trabalho ao grego. Assim, nas palavras de Westcott: "É a [Rheims], em vez de aos Testamentos de Coverdale [traduzidos do latim] que devemos o ato final e mais poderoso da Vulgata em nossa presente versão" (p. 245); no mesmo ponto, notavelmente em seu tratamento do artigo grego, ele também aproxima mais o inglês do grego.

O NT de Rheims é a mais literal das primeiras traduções. Martin, em seu prefácio, critica os protestantes pelo texto vago e explica sua literalidade. Ele reclama da "forma vergonhosa [como os protestantes] em todas suas versões, em latim, em inglês e em outras línguas, deturpam tanto o texto literal quanto o sentido por meio da falsa tradução, acréscimos, desvalorização, alteração, transposição, pontuação e todos os outros meios enganadores". Eles "formam e suavizam as frases das Sagradas Escrituras segundo a forma dos escritores profanos, estruturando-as não para que as mesmas supram, acrescentem ou diminuam, e fazem isso com tanta liberdade quanto se estivessem traduzindo Lívio, Virgílio ou Terêncio" (seg. bi^{v}). Castellio é seu padrão para essa acusação geral de falsificação por deixar de ser literal até mesmo em sua tentativa de ser literal. Ele, em contrapartida,

> não usou de mais licença do que seria suportável na tradução das Sagradas Escrituras: mantendo-nos continuamente o mais próximo possívelde nosso texto e das próprias palavras e frases que pelo longo uso se tornaram veneráveis, embora para alguns ouvidos profanos ou delicados, elas possam soar mais duras ou bárbaras, como, no início, todo o estilo das Escrituras tendia levemente a ser (seg. bii[r]).

Se o original foi escrito de forma grosseira, não gramatical ou até mesmo incompreensível, sua tradução também deve ser assim; o leitor não deve ficar chocado com essas aparentes falhas: elas fazem parte da verdade do original e são parte do que fazem a Bíblia ser distinta da literatura secular. O frequente literalismo dele "pode parecer, para o leitor comum e para os ouvidos ingleses comuns ainda não acostumados com isso, rude ou ignorante", mas ele apela para o futuro: "Em pouco tempo, todos os tipos de leitores católicos acharão familiar o que, de início, pode parecer estranho e a estimarão ainda mais quando, de resto, aprenderem que esse era o inglês comum conhecido" (seg. ciii[r]). Isso reflete a zombaria de More de que "agora, toda a Inglaterra se inscreveria para ir à escola com Tyndale a fim de aprender inglês" (pág. 11). Claro que as palavras e frases em inglês eram formadas pela linguagem dos tradutores, mas o trabalho de Martin nunca chegou a alcançar a aceitação das versões protestantes, falhando, assim, em tornar seu literalismo conhecido (algumas das palavras que ele achava difíceis vieram a se tornar conhecidas, mas não a partir de sua obra).

Martin praticava o que pregava e colheu a recompensa da zombaria. Com frequência, ele transcrevia as palavras, em vez de traduzi-las, como em "charity of the fraternity", ou seja, a "caridade da fraternidade" escolhendo o "caritas fraternitatis" da Vulgata (Hb 13.1), em vez de "amor fraternal"; ou "detractors, odible to God" ("detratores odiosos de Deus"; Rm 1.30) fazendo a opção por "detractores, Deo odibiles". A transcrição, às vezes, faz com que o texto fique totalmente sem sentido: "beneficence and communication do not forget: for with such hosts God is promerited" (Hb 13.16: "Não negligencieis, igualmente, a prática do bem e a mútua cooperação; pois, com tais sacrifícios, Deus se compraz"); o texto em latim traz: "Beneficientiae auem et communionis nolite oblivisci talibus enim hostiis promeretur Deus". Aqui a BKJ adota uma palavra do NT de Rheims, "communicate" no lugar de "distribute", usada nas versões anteriores, usando-a em seu sentido, agora, obsoleto de compartilhar; é discutível se de fato representa alguma melhoria sobre o uso de "distribute". O NT de Rheims, mesmo nas passagens em que a tradução é ruim, ainda sugere a palavra casual para os tradutores da BKJ.

As notas do NT de Rheims eram tão importantes quanto o texto, pois foi uma versão claramente controversa; nas palavras da página-título, as notas eram mais que "necessárias para ajudar o melhor entendimento do texto"; elas foram feitas "em especial para a descoberta das deturpações das diversas traduções tardias e para esclarecer as controvérsias religiosas da época". Elas tiveram um efeito indireto na BKJ ao chamar continuamente a atenção para questões de tradução, talvez também para aumentar a antipatia por "notas que soem de alguma forma ofensivas" mostradas nas instruções de Parker para a Bíblia dos Bispos. A nota sobre "God is promerited" é característica na extensão e no conteúdo:

> Essa palavra latina, *promeretur*, não pode ser expressa de maneira eficaz em nenhuma palavra inglesa. Ela significa favor de Deus a ser procurado pelas supramencionadas obras de caridade e esmola, bem como pelos merecimentos e méritos do agente. Que doutrina e que palavra de mérito que os adversários gostam tanto, mas que fogem dela aqui e em outras passagens, traduzindo-a aqui por *promeretur Deus, Deus se agrada*, mais próximo do grego, como eles pretendem. O que, na verdade, não faz mais por eles que o latim, agradável para a maioria das cópias antigas, como vemos em Primásio, estudioso de Agostinho. Pois se Deus se apraz com boas obras e mostra favor por elas, então elas são meritórias e, assim, não é só a fé a causa do favor de Deus para os homens.

Embora isso sugira que Martin poderia ter traduzido de forma mais simples se tivesse escolhido — "esmolas e caridade" é discutivelmente melhor que "beneficência e comunicação" e "fazer o bem e compartilhar" — o argumento de que é um verdadeiro desafio para o tradutor o fato de a língua inglesa nem sempre conseguir expressar de forma eficaz a palavra do texto. Os tradutores protestantes, em geral, contavam com o poder expressivo do inglês e acreditavam que seu texto transmitia a verdade de Deus aos leitores, embora o extenso uso de notas da Bíblia de Genebra tenha modificado essa posição. Martin transformou as notas em local primário da verdade. Se a BKJ tinha de ser essencialmente sem notas de tradução, a pressão para conseguir as palavras exatamente corretas aumentou graças à obra de Martin. Este, após explicar o sentido, ataca os protestantes por fazer uma tradução tendenciosa ao evitar a palavra "mérito". Aqui estava um dos maiores divisores de água teológicos, se a salvação pode ser conseguida por mérito ou boas obras ou se depende apenas da graça gratuita de Cristo. Tyndale apresenta a questão desta maneira: "Cristo é Senhor sobre todos, e tudo que qualquer homem terá de Deus tem de lhe ser dado livremente por causa de Cristo. Bem, conseguir o céu por meu próprio mérito é louvor de mim mesmo, não de Cristo. Pois não posso tê-lo pelo favor e graça de Cristo e também por meus próprios méritos: pois dar gratuitamente e merecer não podem ficar juntos".[47] Martin estava certo; os tradutores protestantes, exceto por umas poucas passagens nas versões dos seguidores de Wycliffe, não usaram o termo "mérito". Antes, no AT de Genebra, nas últimas versões do NT e na Bíblia dos Bispos, eles fornecem notas, como esta de Romanos 11.35: "Esse dito derrubou a doutrina antevista de obras e mérito".[48] O sumário de Salmos 16 da BKJ parece fazer a mesma coisa: "Davi, desconfiando dos méritos e odiando a idolatria, foge para Deus em busca de preservação".

O NT de Rheims, provavelmente, por meio de argumentos, traduções e anotações, deixou mais contundente o que já era contundente, a consciência dos tradutores da BKJ de sua responsabilidade linguística e teológica. O NT de Rheims, quando foi publicado pelos católicos, era um livro raro e só foi reimpresso quatro vezes: *1600, 1621, 1633 e 1738*. Os tradutores conheciam esse texto a partir de uma obra que ressaltou tanto as controvérsias quanto as distintas traduções, *The Text of the New Testament of Jesus Christ, translated out of the vulgar Latin by the Papists of the traitorous Seminary at Rheims* (1589), de William Fulke. Esse livro fornecia o NT de Rheims completo com todos os argumentos e anotações refutados e com a segunda edição do texto da Bíblia dos Bispos em uma coluna paralela. No fim, há "uma tabela guiando os leitores a todas as controvérsias tratadas nessa obra". Houve outras refutações além dessa, incluindo uma do futuro tradutor da BKJ, Thomas Bilson.

O NT de Rheims, de vez em quando, tem um vigor coloquial no qual a BKJ se inspirou, mas a principal contribuição dele para a BKJ foi uma salpicada adicional de vocabulário latino no NT, embora nada disso fosse novo para os tradutores protestantes. As seguintes palavras de Romanos seguiram

[47] Pentateuco, prefácio do livro de Números, seg. A7^{v}.

[48] Bíblia de Genebra-Tomson, 1587.

o NT de Rheims: "separated" (1.1; "separado"), "impenitent" (2.5; "impenitente"); "approvest" (2.18; "aprovas"); "remission" (3.25, "propiciação"); "glory" (5.3; "gloriamos"), "commendeth" (5.8; "prova"); "concupiscence" (7.8; "concupiscência"), "revealed" (8.18; "revelada"), "expectation" (8.19; "expectativa"), "conformed" (8.29; "conformes"); "emulation" (11.14; "emulação"), "concluded" (11.32; "encerrou"), "conformed" (12.2; "conformeis") e "contribution" (15.26; "coleta").[49] Bem, os protestantes sabiam muito bem usar esse vocabulário sem precisar ser inspirados pelo NT de Rheims, como em "tribulations" (Rm 5.3; "tribulações") (também encontrada no NT de Rheims) e "maketh intercession" ("clamou"; Rm 11.2, NVI), o que volta a Tyndale. Não obstante, essas palavras transformam Martin em um dos que participou do esboço da BKJ. Uma vez que a maioria dos termos são transliterações do latim de Jerônimo, eles também transformam Jerônimo em um autor da BKJ.

[49] Westcott. *History of the English Bible*, p. 253.

CAPÍTULO 2

Fazendo o esboço da Bíblia King James

JOSÉ E MARIA

Neste capítulo, examinaremos duas breves passagens de cada Testamento para dar uma noção de como o esboço da BKJ foi posto em prática. Cada passagem é apresentada em grafia moderna a fim de deixar as verdadeiras similaridades e diferenças mais claras possíveis. Esse tipo de estudo, inevitavelmente, apresenta o trabalho de revisão como uma questão de escolha entre as possibilidades oferecidas pelos esboços precedentes ou de rejeição em favor de uma nova versão. Algumas das dinâmicas de tradução, como as reveladas pelas observações de Lawrence, são omitidas, pois são quase impossíveis de rastrear.

Mateus 1.18-21 envolve um dos primeiros problemas para um tradutor do Novo Testamento, como lidar com o relacionamento de Maria e José, assunto particularmente difícil se o tradutor não conseguir fornecer uma nota explicando o histórico teológico e social. Eis o primeiro esboço da BKJ, a versão de Tyndale de 1525-1526:

18Ora, o nascimento de Jesus Cristo foi assim: estando Maria, sua mãe, desposada
com José, sem que tivessem antes coabitado, achou-se grávida pelo Espírito Santo.
19Mas José, seu esposo, sendo justo e não a querendo infamar, resolveu deixá-la secretamente. 20Enquanto ponderava nestas coisas, eis que lhe apareceu, em sonho, um
anjo do Senhor, dizendo: José, filho de Davi, não temas receber Maria, tua mulher,
porque o que nela foi gerado é do Espírito Santo. 21Ela dará à luz um filho e lhe porás
o nome de Jesus, porque ele salvará o seu povo dos pecados deles.

18The birth of Christ was on this wise, when his mother Mary was married unto
Joseph, before they came to dwell together, she was found with child by the holy
Ghost. 19Then her husband Joseph, being a perfect man, and loath to defame her,

was minded to put her away secretly. [20]While he thus thought, behold, the angel of the Lord appeared unto him in his sleep, saying, 'Joseph the son of David, fear not to take unto thee, Mary thy wife. For that which is conceived in her, is of the holy Ghost. [21]She shall bring forth a son, and thou shalt call his name Jesus. For he shall save his people from their sins.

Subjacente ao versículo inicial da passagem está o costume matrimonial judaico. O noivado, embora fosse celibatário, era uma ligação tão firme quanto o casamento e só podia ser rompido pelo divórcio. O casamento e a vida conjunta só acontecem após um ano. A palavra grega significa comprometida, noiva, mas o risco de traduzi-la de forma literal é que pode parecer que Jesus nasceu fora do casamento. Tyndale evita isso usando "desposada" e deixando o leitor imaginar como eles podem ser casados, mas coabitar. Ele transmite um senso da força da situação ao manter "marido" e "mulher" nos versículos 16 e 20, mas à custa da literalidade. "[18][...] before they came to dwell together" ("Sem que tivessem antes coabitado") também não é bem literal: o termo grego significa "reunidos". É possível que ele tenha evitado esse termo por sugerir um relacionamento sexual.

O versículo 19 também apresenta problemas de entendimento de palavras essencialmente comuns. José é, de fato, um homem justo, mas o que isso significa? O caráter de José depende do nosso entendimento de "justo" e de como ele, ao enfrentar a gravidez de Maria, age como um homem "justo". Claro que Tyndale sabia o sentido literal do adjetivo grego (se não soubesse, o "iustus", da Vulgata, o teria levado a escolher o termo acertado, mas sempre tentava traduzir de acordo com o contexto da passagem. Por isso, em outras passagens, sua tradução inclui "just"("justo"), "good" ("bom"), "right" ("correto") e "righteous" ("reto"). Aqui, ele pegou sua deixa do "piedoso" de Lutero, pio, obediente, religioso: José é um homem de obediência e "justo" no sentido de seguir a lei de Deus. Um homem "perfeito" pode ser aquele que é completa e absolutamente obediente. Isso se ajusta ao texto, que o mostra aceitando sem questionar o que Deus lhe diz nesses — e em subsequentes — sonhos e agindo com perfeita propriedade. Também se ajusta a outros textos bíblicos como 1João 2.5, que Tyndale traduz por: "whosoever keepeth his word, in him is the love of God perfect in deed." ("Aquele, entretanto, que guarda a sua palavra, nele, verdadeiramente, tem sido aperfeiçoado o amor de Deus"). Aqui está explícita a ligação entre obediência e justiça absoluta em ação. Tyndale também usa "perfect" ("perfeito") dessa maneira em sua própria escrita, descrevendo o efeito da Palavra de Deus no leitor tornando-o "a cada dia melhor até que se transforme em um homem perfeito no conhecimento de Cristo e no amor à lei de Deus".[50] O conhecimento da lei, o amor a ela e, implicitamente, a obediência: essa é sua ideia do que significa José ser um homem "justo". Assim, "perfeito" não é uma tradução literal, mas uma tradução cuidadosamente considerada do ponto de vista teológico.

Duas palavras nessa versão podem ter sido sugeridas pelo *Novum Instrumentum*, de Erasmo: "[...] defame" ("infamare"; "infamar") e "[...] conceived" ("conceptum est"; gerado).

As revisões de Tyndale de 1534 deixaram a tradução mais literal. O termo "[...] married" ("desposada") passou a ser "betrothed" ("noiva"), abrindo a questão se eles, na verdade, eram marido e esposa. "[...] Loath to defame her" ("Não a querendo infamar") passou a ser "loath to make an example of her" ("não querendo fazer dela um exemplo"), o que está mais perto do sentido literal do grego, transformá-la em paradigma, um exemplo.

Bem, a revisão de 1534 traz algumas anotações; uma delas explica o termo "example": "quer dizer, expô-la para servir de exemplo para outras pessoas". Evidentemente, ele achou que "[...] defame" ("infamar") era vago demais, fornecendo apenas um sentido aproximado da situação e que, com a ajuda da nota, podia, agora, dar um sentido mais verdadeiro do original. No versículo 18, "Christ" ("Cristo") passa a ser "Jesus Christ" ("Jesus Cristo") do grego: sua primeira tradução, quer proposital quer não, correspondia à da Vulgata, ao NT em latim de Erasmo e à tradução de Lutero. "Then her husband Joseph" ("José, seu marido"; A21) passou a seguir a ordem grega: "Joseph her husband" (v. 16). Na primeira versão do versículo 20, "the Lord appeared unto him in his sleep" ("lhe apareceu, em sonho, um anjo do Senhor"), "his" não tem equivalente no grego (nem no latim), mas "in [...] sleep" ("em sonho") segue o latim. Tyndale mudou o texto para o sentido literal do grego "in a dream"("num sonho"; NTLH).

Há limites para a disposição de Tyndale de buscar a literalidade: ele não transforma a ordem das palavras no grego em uma mania e, frequentemente, evita frases com o verbo no infinitivo como sujeito. Em geral, suas escolhas e mudanças mostram-no como um tradutor profundamente ponderado cuja prioridade, depois de traduzir, era aproximar seu trabalho o mais que pu-

[50] "W. T. para o leitor". New Testament, 1534, seg. *iiii^r.

desse do sentido literal e até mesmo da ordem de palavras do grego, embora sempre mantendo um forte senso da estrutura normal do inglês.

Dois elementos do modelo de Tyndale fornecidos para a tradução bíblica para o inglês estão evidentes nessa passagem. Uma é a criteriosa fidelidade à sintaxe e gramática das línguas originais, a ponto de até mesmo incluir em inglês a oração reduzida de gerúndio na passagem de Mateus: "being a perfect man" (v. 19; "Sendo justo"), adiando, assim, o verbo principal até a última parte da sentença: isso não teria inquietado um homem culto, mas não era o inglês básico do menino que guia o arado. O outro elemento-chave é a escolha de vocabulário predominantemente nativo do inglês. "Married" ("Desposada") (1525), "perfect", "defame" ("justo", "infamar") (1525), "example" ("exemplo") (1534), "secretly" ("secretamente"), "appeared" ("apareceu") e "conceived" ("gerado") vêm do latim por meio do francês antigo e do inglês médio. Todos os termos eram familiares ao inglês. Só "perfect" é usado em um sentido que poderia enganar o leitor ou ouvinte comum.

Os esboços subsequentes só tiveram poucas mudanças. Eis a versão de Coverdale, de 1535 (ela não tem mudança depois de "filho de Davi"):

> 18The birth of Christ was on this wise: when his mother Mary was married to Joseph before they came together, she was found with child by the holy ghost, 19but Joseph her husband was a perfect man, and would not bring her to shame, but was minded to put her away secretly. 20Nevertheless while he thus thought, behold, the angel of the Lord appeared unto him in a dream, saying, "Joseph thou son of David [...]".

A maior parte dessa tradução é uma mistura das duas versões de Tyndale refletindo a influência de Lutero. O sinal mais óbvio de Lutero é "thou son of David", que não tem fundamento no grego: Lutero estava imaginando o que o anjo poderia ter dito, em vez de fornecer uma tradução próxima. Coverdale faz o texto fluir mais, transformando as duas primeiras sentenças em uma sentença e incluindo dois "but", o segundo não tendo fundamento no grego nem no latim. "Nevertheless" (v. 20) traz firmemente à tona a maneira como a aparição do anjo muda a mente de José.

A Bíblia de Matthew segue o texto de Tyndale de 1534 exceto que, como em Coverdale, ela volta a usar o termo "married" ("desposada") como a tradução original de Tyndale, evitando "betrothed" ("noiva"), provavelmente por motivos doutrinais. Inclui a nota de Tyndale para "example" ("exemplo") e acrescenta mais uma nota para o termo "angel": "anjo, ou seja, mensageiro". Embora a Bíblia de Taverner tenha sido quase inteiramente um esboço descartado, sua solução para a situação de Maria merece ser comentada: "when his mother Mary was espoused to Joseph, before they companied together" ("quando sua mãe Maria esposou José antes de se juntarem"). "Espoused" é sutil: pode significar casada ou noiva. "Before they companied together" talvez seja a indicação mais clara da natureza intermediária do relacionamento deles. "Esposou" tinha de ser a palavra usada pela BKJ aqui.

A Grande Bíblia mistura o texto de Tyndale de 1534 e a primeira Bíblia de Coverdale com algumas leituras originais; essas leituras são apresentadas em itálico aqui:

18The birth of Jesus Christ was on this wise. When his mother Mary was married
to Joseph (before they came to dwell together) she was found with child by the
holy Ghost. 19Then Joseph her husband *(because he was a righteous* man, and would
not *put* her to shame) *he* was minded *privily to depart from her.* 20But while he thus
thought, behold, the angel of the Lord appeared unto him in [*omission*] sleep, saying,
"Joseph, thou son of David: fear not to take unto thee Mary thy wife. For that which
is conceived in her, *cometh* of the holy Ghost. 21She shall bring forth a son, and thou
shalt call his name Jesus. For he shall save his people from their sins."

Em todas as outras versões, José, nas palavras de Tyndale, "tinha em mente deixá-la secretamente", mas aqui ele pensa em deixá-la secretamente. Essa é uma interpretação equivocada da leitura mais que literal da frase: "*Voluit clanculum ab ea divertere*", de Erasmo,[51] "ele desejava secretamente se divorciar dela" ("divertere", deixar ou partir, pode ter o sentido de divórcio e é a origem dessa palavra). Duas outras leituras também têm origem em Erasmo. "Cometh of the holy Ghost" ("É do Espírito Santo") segue o texto "a spiritu sancto profectum est", de Erasmo, e "in sleep" ("em sonho") segue "in somnis" (a Vulgata traz "in somnis ei").[52] Embora haja variações em relação ao texto de Erasmo, como "Jesus Cristo", em vez de "Cristo", e algumas novas escolhas de palavras, como "a righteous man" ("justo"), Coverdale tinha os olhos principalmente voltados para Erasmo e tendia a segui-lo de forma literal. Uma inserção curiosa é o supérfluo "he" depois do parêntese no versículo 19; é uma tentativa de manter a gramática da sentença mais clara para o leitor ou ouvinte.

[51] A Vulgata não é ambígua: "Voluit occulte dimittere eam".

[52] Conforme apresentado no NT poliglota de Coverdale de 1538.

O NT de Genebra de 1557 parece não dever nada à Grande Bíblia nessa passagem; antes, ele permanece como um esboço intermediário entre a última versão de Tyndale e a própria Bíblia de Genebra. Sua principal fonte é o texto em latim de Beza. "Loath to make her a public example of infamy" ("Não torná-la um exemplo público de infâmia") (v. 19) traduz a frase: "Nollet eam ignominie exponere", de Beza.[53] A maioria das outras mudanças também corresponde ao texto de Beza (talvez "reasoned with himself" por "cogitasset" seja a exceção). "Came together" ("Se juntarem") (v. 18), embora antecipada por Coverdale, em 1535, é exatamente o termo de "convenissent" de Beza. Essa é a primeira versão para descrever José como "just man" ("justo"), o que segue Beza, mas pode facilmente vir da Vulgata ou do texto grego.

A Bíblia de Genebra fundamenta-se na edição de 1557 e, claramente, também se baseia na última versão de Tyndale. Aqui as concordâncias com o que é novo na edição de 1557 estão em itálico ("*for*", v. 20 é itálico da versão de 1560), e as mudanças de 1560 estão em negrito:

18 Now the birth of Jesus Christ was **thus**, when **as** his mother Mary was *betrothed
to Joseph, [m]before they came [*omission*] together, she was found [n]with child of the
holy Ghost. 19Then Joseph her husband being a [o]just man, and **not willing** to *make
her a public example [*omission*], was minded to put her away secretly. 20But while he
thought **these things**, behold, the Angel of the Lord appeared unto him in a [p]dream,
saying, 'Joseph, [q]the son of David, fear not to take [*omission*] Mary ***for***[54] thy wife:
for that which is conceived in her, is of the holy Ghost. 21**And** she shall bring forth a
son, and thou shalt *call his [r]name Jesus: for he shall *save his people from their sins'.

* Lucas 1.27.

[m] Antes de ele levá-la consigo para casa.

[n] Conforme o anjo, depois, declarou para José.

[o] Homem reto e temente a Deus e, por isso, suspeitando que ela tivesse tido relação sexual antes de ficar noiva não a reteria, assim, pela lei, ela poderia se casar com outro, nem a acusaria trazendo, com esse fato, vergonha para ela.

* Deuteronômio 24.1.

[p] Esse sonho é testemunhado pelo Espírito Santo e é um tipo de revelação. Números 12.6.

[53] Usei a edição de 1570 com observações de Joachim Camerarius na margem, quer sejam de Camerarius quer sejam de Beza, o fato é que intensificam o sentido de que isso é diferente de simplesmente transformá-la em um exemplo, uma vez que fornece uma tradução alternativa: "exemplum in ea fien".

[54] Também no texto de 1560; apagado do NT de Genebra-Tomson.

[q] Esse nome o lembra da promessa de Deus para Davi.
* Lucas 1.38.
[r] Ou seja, um Salvador.
* Atos 4.12. Filipenses 2.10. Isaías 7.14.

Algumas mudanças podem ser apenas mudança pela mudança, outras refletem o texto grego. Também se pode explicar "thus", em vez "on this wise" (v. 18) de uma destas duas maneiras: uma única palavra foi usada porque o grego tem uma única palavra ou mudança pela mudança. Contudo, "when as", em vez de "when", é uma questão de estilo (nenhuma das traduções aqui segue a gramática do grego). "Not willing", em vez de "loath" (v. 19), parece uma mudança pela mudança, uma vez que não há diferença no sentido, embora ela reflita o uso grego das duas palavras. Acrescentando "a public", em vez de "example", adota metade do texto de 1557 "a public example of infamy", dando um sentido mais pleno para o grego ao transformar em paradigma ou acrescentando uma palavra redundante, de acordo com o julgamento do leitor. "While he thought these things", em vez de "while he thus thought" (v. 20) e do acréscimo de "and" no começo do versículo 21, são mudanças literais para casar com o grego. No todo, essas mudanças mostram a tendência constante em direção à tradução literal mesclada com alguma revisão de estilística.

As notas (originalmente postas na margem) são razoavelmente características. A nota "m" parafraseia sem entrar em detalhes, enquanto a nota "o" fornece uma explicação detalhada: essas notas diminuem o peso do texto para que fique completamente compreensível por si mesmo. A nota "n" é como as notas tiradas da edição de 1557, um comentário preenchendo a história. As referências cruzadas são auxílios de estudo, levando o leitor até a passagem paralela em Lucas e Deuteronômio sobre o divórcio.

A Bíblia dos Bispos torna-se o texto da Grande Bíblia com algumas revisões tiradas da Bíblia de Genebra: "came together", "not willing to make her a public example" e "these things". Há uma pequena variação: "fear not to take [unto thee] Mary" (v. 20). Talvez respondendo à omissão da Bíblia de Genebra do "unto thee" da Grande Bíblia, essa é a maneira que a primeira edição marca as palavras sem equivalente na língua original.

O NT de Rheims também segue o modelo de Tyndale, mas volta-o em direção ao latim da Vulgata. O começo é característico: "and the generation of Christ was in this wise" segue "Chriti autem generatio sic erat"; e Maria é "spoused", *desponsata* com José.

Depois de todos esses esboços, os tradutores da BKJ fizeram apenas algumas mudanças para seu texto básico, a Bíblia dos Bispos, edição de 1602, do qual apenas um é original, "while he thought on these things" (v. 20). Isso evoca a inquietação progressiva de José e supera a aparente contradição entre o fato de ele ter pensado uma coisa e o texto literal das Bíblias de Genebra e dos Bispos: "While he thought these things". Eles usam a única palavra que não define a situação de Maria e José em termos familiares ingleses de noivado ou de casamento; o termo "espoused" da Taverner (possivelmente não o tirando diretamente dele, mas reinventando-o, talvez seguindo a sugestão do NT de Rheims). No versículo 19, eles seguem a ordem das palavras da Bíblia de Genebra: "was minded to put her away privily", mas "privily" vem da Bíblia dos Bispos. Parece uma revisão feita para favorecer o estilo e soa como um afastamento da ordem das palavras no grego para uma ordem um pouquinho mais natural no inglês, com uma agradável cadência aliterativa. Também segue a Bíblia de Genebra na inserção de "now" e de "and" no começo dos versículos 18 e 21 e ao descrever José como "just", em vez de "righteous".

A retenção da expressão "thou son of David", da Bíblia de Coverdale (e de Lutero), pode ter sido um descuido. Isso não é verdade no grego; a Bíblia de Genebra, seguindo Tyndale, e o NT de Rheims tinham oferecido traduções mais exatas. No todo, isso parece um trabalho leve, mas as revisões são fruto de cuidadosa ponderação sobre o inglês, o grego e o sentido contextual das frases individuais.

Vale a pena observar essa passagem de outra maneira, como o resultado coletivo de revisões do segundo esboço de Tyndale, com as leituras da BKJ dada como mudanças interlineares. Isso confirma que Tyndale forneceu uma fundação sólida e também mostra uma relevante quantidade de revisão (o segredo é o número de esboços que foram rejeitados, todos os quais exigem meditação para ser criados e, depois, para ser rejeitados):

Now as
18 ^ The birth of Jesus Christ was on this wise. When ^ his mother
espoused [omission]
Mary was ~~betrothed~~ to Joseph, before they came ~~to dwell~~ together,
of
she was found with child ~~by~~ the holy Ghost. 19 Then Joseph her
just not willing to make her a public example
husband, being a ~~perfect~~ man, and ~~loath to make an example of her~~,
privily But thought on these things
was minded to put her away ~~secretly~~. 20 ^ While he thus ~~thought~~,
behold, the Angel of the Lord appeared unto him in a dream,
thou
saying, 'Joseph, ~~the~~ son of David, fear not to take unto thee
Mary thy wife. For that which is conceived in her, is of the holy
And
Ghost. 21 ^ She shall bring forth a son, and thou shalt call his
name Jesus. For he shall save his people from their sins.'

Em termos de origens, oito mudanças vêm da Bíblia de Genebra, duas da Bíblia de Coverdale de 1535 e da Grande Bíblia, talvez uma de Taverner ou possivelmente do NT de Rheims e uma dos tradutores da BKJ. Essas observações, no entanto, fornecem apenas uma verdade parcial: aqui a BKJ pode ter reinventado algumas das mudanças anteriores, e o papel da Bíblia dos Bispos de transmitir o texto desvanece-se.

Em termos de fidelidade ao grego, há algumas melhorias: a tradução, em geral, é mais literal em frases como: "[...] not willing to make her a public example"; e em: "[...] but while he thought on these things", bem como na omissão de "to dwell"; todavia, o texto, ocasionalmente, está menos próximo do grego, como em: "[...] thou son of David". Em termos mais literários, o maior uso de conjunções (alguma que também seja um aumento da fidelidade ao grego); "now", "but" e "and" ajudam o texto a fluir, e há uma cadência em "[...] put her away privily". Não há mudança na categoria de vocabulário. No todo, Tyndale trabalhou bem, e sua versão continua de leitura muito fácil, mas as revisões aumentam a exatidão e contribuem apenas um pouco para a qualidade literária.

A QUEDA

TYNDALE

A primeira passagem nos fornece um vislumbre de alguns problemas com a ordem das palavras em grego e a gramática dessa língua. Se o senso de Tyndale de adaptação do inglês como língua para traduzir o hebraico estiver correto (leia pág. 27), podemos esperar uma tradução para o inglês do hebraico que seja mais próxima ao hebraico, no que tange à ordem das palavras e expressões, do que a tradução do Novo Testamento e, ao mesmo tempo, preservar mais as qualidades do hebraico na escrita. Aqui apresentamos uma versão de Tyndale de uma passagem em que a língua original é muitíssimo simples, a narrativa da queda, Gênesis 3.1-13:

1 Mas a serpente, mais sagaz que todos os animais selváticos que o Senhor Deus
tinha feito, disse à mulher: É assim que Deus disse: Não comereis de toda árvore do
jardim? 2 Respondeu-lhe a mulher: Do fruto das árvores do jardim podemos comer,
3 mas do fruto da árvore que está no meio do jardim, disse Deus: Dele não comereis,
nem tocareis nele, para que não morrais.

4 Então, a serpente disse à mulher: É certo que não morrereis. 5 Porque Deus sabe
que no dia em que dele comerdes se vos abrirão os olhos e, como Deus, sereis co-
nhecedores do bem e do mal. 6 Vendo a mulher que a árvore era boa para se comer,
agradável aos olhos e árvore desejável para dar entendimento, tomou-lhe do fruto e
comeu e deu também ao marido, e ele comeu. 7 Abriram-se, então, os olhos de ambos; e, percebendo que estavam nus, coseram folhas de figueira e fizeram cintas para
si. 8 Quando ouviram a voz do SENHOR Deus, que andava no jardim pela viração do
dia, esconderam-se da presença do SENHOR Deus, o homem e sua mulher, por entre
as árvores do jardim. 9 E chamou o SENHOR Deus ao homem e lhe perguntou: Onde
estás? 10 Ele respondeu: Ouvi a tua voz no jardim, e, porque estava nu, tive medo, e
me escondi. 11 Perguntou-lhe Deus: Quem te fez saber que estavas nu? Comeste da
árvore de que te ordenei que não comesses? 12 Então, disse o homem: A mulher que
me deste por esposa, ela me deu da árvore, e eu comi. 13 Disse o SENHOR Deus à mulher: Que é isso que fizeste? Respondeu a mulher: A serpente me enganou, e eu comi.

1 But the serpent was subtler than all the beasts of the field which the Lord God
had made, and said unto the woman, 'Ah sir, that God hath said, "ye shall not eat
of all manner trees in the garden".' 2 And the woman said unto the serpent, 'Of the

fruit of the trees in the garden we may eat, [3]"but of the fruit of the tree that is in the midst of the garden," said God, "see that ye eat not, and see that ye touch it not: lest ye die".'

[4]Then said the serpent unto the woman, 'Tush, ye shall not die: [5]but God doth know that whensoever ye should eat of it, your eyes should be opened and ye should be as God and know both good and evil.' [6]And the woman saw that it was a good tree to eat of, and lusty unto the eyes, and a pleasant tree for to make wise, and took of the fruit of it and ate, and gave unto her husband also with her, and he ate. [7]And the eyes of both them were opened, that they understood how that they were naked. Then they sewed fig leaves together and made them aprons.

[8]And they heard the voice of the Lord God as he walked in the garden in the cool of the day. And Adam hid himself and his wife also from the face of the Lord God, among the trees of the garden. [9]And the Lord God called Adam and said unto him, 'Where art thou?' [10]And he answered, 'Thy voice I heard in the garden, but I was afraid because I was naked, and therefore hid myself.' [11]And he said, 'Who told thee that thou wast naked? hast thou eaten of the tree of which I bade thee that thou shouldst not eat?' [12]And Adam answered, 'The woman which thou gavest to bear me company, she took me of the tree and I ate.' [13]And the Lord God said unto the woman, 'Wherefore didst thou so?' And the woman answered, 'The serpent deceived me and I ate.'[55]

Em grande parte, a ordem das palavras é a mesma que a do hebraico; poucos ajustes seriam necessários para que esse texto fosse usado como tradução interlinear. A diferença mais comum é que a preferência do hebraico de apresentar o verbo antes do sujeito é alterada para a ordem normal do inglês — assim, temos "And the woman said", em vez de "and said the woman". Também a ordem de "[...] thou was naked" foi alterada, pois em hebraico é "naked thou". Há algumas omissões, como a omissão do artigo definido antes de Adão, uma palavra hebraica para homem que passou a ser o nome do primeiro homem e, por isso, é considerado como nome em traduções (o hebraico fornece um indício para isso: assim que há outros homens, ele retira o artigo, transformando Adão em nome, Gn 4.25 em diante). O mais comum é haver adições. O hebraico com frequência pressupõe que o verbo "ser ou estar" está subentendido, portanto ele o omite, como em

[55] Essa passagem não foi modificada na versão de Tyndale de 1534, o livro de Gênesis "recentemente corrigido e aperfeiçoado".

"naked thou", ou seja, "nu tu": o inglês não permite isso. O último conjunto de mudanças em resposta às diferenças entre hebraico e inglês é transformar vários termos no singular para o plural: "All the beast of the field", ou seja, "todo o animal selvático", ficaria muito estranho.

Alguns toques mostram que Tyndale era um tradutor imaginativo. Podemos considerar "[...] Tush, ye shall not die" como uma combinação de um acréscimo com omissão para registrar a intensidade que o hebraico transmite pela repetição do verbo ("not to die you will die", ou seja, "não morrer você morrerá", o infinitivo seguido pelo futuro). "Tush", ou seja, uma interjeição demonstrando desprezo, em português poderíamos pensar em *Ora!*, não tem equivalente, mas a frase transmite a intensidade jocosa do hebraico. "[1][...] Ah Sir", "Ah, senhor", é semelhante, mas talvez uma solução não tão bem-sucedida, uma tentativa coloquial para transmitir a força da conjunção hebraica em geral traduzida por "also", ou seja, "assim". "[...] in the cool of the day" é uma bela conciliação entre a tradução literal e a paráfrase. O hebraico traz "in the wind of the day", ou seja, "no vento do dia". A Septuaginta e a Vulgata forneceram a Tyndale uma solução temporal simples, à tarde, ao passo que Lutero sugeriu algo melhor com a paráfrase "quando o dia ficou fresco". Tyndale — ao escolher o termo fresco, "cool" — retornou ao fraseado hebraico, permitindo que esse termo sugerisse o horário do dia e, talvez, até deixando implícito o vento.

"[8][...] in the cool of the day" sugere a tendência de mudar a imagem exata do hebraico. "[...] whensoever" mostra essa tendência de forma mais clara. A frase hebraica, literalmente, é "no dia"; Tyndale poderia ter usado essa expressão, como a ARA e outras versões em nossa língua o fizeram, mas preferiu a expressão natural do sentido, em vez da forma estrangeira de dizer isso. Ele não se desvia de seu curso para seguir idiomas ou imagens, e o resultado, como na maioria das traduções, é uma conciliação com a forma exata do original.

O hebraico tem poucas conjunções, fiando-se no *vav*, "and", "e". Várias sentenças começam com o *vav*, algo a que o estilo normal do inglês tem aversão: nessa passagem cada um dos 13 versículos, com exceção do 5, o *vav* é utilizado 35 vezes. O número de vezes que o tradutor usa "and" ou "e" — em especial no início da sentença — é um indicador útil do grau em que está sendo literal. Portanto, a Septuaginta, feita por escritores para quem a forma hebraica vinha naturalmente, segue exatamente o início de dez versículos, apresentando 29 ocorrências no total, ao passo que a Vulgata começa apenas três versículos com "et" (apresentando 18 ocorrências no total). Tyndale, em geral, segue o hebraico de forma tão próxima quanto o faz a Septuaginta, iniciando nove versículos e três outras sentenças como "and". Há 29 ocorrências no texto de Tyndale. Isso demonstra um considerável respeito pelo original, tornando-se um dos fundamentos para o estilo bíblico inglês, não só no Antigo Testamento, mas também em partes do Novo Testamento, escrito no estilo hebraico. Quando Tyndale utiliza alternativas — das quais o inglês tem um bom número delas —, ele demonstra ser servo do hebraico, e não escravo. Tem bom senso das conexões entre as sentenças, portanto inicia as sentenças com "But", alertando o leitor para o perigo, e o utiliza em três outros lugares. Também utiliza "then", "então", e uma vez acrescenta "therefore", "por isso" (A21): "[...] therefore hid myself". A prosa continua coordenada, mas uma consciência do progresso da passagem mostra-se a si mesma sempre que necessário.

O tratamento para o verbo hebraico com o sentido de dizer é similar. Utiliza três vezes "answered" (vv. 10,12,13). Não tem o objetivo de ser consistente no que diz respeito ao vocabulário, mas seleciona a palavra inglesa apropriada para o contexto.

Em um trecho, uma estrutura hebraica — e talvez da tradução de Lutero — leva Tyndale a ter problemas. "[...] And Adam hid himself and his wife also from the face of the Lord God" é a mesma solução de Lutero, exceto que "and his wife also", ou seja, "e sua mulher também", seria, seguindo Lutero, "with his wife", ou seja, "com sua mulher". Isso quer dizer que Adão escondeu Eva e também a si mesmo de Deus, mas o sentido é que ambos se esconderam. Literalmente, o hebraico é "e ele se escondeu, o homem e sua mulher". Tyndale manteve o verbo no singular e acrescentou "also" para sugerir que "também escondeu a mulher", o sentido que quis dar ao texto. Sem desejar se afastar muito do hebraico, ele não percebeu a solução simples dada mais tarde na Grande Bíblia — o verbo no plural com homem e mulher antes desse verbo: "and Adam and his wife hid themselves", como na A21 "o homem e sua mulher esconderam-se".

Como na primeira passagem, não há nada nessa linguagem, em geral monossilábica e às vezes coloquial, que o garoto do arado acharia difícil. Apenas um termo *serpent* ecoa diretamente o termo latino da Vulgata. Tyndale, talvez, tivesse outros termos em inglês disponíveis: *snake, adder, asp e viper,* como também poderíamos sugerir os equivalentes em português: *cobra, víbora e cobrelo.* Os termos *asp* e *viper* não eram alternativas possíveis, sendo termos novos na língua inglesa, utilizados para denotar tipos particulares de cobras. *Snake*, no inglês arcaico, parece agora a escolha mais óbvia, mas também é um termo basicamente zoológico, sem um sentido figurativo ou alusivo até o final do século XVI e, depois, seu sentido figurativo aparece em referência à ingratidão ou infidelidade. Apenas *adder* era usado havia séculos em associação com demônio, mas, por volta de 1300, *serpent* tornou-se o termo mais usual para esse sentido. Por volta de 1530, era a única palavra em inglês de uso corrente com essas associações pedidas pelo texto. Tyndale não tinha escolha.

Enquanto *serpent* parece uma escolha inevitável, *aprons*, definitivamente, parece uma escolha estranha. Aqui Tyndale seguiu Lutero. Os tradutores continuam a procurar uma palavra apropriada (veja cinta, ARA; aventais, A21).

Há pouco na linguagem que seja estranha ao leitor moderno, embora, obviamente, não seja inglês moderno. Os sentidos obsoletos como *lusty* com o sentido de *aprazível* e construções estranhas, como "[...] for to make wise", para tornar sábio, "para dar entendimento". O aspecto arcaico mais dominante são as formas verbais e os pronomes que a acompanham. Ocasionalmente, elas podem levar o leitor moderno a uma compreensão equivocada do texto, como quando a serpente diz para a mulher: "[...] ye shall not die": esse verbo não é singular, mas plural, referindo-se tanto a Adão quanto Eva. Essas formas, é claro, eram padrões para o inglês daquela época e ainda têm um uso limitado em alguns dialetos do inglês. O que era familiar para o garoto do arado de Tyndale, nesses quase quinhentos anos, tornou-se estranho para o leitor moderno, mas não impossível: essa estranheza é parte do que agora denominamos estilo bíblico ou religioso. A linguagem do dia a dia de Tyndale, combinada com sua disposição de seguir os elementos de estilo do original, forma o fundamento da sublime língua inglesa religiosa.

A TRADUÇÃO DE 1535 DE COVERDALE E A GRANDE BÍBLIA

Coverdale, por toda a modéstia demonstrada na dedicatória e prólogo, não agiu como um tradutor modesto. Mais uma vez, não hesitou em revisar o texto de Tyndale. Aqui apresentamos sua versão de 1535 para os seis primeiros versos apresentados na revisão interlinear de Tyndale:

1But the serpent was subtler than all the beasts of the field
which the Lord God had made, and said unto the woman,
Yea, hath God said indeed
~~'Ah sir, that God hath said,~~ "ye shall not eat of all manner trees in the
? Then said the woman We eat
garden" ~~.~~' 2~~And the woman said~~ unto the serpent, '^ Of the fruit of
the trees in the garden ~~we may eat~~, as for 3"but ~~of~~ the fruit of the tree
God hath said, "Eat not ye of it
that is in the midst of the garden," ~~said God, "see that ye eat not,~~
and ~~see that ye~~ touch it not: lest ye die".'

4Then said the serpent unto the woman, 'Tush, ye shall not
the death. For in what day soever
die ^: 5~~but~~ God doth know that ~~whensoever~~ ye ~~should~~ eat of it,
shall shall
your eyes ~~should~~ be opened and ye ~~should~~ be as God and know
the tree was good
both good and evil.' 6And the woman saw that ~~it was a good tree~~
to eat of, and lusty unto the eyes, and a pleasant tree for to
make wise, and took of the fruit of it and ate, and gave
thereof Then were the eyes of
unto her husband also ~~with her~~, and he ate. 7~~And the eyes of both~~
them both and they perceived
~~them were~~ opened, ~~that they understood how~~ that they were
and
naked., ~~Then they~~ sewed fig leaves together and made them aprons.

Esse é o texto de Tyndale com a influência mais marcante da tradução de Lutero. Nos primeiros três versículos, as seguintes mudanças correspondem ao texto de Lutero: "[...] Yeah, hath God" ("ja, solt Gott"), "[...] Then said the woman" ("da sprach das weib") e "[...] God has said" ("hat Gott gesagt: Esset nicht davon, rührets auch nicht an"). "[...] We eat" ("wir essen") é colocada no início da fala, como na tradução de Lutero; a forma do verbo e o local do verbo distancia-se da adesão de Tyndale à ordem das palavras em hebraico e o reflexo do imperfeito hebraico. Em geral, alguns dos detalhes em que Tyndale mostrou sensibilidade em relação ao hebraico se perderam, junto com algumas de suas traduções, todavia o resultado fica, algumas vezes, mais próximo do hebraico em assuntos relativamente simples, como a ordem das palavras ou frases como "[...] die the death" ("des todes sterben") e em "[...] What day soever", uma mistura de Tyndale com a solução dada por Lutero "an dem Tage". Parte da variedade também se perde: seguindo Lutero, "[...] answered" desaparece.

Há menos mudanças interessantes na parte final dessa passagem, mas é importante observar que nos últimos dois versículos, em que Tyndale apresenta uma tradução interlinear do hebraico, a de Coverdale é apenas uma tradução interlinear de Lutero.

A Bíblia de Matthew apresenta o texto de Tyndale com duas leituras de Coverdale, "yea hath God said indeed" (v. 1) e "to give understanding" (v. 6). Taverner também é uma revisão leve, fazendo poucas mudanças nas palavras e expressões. Ele, de forma notável, remove o coloquialismo de Tyndale, apresentando, por exemplo, "why? hath God commanded you not to eat of all manner trees in the garden?" (v. 1).

Em contraste, a Grande Bíblia demonstra uma reescrita de quase todo o esboço que Coverdale estava agora revisando, a Bíblia de Matthew. Algumas poucas mudanças são de estilo: a maioria delas acontece porque o texto agora é o texto latino Münster. Esse texto, com frequência, segue o hebraico de forma bastante literal, de forma que algumas das mudanças de Coverdale parecem razoáveis como traduções do hebraico. Inevitavelmente, o Münster, em geral, apresenta a mesma leitura que a Vulgata. Aqui está a última parte dessa passagem com as diferenças da Bíblia de Matthew apresentadas em itálico.

8 And they heard the voice of the Lord God *walking* in the garden in the cool of the day. And Adam *and his wife hid themselves* from the *presence* of the Lord God among the trees of the garden. 9 And the Lord God called Adam and said unto him, "Where art thou?" 10 *which said*, "*I heard thy voice* in the garden, *and* <> was afraid because I was naked, and <> hid myself." 11 And he said, "Who told thee that thou wast naked? hast thou not eaten of the *same* tree, *concerning the* which I *commanded* thee that thou shouldst not eat *of it*?" 12 And Adam *said*, "The woman whom thou gavest to *be with me*, she gave me of the tree, and I *did eat*."

13 And the Lord God said unto the woman: "*Why hast thou done this*?" And the woman said, "*Yonder* serpent *beguiled* me, and I *did eat*."

"Walking" (v. 8, também usado em 1535) corresponde ao particípio hebraico e segue tanto o texto de Münster quanto o da Vulgata *deambulantis*; aqui Tyndale evitou a ideia de uma voz caminhando ao apresentar "as He walked", ou seja, enquanto andava, mas Coverdale tornou a tradução mais literal. Menos literal, no entanto, é o "*which said*", "*I heard thy voice in the garden*" (v. 10): aqui, no texto hebraico, temos o início de uma nova sentença. Münster e a Vulgata preferem a sentença subordinada com o pronome relativo *qui ait: uocem tuam audiui*. Duas das leituras seguem exatamente Münster em passagens em que ele não é tão literal nem similar à Vulgata: "*concerning the* which I *commanded* thee" ("de qua praecepi tibi", v. 11) e "*Yonder serpent beguiled* me" ("ipse serpens seduxit me", v. 13); aqui "beguiled", termo mantido na BKJ, responde de forma precisa à nota de Münster, fazendo referência à interpretação de Kimchi, "persuasit aut seduxit".

A mudança estilística mais relevante de Coverdale é "I did eat" que substituiu "I ate" (vv. 12,13). Essa forma enfática fornece o tom confessional apropriado, além de criar um ritmo poético para a BKJ, mais tarde utilizado no poema de John Milton, *Paraíso Perdido*: "The serpent me beguil'd and I did eat" (canto X:143, 162 ["Eu comi deles; enganou-me a serpe."]).

GENEBRA

O característico passo em falso de Coverdale foi traduzir de Münster, e não do hebraico, mas ele e Münster deixaram sua marca à medida que a Bíblia de Genebra e a BKJ retornaram ao hebraico. A Bíblia de Genebra revisou o texto da Grande Bíblia da seguinte maneira.

Now more subtle any
1 ~~But~~ the serpent was ~~subtler~~ than ~~every~~ beasts of the field which the
had to
Lord God ^ made. And he said ~~unto~~ the woman, 'Yea, hath ~~the Lord~~
~~indeed~~
God ^ said, "ye shall not eat of every tree in the of the garden"?' 2 And
the woman said unto the serpent, 'We eat of the fruit of the
trees of
~~tree~~ of the garden, 3 but ~~as for~~ the fruit of the fruit of the tree which is in the
midst of the garden," God hath said, "Ye shall not eat of it, neither
shall ye touch it: lest ~~haply~~ ye die".'

Then to
4~~And~~ the serpent said ~~unto~~ the woman, 'Ye shall not
at all. when shall
die ~~the death~~: 5but God doth know that ~~the same day that~~ ye ^ eat thereof,

your eyes shall be opened, and ye shall be as gods, knowing

both good and evil.' 6~~And~~ so the woman (seeing that the ~~same~~
for meat that it was pleasant a
tree was good ~~to eat~~, and ^ lusty to the eyes, and ~~that the same~~
to be desired knowledge
tree ~~was pleasant~~ to get ~~wisdom~~) took of the fruit thereof and did eat,
also to
and gave ^ ~~unto~~ her husband ~~being~~ with her,
and he Then
~~which~~ did eat also. 7~~And~~ the eyes of them both
were opened: and they knew that they were
figtree breeches
naked, and they sewed ~~fig~~ leaves together and made them ~~aprons~~.
Afterward
8~~And~~ they heard the voice of the Lord God walking in the garden in the
the man
garden in the cool of the day, and ~~Adam~~ and his wife hid themselves
from the presence of the Lord God among the trees of the garden
But to the man
9~~And~~ the Lord God called ^ ~~Adam~~ and said unto him, 'Where
Who
art thou?' 10~~which~~ said, 'I heard thy voice in the garden, and was
therefore I
afraid because I was naked, ~~and~~ hid myself.' 11And he said,

'Who told thee that thou wast naked? Hast thou not eaten of
whereof
the ~~same~~ tree ~~concerning the which~~ I commanded thee that thou
in no case? 12Then the man which
shouldst not eat ~~of it~~?' 12~~And Adam~~ said, 'The woman ~~whom~~
to be
thou gavest ~~to be~~ with me, she gave to me of the tree and I did eat.'

to
[13]And the Lord God said ~~unto~~ the woman, 'Why hast thou done
The
this?' And the woman said, '~~Yonder~~ serpent beguiled me and I did eat.'

Algumas das mudanças correspondem ao hebraico. Em vez da árvore "[...] good to eat" (Grande Bíblia) ou "good to eat of" (Tyndale, Coverdale 1535, Bíblia de Matthew), temos "good for meat", porque o hebraico tem um substantivo (e o termo "meat" no inglês daquela época significava alimentos em geral); e a árvore não é "pleasant", agradável, mas "to be desired", para ser desejada, porque o hebraico tem um particípio passivo (v. 6). Adão passa a ser "o homem", porque Adão quer dizer "homem", e o hebraico tem artigo definido.

Muitas palavras originais de Tyndale foram restauradas para mostrar que a Bíblia de Genebra tinha um olho em sua tradução, assim a decisão de não usar "ah sir" nem "tush" (v. 1) demonstra a não aceitação dos toques coloquiais.

Algumas dessas mudanças são estilísticas. A construção desengonçada de Coverdale "concerning the which I commanded" (v. 11) é substituída por sua expressão "whereof" de 1535 (v. 11). Por outro lado, a Bíblia de Genebra conseguiu ser quase tão desengonçada nesse mesmo versículo "that thou shouldst not eat in no case"; as últimas três palavras sobreviveram por quase vinte anos, mas depois desapareceram.[56] A conjunção hebraica *vav* é traduzida por termos variados (*now, then, so, afterward e therefore*), dando mais um sentido de estrutura temporal e lógica, como também mais variedade que suas antecessoras (há 23 ocorrências de "and"). Há modificações de palavras: "subtler" passa a ser "more subtle", mais sagaz (v. 1); "unto" algumas vezes passa a ser "to", "wisdom", sabedoria, passa a ser "knowledge", conhecimento (v. 6); e "aprons", aventais, é substituído por "breeches", calções (v. 7), daí o apelido da "Bíblia dos Calções". Parece deixar implícito algum tipo de calças, e, portanto, comicamente inapropriadas para Eva, o termo "breeches", no entanto, tem um sentido mais antigo, "uma veste cobrindo os lombos e as coxas: de início, apenas usava-se "breech-cloth" (OED); em outras palavras, um pano para o lombo. Um século e meio mais tarde, as traduções dos seguidores de Wycliffe usaram esse mesmo termo (a Bíblia de Genebra nesse ponto apresenta uma tradução quase exatamente igual à das primeiras

[56] Estão presentes na edição de 1576 de Baker e na edição de Edimburgo de 1579, mas omitidas na edição de Baker de 1578.

versões dos seguidores de Wycliffe). A margem da Bíblia de Genebra talvez indique um certo desconforto com o sentido antigo desse termo ao fazer uma boa tentativa com o sentido literal: "Coisas hebraicas para os envolver a fim de esconder as privacidades deles"; isso teria sido desnecessário, se "loin-cloth" não fosse um termo ambíguo. Aqui, a margem cumpre a tarefa de transmitir o sentido literal. A mesma coisa acontece com a mudança em "[...] ye shall not die the death". Os tradutores da Bíblia de Genebra relegaram o "die the death", morrer a morte, para a margem como hebraísmo e substituem a expressão por outra que parece estar mais na forma inglesa, "ye shall not die at all" (agora, no inglês, já estamos acostumados com hebraísmos do tipo "die a death" ou "dream a dream", sonhar um sonho, por causa de seu frequente uso na BKJ). Essas mudanças são independentes — nesse último caso, deliberadamente independentes — do original, e, sem ser uma tentativa óbvia para elevar o estilo, fazem muito pouco para melhorar a fluência da passagem.

Por ora, o processo do esboço incluiu alguns bons passos para trás como também alguns maus passos para a frente. Em geral, alguns aspectos da passagem leem um pouco melhor, e Coverdale 1535 e o movimento da Grande Bíblia para se distanciar do sentido literal do hebraico foram substancialmente corrigidos.

A BÍBLIA KING JAMES

A Bíblia dos Bispos não contribui com nada novo que seja relevante. Apresenta o texto da Grande Bíblia com alguns toques da Bíblia de Genebra, em especial no versículo 6; a mudança mais flagrante é "peradventure", porventura, por "haply", quiçá (v. 3). Também notável é a quase restauração do texto de Tyndale no versículo 6, "to make one wise" ("para dar entendimento"; ARA): o termo "one" é um acréscimo à tradução estritamente literal de Tyndale. Na versão de 1602, a forma "the Lord" (v. 9) volta a ser "the Lord God" (possivelmente a omissão de "God" na primeira edição fosse um erro de impressão).

Não há muita coisa que seja nova na BKJ. O fundamento dessa versão é mais uma vez o texto de Tyndale. A Grande Bíblia faz uma contribuição relevante, e há mais da Bíblia de Coverdale de 1535 que da Bíblia de Genebra. A Bíblia dos Bispos supre apenas uma palavra, e a Bíblia de Matthew nenhuma. Os tradutores da BKJ contribuíram com meras sete palavras e marcaram outras quatro como não tendo equivalente em hebraico. Uma das sete palavras é "surely" em "[...] surely ye shall not die": é como se dissesse, "É claro que você não morrerá". As outras palavras são uma restauração — ou recriação — da forma de Tyndale "may" em "we may eat" (v. 2). Não havia nada errado com "we eat", uma tradução literal, mas a BKJ concorda com Tyndale em pôr o verbo no contexto da ordem de Deus, em geral verbalizado pela serpente no versículo 1 e especificado por Eva no versículo 3: ela e Adão têm *permissão* para comer das outras árvores. Essa é uma tradução literal que demonstra sensibilidade. A BKJ contribui apenas com uma sentença "what is this that thou hast done?" (v. 13). É uma tradução literal do hebraico "what this you have done" ("o que isso você fez"), acrescentando apenas as palavras essenciais (is; that) para transformar esse texto em inglês fluente e marcando essas palavras como acréscimos.

Essa perspectiva da passagem sugere corretamente que os tradutores da BKJ fizeram uma combinação criteriosa dos trabalhos anteriores e que as adições feitas por eles tendiam a aumentar a literalidade do texto, mas isso, equivocadamente, pode sugerir que eles trabalharam muito pouco. Primeiro, a decisão de não fazer alterações pode envolver tanto trabalho quanto fazer alguma alteração, porque essa decisão também pode ser fruto de consideração detalhada da linguagem original e todas as possibilidades presentes nas traduções. Segundo, essa perspectiva da formação do texto em camadas esconde o quanto tiveram de mudar o texto base que tinham em mãos, a Bíblia dos Bispos de 1602.

Podemos ter uma impressão visual do quanto fizeram com os esboços sobreviventes do trabalho realizado, uma Bíblia dos Bispos de 1602 com as anotações feitas à mão. Não é possível ter certeza do momento exato no andamento do trabalho em que se encontra esse exemplo. Minha sugestão é que representa o trabalho de um membro do grupo de tradutores cuja tarefa era mostrar em que pontos a Bíblia de Genebra diferia da Bíblia dos Bispos (e ele, ocasionalmente, anotava as leituras de outros tradutores). Quase todas as anotações observam as leituras da Bíblia de Genebra e são acompanhas por um "g", para Genebra. Apenas meia dúzia dessas leituras de Genebra foi adotada no texto final, e nenhuma das leituras características da BKJ estão presentes. Havia mais a ser feito.

Com omissões onde não há mudanças, o seguinte exemplo representa o que os tradutores fizeram para passar do texto de 1602 para chegar ao texto deles, com as mudanças da BKJ em itálico.

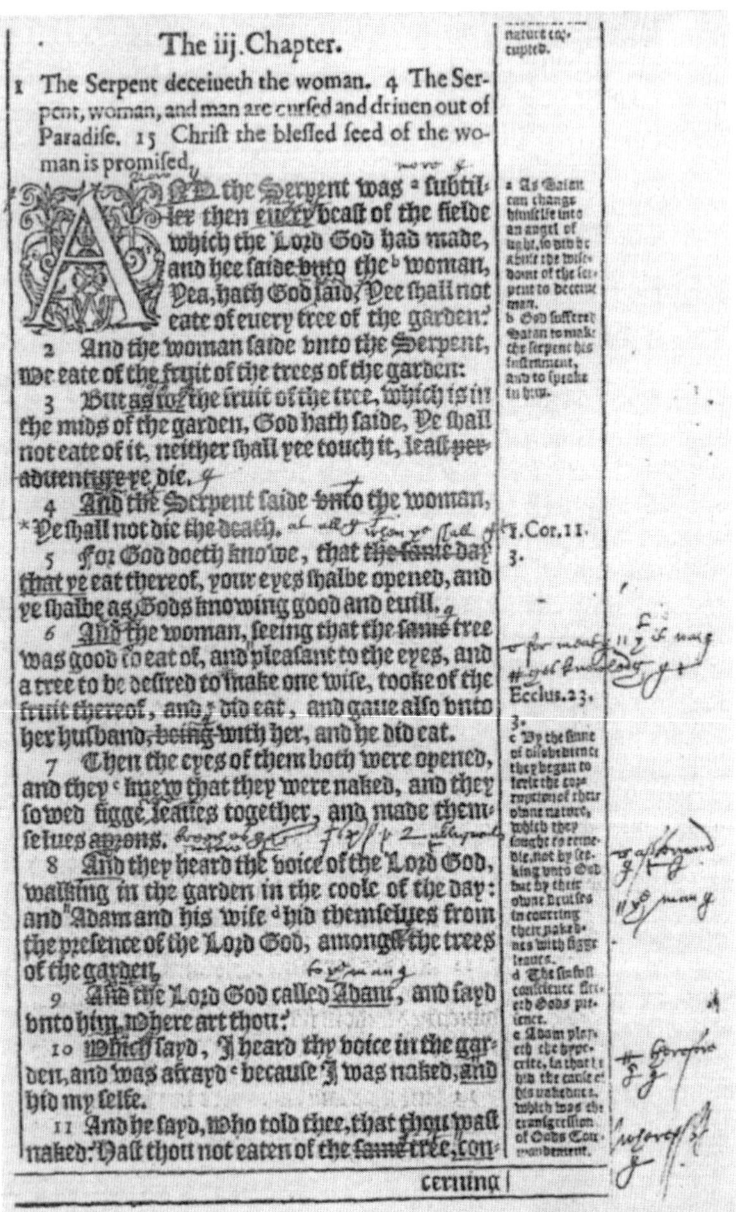

The iij. Chapter.

1 The Serpent deceiueth the woman. 4 The Serpent, woman, and man are cursed and driuen out of Paradise. 15 Christ the blessed seed of the woman is promised.

Now the Serpent was a subtiller then euery beast of the fielde which the Lord God had made, and hee saide vnto the b woman, Yea, hath God said, Yee shall not eate of euery tree of the garden?

2 And the woman saide vnto the Serpent, We eate of the fruit of the trees of the garden:

3 But as for the fruit of the tree, which is in the midst of the garden, God hath saide, Ye shall not eate of it, neither shall yee touch it, least peraduenture ye die.

4 And the Serpent saide vnto the woman, *Ye shall not die the death.

5 For God doeth knowe, that the same day that ye eat thereof, your eyes shalbe opened, and ye shalbe as Gods knowing good and euill.

6 And the woman, seeing that the same tree was good to eat of, and pleasant to the eyes, and a tree to be desired to make one wise, tooke of the fruit thereof, and did eat, and gaue also vnto her husband, being with her, and he did eat.

7 Then the eyes of them both were opened, and they c knew that they were naked, and they sowed figge leaues together, and made themselues aprons.

8 And they heard the voice of the Lord God, walking in the garden in the coole of the day: and Adam and his wife d hid themselues from the presence of the Lord God, amongst the trees of the garden.

9 And the Lord God called Adam, and sayd vnto him, Where art thou?

10 Which sayd, I heard thy voice in the garden, and was afrayd e because I was naked, and hid my selfe.

11 And he sayd, Who told thee, that thou wast naked? Hast thou not eaten of the same tree, concerning

nature corrupted.

a As Satan can change himselfe into an angel of light, so did he abuse the wisedome of the serpent to deceiue man.

b God suffereth Satan to make the serpent his instrument, and to speake to him.

*2.Cor.11.3.

Ecclus.23.3.

c By the sinne of disobedience they began to feele the corruption of their owne nature, which they sought to remedie, not by seeking vnto God but by their owne deuises in couering their nakednes with figge leaues.

d The sinfull conscience flieth Gods presence.

e Adam playeth the hypocrite, in that he hid the cause of his nakednes, which was the transgression of Gods Commandement.

1. Gênesis 3:1-2, Bíblia dos Bispos, de 1602, com anotações feitas pelos tradutores da BKJ. Biblioteca Bodleian Bib. Eng. 1602 b. I.

[1]~~And~~ *Now* the serpent was ~~subtler~~ *more subtle* than every *any* beast of the field which
the Lord God had made, and he said unto the woman, 'Yea, hath God said, "Ye shall
not eat of every tree of the garden"?' [2]And the woman said unto the serpent, 'We
may eat *of* the fruit of the trees of the garden: [3]but ~~as for~~ *of* the fruit of the tree which
is in the midst of the garden, God hath said, "Ye shall not eat of it, neither shall ye
touch it, lest ~~peradventure~~ ye die".' [4]And the serpent said unto the woman, saw "Ye
shall not *surely* die ~~the death~~. [5]For God doth know that ~~the same day that~~ *in the day*
ye eat thereof, *then* your eyes shall be opened and ye shall be as gods, knowing good
and evil.' [6]And *when* the woman, ~~seeing~~ *saw* that the ~~same~~ tree was good ~~to eat of~~ *for
food*,and *that it* was pleasant to the eyes, and a tree to be desired to make one wise,
she took of the fruit thereof, and did eat, and gave also unto her husband ~~being~~ with
her, and he did eat. [7]~~Then~~ *And* the eyes of them both were opened [...]. [9]And the
Lord God called *unto* Adam, and said unto him, 'Where art thou?' [10]~~which~~ *And he*
said, 'I heard thy voice in the garden, and I was afraid because I was naked, and I hid
myself.' [11]And he said, 'Who told thee that thou wast naked? hast thou ~~not~~ eaten of
the same tree ~~concerning the which~~ *whereof* I commanded thee that thou shouldst
not eat ~~of it~~?' [12]And ~~Adam~~ *the man* said, 'The woman whom thou gavest to be with
me, she gave me of the tree and I did eat.' [13]And the Lord God said unto the woman:
'~~Why hast thou done this~~? *What is this that thou hast done?* And the woman said,
'The serpent beguiled me and I did eat.'

Algumas das mudanças como "more subtle" ("mais sagaz"; ARA), em vez de "subtler"; "any", em vez de "every" (v. 1, "toda"; ARA); "food", em vez "meat" (v. 6, "ao paladar"; NVI) e também as conjunções são independentes do texto hebraico cuja finalidade é estilística ou, talvez, mudanças pelas mudanças. Entretanto, a maioria das mudanças, assim parece, foi estimulada pelo hebraico. O curso geral do trabalho dos tradutores era bem claro: davam mais atenção ao relacionamento entre o inglês e o hebraico — ou selecionando uma versão anterior que melhor refletisse esse relacionamento ou suprindo a própria versão deles sempre que nenhuma das alternativas estivesse o mais próximo possível do hebraico. Uma marca desse aumento na literalidade é que a BKJ tem mais ocorrências de "and", 31, que qualquer uma das outras versões.[57]

[57] O número total de ocorrências de "and" nessa passagem: hebraico: 34; BKJ: 31; Septuaginta: 29; Tyndale: 29; Bíblia dos Bispos: 28; Bíblia de Coverdale: 27; Bíblia de Genebra: 23; Grande Bíblia: 22; Lutero: 22; Vulgata: 18.

CAPÍTULO 3
"Fui um dos tradutores"

"CERTOS HOMENS CULTOS"

"Muitos dos escolhidos eram maiores aos olhos de outros homens que aos seus próprios, e eles buscavam a verdade, e não a honra para si mesmos":[58] essa é a modesta descrição dos tradutores da BKJ de si mesmos. Embora o bispo (logo depois passou a ser arcebispo) Richard Bancroft tenha circulado uma carta do rei, selada em 22 de julho de 1604, afirmando: "Designamos alguns homens cultos, o número de 54",[59] a lista sobrevivente apresenta 47 nomes, divididos em seis grupos, dois em Westminster, dois em Oxford e dois em Cambridge.[60] Qualquer que seja o número exato de tradutores, eles descrevem esse número como "não muitos, para que um não perturbe o outro; e, ainda assim muitos, para que muitas coisas não escapem por acaso deles".[61] Há indícios nas listas existentes de tradutores de que alguns grupos dividiram o trabalho em dois; embora não possamos ter certeza disso, mostro

[58] "The translators to the reader"; *NCPB*, p. xxxi.

[59] Pollard. *Records of the English Bible*, p. 331; p. 48, para ver a data. Nicolson considera o número de 54 como aquele de uma proposta de oito membros para cada grupo, mais seis "diretores para supervisioná-los" e apresenta alguns pensamentos interessantes sobre a possível importância desses números: seis grupos é o número da Trindade multiplicado pelo número dos testamentos; 48 é o número dos apóstolos multiplicado pelo número de evangelhos (p. 71).

[60] Ao que parece, de início, esses seis grupos eram considerados como três apenas. Bancroft, em julho de 1604 pediu que esses homens cultos enviassem observações sobre o texto para três pessoas, Edward Lively em Cambridge, John Harding em Oxford e Lancelot Andrewes em Westminster, "para ser compartilhado com o restante dos vários grupos" (Pollard. *Records of the English Bible*, p. 333). As regras para a tradução, em especial as regras 12 e 13, podem ser facilmente lidas como se referindo a três grupos, como se fossem seis. Logo, no entanto, à medida que as listas dos tradutores começaram a ser escritas com as partes que teriam de revisar enumeradas em ordem bíblica, três grupos naturalmente pareceram ser seis e, na prática, devem ter trabalhado como seis grupos.

[61] "The translators to the reader"; *NCPB*, p. xxxii.

as divisões na lista a seguir.[62] As breves notas apresentam (sempre que a informação for conhecida) a posição de cada tradutor no momento em que o trabalho começou, seguido por relevantes posições ocupadas em outros momentos, obras importantes e habilidades especiais ou declarações para a reputação fora da área que se pressupõe para todos eles — conhecimento profundo das línguas bíblicas.

Primeiro grupo de Westminster, Gênesis – 2Reis

Pentateuco: Lancelot Andrewes (1555-1626), líder do grupo, deão de Westminster; membro Pembroke College, Cambridge, bispo de Chichester, Ely e Westminster; *Tortura Torti* (1609) e *Responsio ad Apologiam Cardinalis Bellarmini* (1610), as duas obras contra o cardeal Bellarmine; obras póstumas, incluem *XCVI Sermons* (1629), *Opuscula quaedam posthuma* (1629) e dois volumes de notas de suas leituras, *A Pattern of Catechistical Doctrine* (1630) e *The Moral Law* (1642).

John Overall (1561-1619), deão de St Paul's, professor régio de divindade em Cambridge; bispo de Norwich.

Adrian Saravia (1532-1613), conezia em Cantuária, cônego de Westminster; estudioso holandês e educador, professor de Teologia em Leiden; *De diversis ministrorum evangelii gradibus* (1590, tradução para o inglês em 1591), *De imperandi authoritate et christiana obedientia* (1593), *Examen tractatus de episcoporum triplici genere* (1610), essas duas últimas obras atacam os pontos de vista de Beza.

Richard Clerke ou Clark (d. 1634), clérico; membro do Christ's College, Cambridge; obra póstuma, *Sermons preached by... Richard Clerke... one of the most learned translators of our English Bible* (1637).

John Layfield (1562/3-1617), clérigo; membro do Trinity College, Cambridge, viajou para as Índias Ocidentais, especialista em arquitetura; obra póstuma, abreviada "A large relation of the Puerto Rico Voyage" (1625, em *Pilgrimes* de Samuel Purchas).

[62] Fundamentado no BL MS Harley 750, que pode ser uma cópia da lista de John Bois, uma vez que é seguida de uma cópia de suas observações sobre o trabalho de tradução e, depois, por uma versão preliminar e incompleta de seu *Veteris Interpretis*. Veja Norton. *Textual History*, pp. 6–7. A informação bibliográfica que se segue fundamenta-se principalmente em McClure, Nicolson, Opfell, Pollard, Westbrook, Wood e artigos individuais na *ODNB*.

Josué - 2Reis: Robert Tighe ou Teigh (d. 1620), clérigo; Oxford e Cambridge.

Francis Burleigh, clérigo; Cambridge.

Geoffrey King, membro do King's College, Cambridge; professor régio de hebraico.

Richard Thomson (d. 1613), membro do Clare College, Cambridge; *Elenchus refutationis torturae torti* (1611), sustentando a perspectiva de Andrewes; póstuma, *Diatriba de amissione et intercisione gratiae, et justificationis* (1616).

William Bedwell (?1562-1632),[63] clérigo; Cambridge, especialista em árabe e matemático; compilou um dicionário não publicado de árabe-latim e traduziu um diálogo anti-islâmico, *Mohammedis imposturae*, com uma explicação dos termos islâmicos (1615), escreveu vários trabalhos sobre matemática e editou uma obra incomum para um dos tradutores *The Tournament of Tottenham. Or, The wooing, winning and wedding of Tib the reeve's daughter there* (1631).[64]

Primeiro grupo de Cambridge, 1Crônicas – Cântico dos Cânticos

Edward Lively (c. 1545-1605), líder do grupo (desconhece-se o sucessor do líder do grupo, talvez Spalding e, depois, Bing),[65] professor régio de hebraico; *A true chronologie of the times of the Persian monarchy and after to the destruction of Jerusalem by the Romans* (1597).

John Richardson (d. 1625), membro do Emmanuel; professor régio de teologia; Mestre por Peterhouse, mestre pelo Trinity College, vice-reitor.

Laurence Chaderton ou Chatterton (1536-1640), mestre pelo Emmanuel College.

[63] Seu túmulo fornece a idade em que morreu, 70; veja Lysons, Daniel. *The Environs of London* (1795), vol. III,p. 532n.

[64] Um poema medieval, um pasticho divertido que ele diz ter copiado de um manuscrito. Um poema elogioso relaciona-se com a BKJ. É "para meu amigo e reverendo, homem culto, Sr. Willhelm Bedwell, um dos tradutores da Bíblia", e começa:

> Essa pena culta, cuja ajuda outrora
> Enriqueceu nossa língua com a bagagem rica de Salém,
> E fez nossa linguagem falar, com fiel habilidade,
> O oráculo do monte santo de Sião,
> Agora concede (um exercício menor)
> A graça, pobre Totnam, tuas antiguidades.

[65] Professor régio de hebraico foi designado líder do grupo.

Francis Dillingham (d. 1625), clérigo; membro do Christ's College; *A Dissuasive from Poperie* (1599), *Disputatio de natura poenitentiae adversus Bellarminum* (1606), *Enchiridion Christianae Fidei* (1617).

Thomas Harrison (1555-1630), membro do Trinity College.

Roger Andrewes, membro do Pembroke College; mestre pelo Jesus College; irmão de Lancelot.

Robert Spalding, membro do St John's College; sucessor de Lively como professor régio de hebraico.

Andrew Byng (1574-1652), membro do Peterhouse; Professor régio de hebraico.

Primeiro grupo de Oxford, os profetas

John Harding, líder do grupo,[66] professor régio de hebraico ; presidente do Magdalen College.

John Rainolds ou Reynolds (1549-1607), presidente do Corpus Christi College; líder da delegação puritana que compareceu à conferência em Hampton Court; *Sex theses de sacra scriptura et ecclesia* (1580), *The Sum of the Conference betweene John Rainolds and John Hart: touching the head and the faith of the Church* (1584), *De Romanae Ecclesiae idololatria* (1596), *The Overthrow of StagePlays... wherein all the reasons that can be made for the mare notably refuted* (1599); obras póstumas: *Censura librorum apocryphorum veteris testamenti, adversum Pontificios* (palestras e aulas, 1611).

Thomas Holland (d. 1612), professor régio de teologia, reitor do Exeter College.

Richard Kilbye (1560/1-1620), reitor do Lincoln College; professor régio de hebraico; sua única publicação foi o sermão proferido no funeral de um companheiro de tradução, Thomas Holland, não menciona o trabalho da BKJ.[67]

Miles Smith (d. 1624), conezia de Hereford; bispo de Gloucester; com Thomas Bilson, um dos dois revisores finais da BKJ e autor do prefácio; póstuma, *Sermons* (1632).

Richard Brett (1567/8-1637), membro do Lincoln College; duas traduções do grego para o latim, *Iconum sacrarum decas* (1603).

[66] O nome de Harding aparece pela primeira vez na lista; como professor régio de hebraico, foi designado líder, e Bancroft refere-se a ele com a mesma sentença de Lively e Andrewes, como se cada um deles fosse líder (POLLARD. *Records of the English Bible*, p. 333). Entretanto, os tradutores encontravam-se nos aposentos de Rainolds até sua morte — talvez por causa de sua saúde debilitada — e, algumas vezes, foi mencionado como o líder ou líder *de fato* do grupo.

[67] Omitido do MS Add 4254.

Sr. Fairclough. Identificação incerta.[68]

Segundo grupo de Cambridge, os apócrifos[69]

John Duport (d. 1617/18), líder do grupo,[70] mestre pelo Jesus College; quatro vezes vice-reitor.

William Branthwaite (1563-1619), membro do Emmanuel College; mestre pelo Gonville and Caius College, vice-reitor.

Jeremiah Radcliffe (d. 1612), vice-mestre pelo Trinity College.

SamuelWard (1572-1643), membro do Emmanuel College; mestre pelo Sidney Sussex College, vice-reitor.

John Bois ou Boys (1561-1644), clérigo; membro do St John's College, conezia de Ely; póstuma, *Veteris interpretis cum Beza aliisque recentioribus collatio* (1655).

Andrew Downes (c. 1549-1628), professor régio de grego; *Eratosthenes, hoc est brevis et luculenta defensio Lysiae pro caede Eratosthenis* (1593), *Praelectiones in Philippicam de pace Demosthenis* (1621).

Robert Ward, membro do King's College; conezia de Chichester.

Segundo grupo de Oxford, Evangelhos, Atos dos Apóstolos e Apocalipse

Thomas Ravis (?1560-1609), líder do grupo,[71] deão do Christ Church, cônego de Westminster; duas vezes vice-reitor, bispo de Gloucester, bispo de Londres.

[68] McClure. *Translators Revived*, p. 145, propôs o nome de Daniel Featley, observando que Featley é "uma corruptela de pronúncia do nome Fairclough", que tinha, no máximo, 24 anos quando os tradutores foram selecionados. John Featley (seu sobrinho) não faz menção ao fato de ele ter sido tradutor. Embora essa identificação seja algumas vezes repetidas, como em Paine. *Men Behind the King James Version*, p. 76, e Westbrook. *ODNB*, não faz menção de seu envolvimento com a tradução em seu verbete dedicado a ele. Wood descreve que ele, "em algum momento, foi membro do New College". (History and Antiquities, vol. II, p. 282); Pollard, *Records of the English Bible*, p. 51, seguido por Opfell. *King James Bible Translators*, p. 62, apresenta Richard Fairclough como membro do New College e reitor de Bucknell, Oxford. Nicolson. *Power and Glory*, p. 255, apresenta o mesmo nome, mas com detalhes, exceto pelas datas, que se ajustam a Daniel Featley.

[69] Esses livros são descritos como "A oração de Manassés e o restante dos apócrifos", uma instrução ou lembrete para não seguir a prática da Bíblia de Genebra de colocar Manassés depois de 2Crônicas.

[70] Duport é o primeiro nome desse grupo, daí a pressuposição de que ele era o líder. Em quatro dos outros grupos, o primeiro nome mencionado é também o do líder, conforme especificado pela regra 13 para a tradução. Se essa regra foi seguida nesse grupo, Downes, professor régio de grego, seria o líder e também Harmar (ou talvez, Perin) no segundo grupo de Oxford.

[71] Uma lista de tradutores apresenta o nome de "Dr. Raynes", em vez de Ravis, presumivelmente um erro. (BL MS EG 2884). A pressuposição de que Ravis era líder é que, como no caso de Davis, seu nome é o primeiro da lista. *ODNB* artigo sobre Savile sugere que ele era o líder do grupo, observando que o grupo se reunia em seus aposentos.

George Abbot (1562-1633), deão do Winchester, mestre pelo University College; três vezes vice-reitor, bispo de Coventry e Lichfield, bispo de Londres, arcebispo da Cantuária; *Quaestiones sex totidem praelectionibus* (1598), *A Brief Description of the Whole World* (1599), *An exposition upon the Prophet Jonah contained in certain sermons* (1600), *The Reasons which Dr Hill hath brought for the upholding of Papistry... unmasked* (1604), *A Treatise of the Perpetual Visibility and Succession of the True Church in all Ages* (1624).

Richard Edes (?1544-1604), deão de Worcester; morreu antes de iniciar o trabalho de tradução.

John Aglionby (1566/7-1610), diretor do St Edmund Hall, Oxford, substituto de Richard Edes.[72]

Giles Tomson (1553-1612), membro do All Souls College; bispo de Gloucester.

Henry Savile (1549-1622), guardião do Merton College, preboste de Eton; o único tradutor que não se ordenou, tutor de grego para Elizabeth, homem erudito, condecorado cavaleiro em 1604, fundou a cátedra saviliana de geometria e astronomia em Oxford; *The End of Nero and Beginning of Galba. Four books of the Histories of Cornelius Tacitus. The Life of Agricola* (primeira parte da obra original; 1591), edição das obras de Crisóstomo (1611-1612), *Praelectiones tresdecim in principium Elementorum Euclidis* (1621).

John Perin (d. 1615), professor régio de grego.

Ralph Ravens, membro do St John's College.[73]

Leonard Hutten (1556/7-1632), cônego, mais tarde subdeão, da Christ Church Cathedral, Oxford, algumas vezes mencionado em vez de Ralph Ravens e, provavelmente, o substituto deste.[74]

John Harmar (c. 1555-1613), guardião de Winchester College, conezia de Winchester; membro do New College, professor régio de grego; traduziu para o inglês os sermões de Calvino (1579), seis homílias de Crisóstomo (1586), os sermões de Beza (1587).

[72] O nome não consta do MS Harley 750. Mencionado entre os tradutores no registro do Merton College (*Registrum Annalium*), no verbete final para 1604, estilo antigo, isto é, fevereiro de 1605.

[73] Pollard considera esse nome um erro, *Records of the English Bible*, p. 53.

[74] O nome não consta do MS Harley 750. Mencionado entre os tradutores no registro do Merton College, no verbete final para 1604, estilo antigo. Veja também, WOOD, *History and Antiquities*, vol. II, p. 183, e *Athenae Oxonienses*, col. 489.

Segundo grupo de Westminster, as epístolas

As epístolas paulinas: William Barlow (d. 1613), líder do grupo, deão de Chester; filho do tradutor da Bíblia dos Bispos, William Barlow, membro do Trinity Hall, Cambridge, bispo de Rochester, bispo de Lincoln; *A Defence of the Articles of the Protestants' Religion* (1601), *The Sum and Substance of the Conference... at Hampton Court* (1604), *Answer to a Catholic Englishman* (1609).

Ralph Hutchinson (?1552–1606), presidente do St John's College, Oxford.

John Spenser (1558/9-1614), membro do Corpus Christi College; presidente do Corpus Christi; editor da obra de Hooker, *Laws of Ecclesiastical Polity* (1604).

Roger Fenton (1565-1616), clérigo; membro do Pembroke College, Cambridge; *A Perfume against the Noisome Pestilence Prescribed by Moses unto Aaron* (1603), *A Treatise of Usury* (1611); obra póstuma, *A Treatise against the Necessary Dependence upon that one Head, and the present reconciliation to the Church of Rome* (1617).

As epístolas canônicas: Michael Rabbett (1552–1630), clérigo; estudante da Universidade de Cambridge.

Thomas Sanderson (?1560-1614), membro do Balliol College, Oxford; arquidiácono de Rochester, cônego de St Paul; *Of Romanising Recusants and Dissembling Catholics* (1611).[75]

William Dakins (1568/9-1607), membro do Trinity College, Cambridge, professor de teologia, Gresham College, London.

Vários outros participaram do trabalho, ou substituindo aqueles que morreram ou de alguma outra forma. Thomas Bilson (1546/7-1616), erudito de Oxford, teólogo e bispo de Winchester, não foi registrado como pertencente a nenhum dos grupos, mas ajudou a coordenar o trabalho e, junto com Miles Smith, supervisionou a impressão da BKJ; acredita-se que escreveu os resumos dos capítulos.[76] William Thorne, erudito de Oxford, deão do Chichester, é descrito em uma carta de 1606 como membro do

[75] Pressuponho que Thomas Sanderson, quem escreveu esse livro e por ter a data que apresentei, é o mesmo homem.

[76] Opfell. *King James Bible Translators*, p. 105.

grupo do AT.[77] William Eyre, membro do Emmanuel College, Cambridge, especialista em hebraico e estudos orientais, parece ter se tornado membro do grupo de Cambridge AT: ele emprestou a James Ussher um manuscrito do trabalho de seu grupo, e um nome que parece ser o dele, mas não temos certeza se é o dele, ao que parece, foi acrescentado aos nomes de seu grupo em BL MS Add 4254. George Ryves (1569-?), guardião do New College, Oxford, era supervisor em Oxford.

Outros cujos nomes conhecemos e podem estar envolvidos na tradução da BKJ são James Montagu (mais tarde bispo de Bath e Wells), cujo nome aparece em uma lista como substituição para Edes, no segundo grupo de Oxford (embora não fosse um homem de Oxford); Arthur Lake (1559-?), membro do New College, Oxford; e Thomas Sparke, um dos delegados na conferência de Hampton Court. Por fim, temos Richard Bancroft (?1544-1610), nomeado arcebispo da Cantuária, em 1604: seu papel foi basicamente organizacional, mas fez algumas contribuições para o texto.

Todos esses homens tinham duas coisas em comum, as principais qualificações para o trabalho: estudos acadêmicos e posições na igreja, com a exceção de Savile. Além deles, havia um grupo nada heterogêneo que contribuiu marginalmente para o trabalho, desde pretendentes a arcebispo a párocos do interior, de renomados escritores de sermões, de obras teológicas e controversas e produtores de edições acadêmicas a homens que não publicaram nada, e estes seriam absolutamente esquecidos se não fosse por sua contribuição. Doutrinariamente, o escopo se estendia desde membros da igreja estabelecida, com figuras proeminentes, a puritanos. Algo que poucos deles faziam era escrever literatura imaginativa e, com pouquíssimas exceções, como Lancelot Andrewes, visto através dos olhos de T. S. Eliot, nenhum deles tinha reputação por sua habilidade de escrever na língua inglesa.

Nos aspectos essenciais de erudição acadêmica e devoção, portanto, formavam um grupo apto para o trabalho, mas, em outros respeitos, pareciam pessoas improváveis para produzir ou o livro central da religião e cultura inglesas ou "o mais nobre monumento da prosa inglesa".[78] Como a individualidade poderia emergir dos comitês? Onde está o gênio digno de ser comparado a Shakespeare? Essas perguntas foram feitas, mas, de alguma forma, são as perguntas erradas. São feitas por intermédio da perspectiva do tempo que vê a BKJ como algo que não era visto em seu próprio tempo,

[77] Paine. *Men Behind the King James Version*, pp. 75-76

[78] Lowes, etc. Veja Norton. *History of the English Bible as Literature*, pp. 401-402.

e foram feitas como se esses homens fossem os únicos criadores da BKJ. O que é preciso observar é a forma como trabalhavam, não a produção mesma da BKJ, mas o trabalho de aprimoramento do trabalho já intensamente esboçado e corrigido. Que qualidades tinham que os capacitaram a fazer isso e com grande maestria?

A fim de dar uma ideia das qualidades deles, quero apresentar um resumo do mundo mental de dois tradutores de Cambridge, William Branthwaite e John Bois, começando com um vislumbre de um terceiro, Samuel Ward. O diário e documentos deste apresentam um vívido senso de uma consciência puritana atormentada, as realidades políticas da vida nos *colleges* de Cambridge e as preocupações financeiras que também faziam parte do mundo mental dos tradutores. Samuel Ward é útil aqui por ter sido um dos poucos tradutores a demonstrar orgulho por ter trabalhado na BKJ. Buscando alcançar o arquidiaconado de Bath, temia perder o conezia de Yatton, e especificou as razões por que deveria ocupar os dois cargos:

> Primeiro, [Yatton] é o lugar que me sustenta; segundo, isso me custa £50 (cinquenta libras esterlinas); terceiro, aquele arquidiaconado é a menor dignidade; quarto, o rei terá todas as primícias.
>
> Meu senhor tem boas intenções de me tornar um clérigo residente: primeiro, fui seu primeiro capelão; segundo, tenho poucos meios; terceiro, sou mestre e doutor por um *college*; quarto, sou tradutor. O sr. Young pode ter uma das outras conezia.[79]

Por mais importante que sejam esses relatos de Samuel Ward, pois mostram a realidade da vida dos tradutores, William Branthwaite fornece um forte senso de algo mais direto e importante para a BKJ, o mundo dos livros dos tradutores, e John Bois, por meio de seu diário, revela a erudição, devoção e interesses de um tradutor.

UMA BIBLIOTECA DOS TRADUTORES

A vida mental dos tradutores estava, acima de tudo, nos livros. Essa era uma época em que um erudito não podia contar muito com a biblioteca da universidade ou dos *colleges*. Em 1602, quando a Biblioteca Bodleian, em

[79] BAKER, Thomas. *Selections from Ward's manuscripts*. Cambridge University Library, Baker Mss, Mm 225, p. 320. Para um retrato de Samuel Ward quando rapaz, veja NICOLSON, *Power and Glory*, pp. 125-130.

Oxford, abriu, ela tinha cerca de dois mil livros.[80] Cada uma das bibliotecas dos *colleges* de Cambridge e Oxford, em geral, tinham de 250 a 500 livros no final do século XVI. O Trinity College, Cambridge, tinha cerca de 325 em 1600, dos quais 75 eram livros de direito recém-adquiridos, e cerca de 160 eram religiosos.[81] Nessas circunstâncias, as bibliotecas dos próprios tradutores contam muito sobre a leitura desses homens. Muitos deles tinham, de acordo com os padrões dos *colleges*, enormes coleções. George Abbot, ao morrer, legou em testamento dois mil livros para a biblioteca do Lambeth Palace; em 1614, ele descreveu sua coleção como "não muito inferior [...] à de qualquer biblioteca particular de alguém na Europa", embora seu predecessor como arcebispo, Bancroft, tivesse três vezes mais livros, incluindo 102 Bíblias.[82] A biblioteca de William Branthwaite como uma coleção quase completa valia, conforme se afirmava, cerca de £230 (libras esterlinas), com 1.405 livros na biblioteca do Gonville and Caius College (ele também deixou dezessete volumes, a maior parte são obras dos pais da igreja, para o Emmanuel College; havia uma condição em seu testamento de que, se os livros fossem perdidos de um desses dois *colleges* e não fossem restituídos, o restante dos livros deveria ir para o outro *college*).[83]

William Branthwaite tinha a reputação de ser um estudioso da língua grega, mas não publicara obra alguma. Toda sua carreira foi desenvolvida em Cambridge. Foi nomeado mestre pelo Gonville and Caius College em circunstâncias dúbias, por causa das irregularidades na forma como os membros decidiram sobre a eleição de seu candidato preferido.[84] Ele, em geral, estava mais envolvido em disputas turbulentas que Samuel Ward, mas, por fim, seu relacionamento com o *college* passou a ser harmonioso. Morreu quando ocupava o cargo de vice-reitor.

Uma das coisas mais surpreendentes em sua biblioteca é a ausência de livros de literatura inglesa. Havia *Jack Up Land*, "compilado pelo famoso Geoffrey Chaucer" (?1536) — mas essa obra não é literatura nem obra

[80] *ODNB* Bodley. Thomas James. *Catalogus Librorum Bibliothecae Publicae... Thomas Bodleius* (1605) fornece um registro valioso de seu conteúdo na época dos tradutores.

[81] Gaskell. *Trinity College Library*, p. 86, ix.

[82] *ODNB*. Abbot, Bancroft.

[83] Venn. *Biographical History*, vol. III, p. 72; Bush e Rasmussen. *Library of Emmanuel College*, p. 24; Stubbings, compilador, *Forty-Nine Lives*, retrato 4.

[84] Venn. *Biographical History*, vol. III, p. 70.

de Chaucer: é um breve tratado anticatólico. E há *The Spider and the Fly* (1556), um poema satírico de 450 páginas em 98 capítulos de John Heywood, mais conhecido como dramaturgo, epigramatista e sogro de John Donne. Essa omissão da literatura inglesa é sugestiva. Admiradores das qualidades literárias da BKJ argumentam, nas palavras de Paine, "que a grande poesia da época existia em todo o ambiente desses homens eruditos enquanto trabalhavam na Bíblia, estava no pensamento e no sentimento, e facilitava a fluência da linguagem" (p. 17). Tudo estava em volta deles, por assim dizer, mas não é possível ter certeza de que tinham consciência disso.

Havia também uma carência de Bíblias em inglês. Embora William Branthwaite tenha ajudado a criá-la, não havia a BKJ. Tampouco, havia a Bíblia na qual os tradutores deveriam fundamentar seu trabalho, a Bíblia dos Bispos; nem a de Tyndale, nem a Coverdale, nem a Grande Bíblia.[85] Havia a in-oitavo Bíblia de Genebra com dois ou três grifos e uma série de borrões que pode sugerir que, algumas vezes, estava aberta enquanto estudava. O único escrito substancial é aquele na contracapa da quarta capa, algumas letras "B" maiúsculas, duas vezes seguidas de "ranthwaite": essa é a forma como o jovem William Branthwaite estava desenvolvendo uma assinatura rebuscada. As letras "B", ou com mais frequência o monograma WB, tornaram-se sua marca característica na margem para chamar atenção para um ponto específico. E havia também a edição paralela de Fulke dos NTs da Bíblia de Rheims e da dos Bispos; isso, provavelmente, representa o interesse na controvérsia católica-protestante (e a controvérsia em geral: ele também tinha um Alcorão confutado). William Branthwaite, assim parece, não era especialista na Bíblia inglesa, mas é digno de nota que a Biblioteca Bodleian, em 1605, tinha apenas uma Bíblia de Matthew, além de uma cópia de Fulke,[86] Lively tinha apenas o AT da Bíblia de Coverdale, e a biblioteca do Emmanuel College não tinha Bíblias em inglês entre seus menos que 500 volumes.[87] Pode ser que a ordem para consultar traduções mais antigas em inglês fez com que a maioria dos tradutores adentrasse um território

[85] Wood diz o seguinte sobre os tradutores de Oxford: "Todos eles, para que tivessem mais informações, tinham cópias dessas Bíblias que podiam ser encontradas nas bibliotecas públicas ou nas dos *colleges*" (*History and Antiquities*, vol. II, p. 283).

[86] Por volta de 1620, esses volumes foram acrescidos pela *Bible of the New translation* (i.e., a BKJ), a Bíblia de Genebra, a Bíblia dos Bispos e o primeiro volume do AT de Douai.

[87] Leedham-Green. *Books in Cambridge Inventories*, vol. I, p. 549; Bush e Rasmussen, *Library of Emmanuel College*, pp. 18-19, 21

desconhecido. Na realidade, é possível que alguns grupos dos tradutores não tivessem acesso ao trabalho de todos seus predecessores.

Como acontece com a maioria das coleções de livros, não existe certeza de que William Branthwaite tenha lido todos eles, e, algumas vezes, as anotações neles foram feitas por outros, ou porque eram livros de segunda mão (ele tinha, por exemplo, a cópia de William Whitaker de *Bibliotheca Sancta* de Sisto Senensis) ou porque outros usaram o livro. No entanto, sua biblioteca nos fornece um retrato substancial de seus interesses como também um irresistível vislumbre de como ele usou alguns de seus livros. As obras em latim de religiosos continentais (incluindo obras católicas) predominavam em sua biblioteca. Esse é um importante lembrete não só de que a erudição era internacional e dominada pela Europa ocidental, mas também que o latim era a linguagem comum. No trabalho, os tradutores da BKJ, criadores do que é chamado de "o maior clássico do inglês", pensavam e escreviam em latim, uma língua que eles mesmos descreviam como aquela que exercitaram "quase desde o berço".[88] John Overall, por exemplo, designado para pregar para Elizabeth, disse "que falava latim há tanto tempo que, para ele, era difícil falar inglês em um discurso sem interrupções".[89]

William Branthwaite tinha uma pequena coleção de Bíblias não inglesas: seis volumes da Bíblia latina com a *Glossa Ordinaria* (1498-1508), uma edição de 1565 da Vulgata corrigida e anotada pelo erudito francês Johannes Benedictus; o fólio grego do NT de Estienne, de 1550; a versão paralela grego-latim do NT, de 1570, com comentários de Matias Flácio Ilírico; a Bíblia grega de Filipe Melanchton, de 1545, contendo o texto do AT da Septuaginta e dos apócrifos e também o NT (aqui usando o texto da quinta edição de Erasmo);[90] a Bíblia interlinear de Plantino de 1584; e o AT, italiano de Antonio Brucioli, com comentários (1540). O catálogo de manuscritos da coleção de 1778, um tanto inexato, acrescenta vários outros que já não pertencem mais à coleção. Há pelo menos mais dois NTs gregos, duas cópias do NT latim com notas de Júnio e Tremélio e um NT alemão de 1525.[91] Muitos dos comentários de William Branthwaite também

[88] Hoare. *Evolution of the English Bible*, p. 3; "The translators to the reader", citando Jerônimo, *NCPB*, p. xxxi.

[89] Fuller. *Worthies*, vol. iii, p. 61.

[90] Greenslade, ed. *Cambridge History of the Bible*, vol. iii, p. 57.

[91] Leedham-Green. *Books in Cambridge Inventories*, vol. i, p. 549.

apresentavam o texto, em geral, em latim. Essas Bíblias, embora nem de longe possam ser consideradas uma coleção bastante completa, forneceram a William Branthwaite o texto em hebraico na Bíblia de Plantino, várias versões do grego para toda a Bíblia e uma variedade de traduções latinas, incluindo a de Pagnino na Bíblia interlinear de Plantino.

A Bíblia interlinear de Plantino e a Bíblia grega de Filipe Melanchton seriam extremamente relevantes para um tradutor dos livros apócrifos. A Bíblia de Plantino forneceu o texto grego da Bíblia Poliglota Complutense, com algumas emendas, enquanto a de Melanchton usava o texto considerado superior, o da Aldine Press de 1518-1519.[92] A Bíblia de Plantino, efetivamente, era o berço dos tradutores: o latim, impresso acima da linha, em vez de embaixo, como nas Bíblias interlineares modernas, era tão fácil para um tradutor quanto a Bíblia em inglês seria hoje em dia. É possível observar algumas marcas à mão, provavelmente não de William Branthwaite (mas que aparecem em outros trechos de seus livros), que demonstram que o AT e os apócrifos foram estudados minuciosamente, mas não há marcas no NT. Duas alternativas para a leitura em hebraico estão anotadas (Gn 20.16 e Êx 10.15) e, em algumas partes, há algumas cruzes conspícuas que são mais facilmente compreendidas como marcas do texto já estudado — ou, possivelmente, traduzido — em uma seção. Se, como parece ser provável, os tradutores da BKJ dividiram o trabalho dos apócrifos, e se essa era uma das cópias na qual William Branthwaite trabalhou — ou os membros de seu grupo trabalharam —, as anotações nos apócrifos sugerem uma destas possíveis divisões. Ao longo de todo o livro de Sabedoria, há caracteres gregos sublinhados e algumas vezes palavras inteiras; em alguns trechos, um número de versículo para um trecho em particular do texto está escrito na margem (nem essa Bíblia nem a de Melanchton têm os números dos versículos). Não há nada em Eclesiástico, e, daí, marcas de atenção dos mais variados tipos aparecem de Baruque 6 a 1Macabeus 3.27. Essas mesmas marcas na mesma letra de mão se estendem desse ponto até o fim de 2Macabeus na Bíblia de Melanchton, indicando que esse anotador mudou o texto em que estava trabalhando. Se isso reflete o trabalho na BKJ, a parte dele era de Sabedoria e Baruque 6 (a epístola de Jeremias, como é chamada na BKJ) até o fim.

A mesma letra de mão predomina na Bíblia de Melanchton e pode ser observada ao longo de muito do Antigo Testamento. A letra de mão de

[92] *Cambridge History of the Bible*, vol. III, p. 57.

William Branthwaite, muito mais simples, fez anotações em partes do prefácio de Melanchton e em algumas partes do AT. Nos apócrifos, ele faz marcas frequentes e algumas anotações em Judite e Eclesiástico — textos ou palavras sublinhados, algumas vezes várias linhas de uma vez, como seu WB monograma na margem; ocasionais versões breves em inglês do texto grego; e ainda mais ocasionais anotações de leituras alternativas. As versões em inglês diferem da BKJ, algumas vezes em sentido e outras na ordem das palavras, como em Eclesiástico 44.23, em que William Branthwaite apresenta a tradução da Bíblia de Genebra. A porção designada para William Branthwaite pode ter sido Judite e Eclesiástico, mas suas anotações não revelam nada além do fato de que examinou minuciosamente esses livros.

Nada além de um mero indício da abrangência das obras religiosas pode ser fornecido aqui. É possível mencionar que havia uma abrangente coleção — trabalhadas com minúcias — dos pais da igreja, principalmente em latim, algumas vezes em grego. Há também uma extensa coleção de comentários: medievais, católicos e protestantes. Aqui listas de nomes podem ser úteis. Além do tesouro apresentado na Bíblia com a *Glossa Ordinaria*, sua coleção medieval inclui Hugo Cardinalis, Tomás de Aquino, Teofilato da Bulgária, Pedro Lombardo, Ambrósio, Ansperto, Ludolfo da Saxônia, Alberto Magno, Nicolai Gorrani e Haymo de Halberstadt. Entre os autores católicos-romanos, podem-se mencionar Erasmo, Jerônimo de Azambuja, conhecido por Oleastro, Cardeal Cajetan, Luigi Lippomano, Juan de Torquemada, Johannes Mercerus, Cornélio Jansênio, Lucas Brugensis, Benito Arias Montano (editor da Bíblia Antwerp Polyglota), Jacobus Naclantius, e Cornelius Mussus. Entre os autores protestantes, encontramos: Calvino, Beza, Augustin Marlorat, Brucioli, Johannes Oecolampadius, Rodolphe Gualther, Matias Flácio Ilírico, Martin Bucer, Benedictus Aretius, Niels Hemmingsen (também conhecido por Nicolaus Hemmingius), Girolamo Zanchi, Johannes van den Driesche (ou Drusius), escocês, Robert Rollock (Rollocus), e três ingleses, Thomas Cartwright, William Perkins e John Jewel. As obras de Perkins sobre os primeiros cinco capítulos de Gálatas e de Jewel sobre as epístolas de Tessalonicenses eram póstumas, digno de menção por ser dos primeiros trabalhos de comentários em inglês (ele também tinha um comentário em inglês sobre Obadias). Cada um incluía um texto em inglês, Jewel usou a Bíblia de Genebra, e Perkins, o que é bastante interessante, utilizou a versão da Bíblia de Genebra levemente revisada. Em suma, William Branthwaite tinha a sabedoria acumulada dos séculos de interpretação da Bíblia, algo extremamente útil para um tradutor.

Outros livros serviam para um uso muito particular para um tradutor. Ele tinha uma concordância de Robert Estienne, de 1555, para toda a Bíblia latina, e uma de Henri Estienne, de 1594, para o NT grego (menos útil seria a *Concordantiae Breviores,* de Antonius Broickwy a Konygstein, uma breve concordância temática, mas esse foi um livro em que William Branthwaite fez muitas anotações). Ele tinha o melhor dicionário grego não só daquela época, mas também de gerações por vir, o *Thesaurus Linguae Graecae,* de Henri Estienne e também *Syntaxis Graeca,* de Johannes Posselius e uma obra de John Cheke sobre a pronúncia grega: esses livros são acadêmicos, mas, curiosamente, são poucos para um homem que tinha a reputação de ser estudioso da língua grega. Para o hebraico e o caldeu (como o aramaico era denominado naquela época), havia uma variedade de obras de Petrus Martinius, Münster, Pagnino, Elias Levita, Johannes Reuchlin, Theodore Bibliander, Antonius Cevallerius, Nicolao Clenardo e Franciscus Stancarus. De forma distinta das obras em grego, muitos desses trabalhos eram introdutórios, e vários deles tinham anotações que são de outra pessoa (nem sempre de William Branthwaite), tentando aprender a língua. Esses livros sugerem que ele tinha conhecimento limitado de hebraico e caldeu.

Sua coleção de obras teológicas e controversas era ainda mais extensa e acrescenta muitos nomes: católicos e protestantes, medievais, àqueles apresentados acima. Mais uma vez, a abundância de obras católicas é notável, incluindo obras de More, Cardeal Pole e *Disputationes de controversiis christianae fidei,* de Belarmino, uma obra magnífica que lida sistematicamente com as controvérsias e engendrou muito do esforço de refutação protestante. Para um tradutor, uma das obras mais relevantes é de Gregory Martin, *A discovery of the manifold corruptions of the Holy Scriptures by the heretics of our days, specially the English sectaries, and of their foul dealing herein, by partial and false translations to the advantage of their heresies, in their English Bibles,* que trata de adulterações feitas nas sagradas Escrituras por heréticos que procuravam ganhar terreno com essas traduções falsas ou parciais. Essa obra, com o trabalho de Fulke, fez com que a tradução e os comentários de Gregory Martin sobre a própria tradução tivessem uma presença enorme na consciência dos tradutores. Há quatro volumes de Lutero, três de Calvino e dois de Beza. Há mais de trinta volumes em inglês, alguns contendo obras múltiplas, mas nada dos primeiros protestantes ingleses, como Tyndale.

As obras mais dignas de menção são *Acts and Monuments,* de John Foxe, e algumas partes dos dois lados da controvérsia que se seguiu à defesa da Igreja da Inglaterra, feita por Jewel, contra a Igreja de Roma, como *Apologia pro Ecclesia Anglicana* (traduzida para o inglês como *Apology or Answer in Defence of the Church of England*). A obra de Cranmer, *Defence of the True and Catholic Doctrine of the Sacrament of the Body and Blood of our Saviour Christ,* está anotada do início ao fim com a mesma letra de mão bela e clara vista na Bíblia grega de Melanchton, em geral chamando atenção para as palavras-chave e frases-chave; e, no final, elaborando um pouco dos resumos dos conteúdos. Futuros tradutores da BKJ são representados pelas obras de Bilson, *The Perpetual Government of Christ's Church; de Abbot, The reasons which Doctor Hill hath brought for the upholding of papistry, which is falsely termed the Catholic religion: unmasked and shown to be very weak;* de Rainold, Rainolds's *Sum of the conference between John Rainolds and John Hart touching the head and the faith of the Church*, com sua outra obra, *Six conclusions touching the Holy Scripture and the Church*; e, em latim, a resposta de Andrewes a Belarmino, Tortura Torti.

O mundo mental de William Branthwaite estava preocupado com a religião, mas não se limitava a isso. Tinha uma boa coleção de literatura, ou seja, os clássicos gregos e latinos. Na estante, lado a lado, estava Apuleius, Esopo (em grego e latim), Píndaro, tragédias selecionadas de Ésquilo, Sófocles e Eurípides, a *Ilíada de Homero* (também em grego e latim),[93] tragédias de Sêneca, Plauto e Martial. Há alguns livros de história, incluindo Josefo, Tucídides, Heródoto, Xenofonte, um livro sobre a vida de Alfredo, o Grande, e histórias da Escócia e da Inglaterra, em que a obra *Britannia*, de William Camden, é digna de menção. Além dessas obras, havia livros de viagens e uma miscelânea de outras obras, como O *príncipe*, de Maquiavel.

Há poucas obras filosóficas ou científicas, mas alguns dos tradutores, em especial Savile e Samuel Ward, tinham considerável interesse científico. A coleção de William Branthwaite, no entanto, fornece uma boa amostragem da predominância de livros latinos e do mundo religioso que ocupavam a mente dos tradutores. Nem todos os livros mostram sinais óbvios de uso, mas se pressupormos que William Branthwaite lera, pelo menos, uma boa parte deles, então trouxe para

[93] Fora de lugar aqui, há uma obra catalogada com o título de "Homer and Virgil Centones", um relato da história bíblica em forma de uma sequência de versos de Virgílio.

seu trabalho de tradução conhecimento substancial como também sua reputação como estudioso do grego.

Alguns outros tradutores e bibliotecas de Cambridge suplementam essa descrição, particularmente em relação aos estudos hebraicos. O inventário dos livros de Edward Lively inclui quatro Bíblias em hebraico, uma com o NT siríaco (ou caldeu), outro NT siríaco, os Profetas com Targum, um Targum latino para os profetas menores e comentários por David Kimchi e outros. Tinha mais de 35 gramáticas de hebraico e caldeu, comentários, concordâncias, incluindo *Michlol*, de Kimchi (Bois considerava que Kimchi era o melhor gramático judeu),[94] *Thesaurus Lingue Sanctae*, de Pagnino, uma concordância hebraica, os dicionários de caldeu e hebraico de Münster.[95] Uma série de tradutores era proveniente do Emmanuel College e estudaram na biblioteca desse *college*, a qual, no final do século XVI, tinha oito Bíblias em hebraico, incluindo a de Münster de 1534, o AT hebraico-latim e treze volumes de lexicografia e filologia, principalmente devotados ao hebraico.[96] Essa coleção, provavelmente, reflete os interesses e a influência de Laurence Chaderton.

Laurence Chaderton tinha talvez o que é a Bíblia mais interessante para tradutores, a terceira edição em dois volumes da Bíblia Hebraica de Bomberg (1547-1549).[97] As marcas e anotações demonstram que ele — ou algum de seus contemporâneos[98] — leu não só o texto, mas também o material circunvizinho. As muitas anotações e marcas aglomeram-se na parte em que o primeiro grupo de Cambridge trabalhou, de 1Crônicas a Cântico dos Cânticos e também em alguns profetas (Amós e Habacuque foram trabalhados em minúcias; e Isaías, Oseias, Obadias, Miqueias e, embora não seja um dos profetas na Bíblia Hebraica, Daniel). Em Crônicas, os comentários tanto de Kimchi quanto de Rashi estão sublinhados, e há ocasionais correções no hebraico. Há também sinais de atenção quanto à

[94] "Grammaticorum apud Hebraeos facile princeps" (diário, Fol. 10[r]).

[95] LEEDHAM-GREEN. *Books in Cambridge Inventories*, vol. I, pp. 547-548. Veja também ROSENTHAL. "Edward Lively: Cambridge Hebraist", em THOMAS, Winton, ed. *Essays and Studies Presented to Stanley Arthur Cook*, pp. 95-112, em especial pp. 99, 104.

[96] BUSH E RASMUSSEN. *Library of Emmanuel College*, p. 18.

[97] Cambridge University Library, S 816 bb 60 5-6.

[98] Não tenho muito familiaridade com a letra de mão de Chaderton para afirmar que ele fez as notas, mas seu biógrafo afirma que foi ele quem fez as anotações e refere-se a elas como evidência de seu conhecimento profundo do hebraico. (Dillingham, William. *Vita Laurentii Chadertoni* [1700], p. 15)

exatidão do texto hebraico, como em 1Crônicas 8.8, em que a impressão de duas palavras, em vez de apenas uma, é sublinhada. As marcas voltam a aparecer em Eclesiastes, em que o comentário de Ibn Ezra chama muito a atenção de Laurence Chaderton, mas não o comentário de Rashi. Em Salmos 22 e 23, há inclusão dos números dos versículos nos dois textos e no Targum, e mais uma vez o texto de Ibn Ezra está muito assinalado e, daí, observam-se duas marcas no comentário de Provérbios. Como aconteceu com o trabalho de William Branthwaite, essas marcas e anotações fornecem um vislumbre tentador do possível trabalho realizado para a BKJ. O que de fato esses dados nos mostram com certeza é que os tradutores podiam ler, e realmente o fizeram, esse material judaico.

ESTUDIOSO E COMENTARISTA

Se John Bois não foi um dos tradutores, ele foi apenas um dos muitos párocos do interior admirados por alguns de seus iguais, mas fizeram pequeníssimas contribuições para os acadêmicos. No caso de Bois, as contribuições publicadas foram anotações de partes da monumental edição de Crisóstomo, pertencente a Savile, e a compilação póstuma das anotações nos Evangelhos e Atos dos Apóstolos, *Veteris interpretis cum Beza aliisque recentioribus collatio* (1655; ele tinha a intenção de fazer todo o NT, mas deixou o trabalho incompleto em seus papéis). Ele, ainda assim, em termos do que sabemos sobre a produção da BKJ, é um dos mais importantes tradutores, pois "ele, e só ele, fez anotações sobre os processos [utilizados pelos tradutores]: essas anotações foram feitas até sua morte".[99] Ele foi estudante a vida toda, um verdadeiro erudito dos eruditos. Aos cinco anos, já havia lido a Bíblia toda, e seu pai lhe ensinou grego e hebraico na pré-escola. Foi aceito no St John's College aos quatorze anos e recebeu instrução especial de Andrew Downes sobre os autores gregos mais difíceis. Aos vinte anos, foi eleito membro desse *college*. Ele, com frequência, trabalhava das quatro da manhã até as oito da noite na biblioteca da universidade. Foi eleito professor assistente (*praelector*)* aos 22 anos, e, voluntariamente, suplementava ensinos

[99] Allen, Ward. *Translating for King James*, p. 141.

*[NT] *Praelector* na Universidade de Cambridge, universidade à qual John Bois pertencia, é membro de um *college*. É responsável por apresentar os alunos na matrícula e na cerimônia de graduação. O *praelector* é o responsável vicário pelas ações dos alunos e pode ser punido por essas ações. Já o *praelector* na Universidade de Oxford não precisa ser membro de um *college* (embora também possa sê-lo), mas pode também ser tutor de um *college* responsável por administrar uma honours school (instituto superior) na ausência do membro do *college*.

com uma aula de grego às 4 da manhã "em que lia, em sua cama, [...] para os jovens acadêmicos que preferiam *antelucana studia* mais que seu conforto e descanso".[100] "Era um gramático extremamente preciso, tendo lido sessenta livros de gramática, latim, grego, hebraico, siríaco, entre alguns outros", e "até mesmo em sua velhice, estudava oito horas por dia".[101] Na universidade, colecionou tantos livros em grego que, "exceto por uns poucos, conhecia quase todos os autores gregos, renomados ou não, dos livros existentes, livros esses que tinha em sua biblioteca particular".[102] Deixou a universidade para ser pároco em Boxworth, próximo a Cambridge, e também por causa de um casamento arranjado. Seu predecessor doara a sua filha à patronagem, e pediu a alguns amigos que "o sr. Bois do St John's College fosse procurado por eles para que pudesse ser seu sucessor caso se casasse com sua filha".[103] O casamento teve seus percalços. Deixou os assuntos de dinheiro a cargo da esposa e, sem se dar conta, encontrou-se endividado. Para pagar essas dívidas, vendeu, com grande pesar, "sua querida", sua biblioteca. (O biógrafo e neto-enteado — ou talvez seu próprio neto[104] — Anthony Walker é quem chama a biblioteca de "sua querida", talvez deixando implícito que ele amava mais os livros que a esposa; pelo menos a esposa de um outro tradutor, a de Henry Savile, sentiu que era preterida pelos livros, dizendo-lhe certa vez: "Gostaria de ser um livro também, e, assim, você teria mais respeito por mim".)[105] Nessa época, houve rumores de que John Bois queria ir para o estrangeiro. Por conseguinte, embora o temperamento da esposa não fosse sempre o melhor, as coisas se emendaram, e, quando ela morreu, ele a descreveu como sua "queridíssima esposa, com que, em um casamento impecável, vivi mais de 45 anos".[106] Em 1615, assumiu a conezia em Ely e, por fim, mudou-se para lá em 1628.

O que é interessante aqui é que uns dos livros sobreviventes e um volume de seu diário ou caderno de anotações, que se estende de 28 de julho de 1627 até 5 de novembro de 1639, fornecem um retrato de sua vida dos 66 aos 78 anos de idade. John Bois foi provavelmente alguém que escreveu um

[100] Fuller. *Worthies*, vol. III, p. 71.

[101] Allen, Ward. *Translating for King James*, pp. 146, 145.

[102] Ibid., p. 138.

[103] Ibid., p. 137.

[104] *ODNB*, Walker.

[105] Allen, Ward. *Translating for King James*, p. 141.

[106] Ibid., p. 144 (traduzido).

diário a vida toda. Walker menciona seu costume de escrever não só a data e texto de um sermão e o nome do pregador, mas também "tanto do sermão que achou apropriado ou que sua memória lhe permitia fazer"; refere-se a um "livro de bolso de papel" que Bois mantinha em seus primeiros anos em Boxworth, e cita quinze entradas nesse caderno até o ano de 1642.[107] Sete são provenientes do tempo do diário sobrevivente, mas não se encontram ali, portanto ele deve ter usado mais de um caderno. Talvez esse caderno sobreviveu porque tem um caráter especial. Há trechos em que Bois, claramente, tem um leitor em mente, e não há entradas que pudessem deixar a família ou amigos embaraçados, como este na versão manuscrita de *Life*: "Cinco de novembro de 1632. Hoje, não sei que tempestade impulsionou minha esposa, pois ela jogou no chão o dinheiro que lhe fora dado e foi embora furiosa".[108]

Ainda assim, mesmo se imaginasse que esse diário poderia se tornar público, não conseguia manter a distinção entre o público e o privado. Três semanas após iniciá-lo com as notas de estudo, começou a inserir notas particulares, às quais chama de "Varia", na parte de trás do caderno. Depois de algum tempo, entradas privadas podem ser vistas em meio às entradas de estudo na parte da frente do caderno, como também há notas de leitura na parte de trás do caderno. Na prática, ele achou difícil escrever para alguma outra pessoa que não a si mesmo, mas, com alguma justificação, manteve a crença de que esses escritos seriam interessantes e valiosos para outras pessoas. Ele jamais poderia se tornar, por assim dizer, um escritor público.

A língua principal do diário é o latim, com partes em grego e inglês, e um pouco de hebraico. A última parte, a menor, a Varia, tem algumas vezes um elemento confessional. O melhor remédio para Bois para combater os pensamentos da luxúria na velhice é o texto de Lutero sobre Isaías 36, mas não tinha escrúpulos quanto a beber vinho, exceto que aquele vinho francês

[107] Ibid., pp. 150, 138. Treze das entradas encontram-se em versão impressa; outras duas em uma cópia de um manuscrito do século XVIII de *Life*, BL MS Harley 7053. Exceto onde há uma observação, todas as citações do diário são traduções do latim.

[108] "Hodie, nescio quae intemperiae uxorem meam agitarunt, nam pecuniam traditam projecit humi, ac sic irata discesserat". MS 7053, Fol. 42[r] ou p. 104. A borda direita foi cortada, assim o termo *discesserat* (3ª pessoa do singular mais que perfeito do indicativo, que significa "ir embora") é uma conjectura; apenas "discess" está visível.

"raramente me faz bem, e, com frequência, deixa-me nauseado".[109] Ele, mais comumente, gosta de registrar histórias breves, tendo predileção pelas mais mordazes ou, pelos padrões modernos, sexistas. Saúde, envelhecimento e morte são assuntos frequentes, e ele, muitas vezes, deixa transparecer seu conhecimento em seus comentários, como quando escreve, provavelmente enquanto lia a gramática hebraica de Martinius, sobre sua idade, usando os valores numéricos atribuídos aos caracteres hebraicos. Ao longo de toda sua vida, fez nota sobre a morte de pessoas proeminentes, incluindo Andrew Downes (ele observou a eminência desse homem como estudioso do grego e compôs um epitáfio em grego para ele), de amigos, vizinhos, familiares, em geral com algumas recordações sobre o relacionamento com essas pessoas.[110] Ele também fazia anotações sobre as datas de aniversários de algumas mortes, particularmente as de Whitaker e Downes, "o mais nobre mestre das letras gregas em Cambridge".[111] Certa vez, ele conta que Downes apareceu para ele em sonhos, dizendo algo que lhe pareceu incompreensível: "raízes pagãs".[112]

As mortes de dois de seus filhos, com um mês de diferença, em 1628, o afetaram muitíssimo, e ele produziu algumas entradas emocionantes, incluindo alguns poemas em inglês. Para dar mais uma ideia da Varia, eis aqui um dos poemas com as entradas circunvizinhas na página, traduzidas ou resumidas do latim:

1628. Ely. Varia.

10 de setembro. O urinol que usei a noite passada sofreu uma estrangúria, ou seja, um gotejamento de urina: por ter uma pequena rachadura, devolveu a urina que recebera em gotas, ou por gotejamento, sem que eu percebesse esse fato.

12 de setembro. Assim como lavamos as mãos diariamente, e com muita propriedade, também, com muita propriedade, suplicamos diariamente a Deus para perdoar nossos pecados.

[109] Fols. 138ᵛ, 140ᵛ. Para um relato mais completo sobre seu diário, em especial a Varia, veja NORTON. "John Bois, Bible translator, in old age".

[110] ALLEN, Ward. *Translating for King James*, p. 147.

[111] Ibid., p. 141; 2 de fevereiro de 1638. Para Whitaker, veja o diário, Fols. 96ᵛ e 109ʳ.

[112] Fol. 162ᵛ; 24 de maio de 1630.

11 de novembro. Mirabel e Robert, mortos recentemente, falaram isso, em inglês, para seu pai enlutado, John Bois, ainda vivendo na Terra:

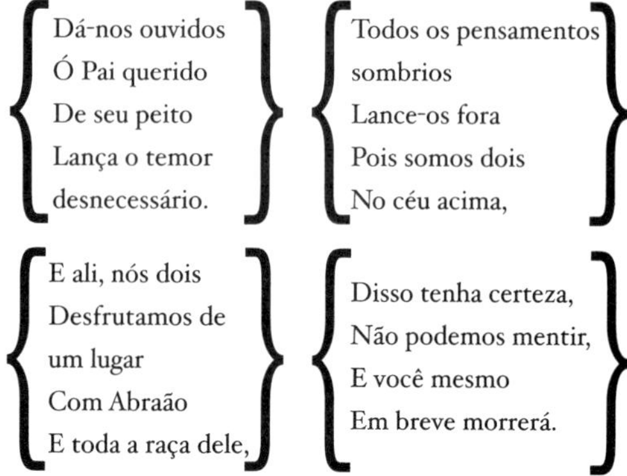
Dá-nos ouvidos
Ó Pai querido
De seu peito
Lança o temor
desnecessário.

Todos os pensamentos
sombrios
Lance-os fora
Pois somos dois
No céu acima,

E ali, nós dois
Desfrutamos de
um lugar
Com Abraão
E toda a raça dele,

Disso tenha certeza,
Não podemos mentir,
E você mesmo
Em breve morrerá.

19 de novembro. [Narrativa de ficção fundamentada em Utopia. Um viúvo, com desejo ardente de se casar de novo, pergunta ao espelho, e este lhe diz para pensar mais no caixão que em uma segunda esposa.][113]

A entrada de abertura fornece seu senso de conhecimento médico, além de sua ironia; a segunda, seu gosto pela sabedoria e frases equilibradas; e a última, que parece ter sido invenção sua, mostra, de forma um tanto lúgubre, seu gosto por respostas surpreendentes. Em meio a essas entradas, temos o poema, uma comovente canção da inocência, misturando sua angústia com sua fé e expectativa de sua morte — e, algumas vezes, seu anseio por ela. A complexidade é acrescentada pela possibilidade de lermos através das linhas*. Embora o leitor possa não achar isso se ler sua tentativa, em outro

[113] Fol. 169^{r}.

*[NT] A leitura através das linhas seria:
Dá-nos ouvidos, todos os pensamentos sombrios,
Ó Pai querido, lance-os fora
De seu peito, pois somos dois
Lança o temor desnecessário no céu acima,
E ali, nós dois, disso tenha certeza,
Desfrutamos de um lugar, não podemos mentir,
Com Abraão, e você mesmo
E toda a raça dele em breve morrer[ão].
Aqui foi preciso acrescentar a terminação do plural, uma vez que em inglês seria a mesma terminação para singular e plural.

trecho, de traduzir um dos epigramas de Martial para o verso em inglês,[114] Bois conseguia escrever versos em inglês com eficácia.

Em 29 de outubro de 1629, Bois escreveu: "Nunca de fato uso melhor meu gênio que quando me dedico a estudar as letras. Na realidade, posso fazer muito pouco com as letras; fora das letras não sou nada; fora das letras o que sou, senão o mais vil dos animais? Vá para onde o gênio [espírito, talento, intelecto] o convoca a ir".[115] O diário é cheio de evidências desse "gênio" e como ele o seguiu. Tinha uma insaciável curiosidade com as palavras, e elas poderiam levá-lo a qualquer lugar. Na gramática de *Mercer*, um termo do dialeto rabínico que significa "ao contrário" chamou sua atenção; ele fez uma anotação em caracteres hebraicos, mas omite a letra final, escrevendo ADRAB, e acrescenta entre parênteses uma observação que demonstra a forma como sua mente funcionava: "Daí, deduzo a palavra inglesa *drab* (insípido, sombrio, sem cor) ou a *drab*, ou seja, adúltera, prostituta, porque tal mulher é contrária a seu marido, se ela tiver marido; ou se não tiver, ela é contrária às boas leis".[116] Não interessa se falava a sério sobre etimologia: uma palavra obscura que um estudioso encontrou o levou irresistivelmente a uma reflexão moral.

Em larga escala, o diário mostra para onde seu "gênio" para as letras e sua perpétua busca por inspirações religiosas o levaram. Sem dúvida, selecionando de um diário anterior, ele inicia com uma leitura de quatorze meses, em suas próprias palavras, desse "homem incomparável", Agostinho.[117] Em dez meses, leu as cartas 96 a 239, e, para ler, *Retratação* levou outro mês, e gastou os últimos três na leitura *Sobre a doutrina cristã*. Representativo do tipo de anotações que fazia é esta que diz respeito a uma breve carta, agora numerada como 100; ele põe um enorme asterisco no início, sugerindo que ele considerava que essa carta tinha valor especial:

> Essa carta dá um testemunho especial tanto da moderação de Agostinho quanto de seu bom senso. Ele deseja que os heréticos se convertam, não que sejam mortos.

[114] Fol. 143ʳ.

[115] "Nunquam magis propitio utor genio meo, quam cum literarum studiis totus incumbo. In literis quidem parum possum: extra literas tamen nihil sum: extra literas quid nisi animal sum omnium vilissimum? vade quo te invitat genius" (Fol. 165ʳ).

[116] Fol. 141ᵛ.

[117] Fol. 5ʳ. Em algum outro trecho inicia uma entrada: "Agostinho (Mas que homem! Que bispo!)" ("at quantus vir! quantus Episcopus!"; fol. 71r).

"Portanto, cheque os pecados deles", diz Agostinho a Donato, procônsul da África, "de que alguns podem se arrepender de ter pecado: esquecer que você tem o poder de matar, mas não esquecer nosso desejo (ou seja, que eles não sejam mortos). Não considere algo vil que peçamos a você que eles não sejam mortos, pois oramos a Deus que sejam convertidos", etc. E um pouco antes: "Desejamos que eles sejam convertidos, não mortos; não queremos que a punição seja negligenciada e, tampouco, queremos as punições máximas que eles merecem. (Talvez, ser infligida)".

☞ Por maior que seja o mal a ser abandonado e o bem a ser sustentado, o esforço é mais penoso que eficaz, se os homens meramente forem forçados a algo, em vez de persuadidos pelo ensino.[118]

Bois salientou o que é para ser admirado na carta, e fundamentou isso com citações muito bem escolhidas: a história — quer do cristianismo do século V quer da Reforma, talvez ele tenha pensado (e também devemos pensar isso hoje em dia) — seria bem diferente e melhor se o conselho moderado e sábio de Agostinho fosse seguido. Todavia, essa é uma nota que salienta as limitações de Bois: ele não apresenta nada novo. É, em essência, o tipo de nota que um aluno faz para si mesmo: mais tempo e trabalho diário, incluindo o dia de Natal, que ele devotou a Agostinho de fato demonstram um estudo habitual e obstinado, mas essencialmente estéril.

Houve uma interrupção. No dia 24 de agosto de 1627, ele começou algo que se assemelhava a umas férias. Título da página, "das coisas privadas", e ele começa deste modo: "Hoje, fiz o que talvez um homem de família diligente e previdente não deveria ter feito". Foi a Ely para alguns dias de descanso com o amigo Daniel Wigmore, arquidiácono de Ely.[119] Fizeram uma visita de três dias a Snailwell, um vilarejo logo a norte de Newmarket, onde Daniel Wigmore era vigário; Bois descreve o ambiente e a vista, observando como o lugar é adequado para peixes, patinhos e pássaros canoros. Wigmore pregou sobre Efésios 4.30; Bois apresenta o texto em grego. De tarde, por sugestão de Wigmore, Bois pregou sobre Provérbios 18.10; dessa vez, ele apresenta o texto em hebraico, fornecendo sua própria tradução para o latim. O recurso habitual de Bois de recorrer às línguas originais e a facilidade

[118] Fol. 43ʳ.

[119] "Hodie id feci quod diligens fortassè et providus paterfamiliâs non fecisset. In ipso enim initio triticeæ messis, propriis relictis ædibus, Eliam me contuli, ut dies ibi aliquot cum Domino Archidiacono hilaris consumerem" (fol. 9ʳ).

com que faz isso ficam evidentes. Não há nada aqui sobre o que ele disse, mas a primeira página de Varia fornece um relato do sermão de Wigmore. Naquela noite, jantaram com um cavaleiro local. Depois, passaram um dia andando a cavalo e desfrutando dos deleites dos arredores de Snailwell. De volta a Ely, por uma semana, voltou para seus estudos, escrevendo observações acadêmicas enquanto folheava *De arca Noe e Praefatio thesauri linguae sanctae,* de Marcus Brixianus. No dia seguinte de seu retorno a Boxworth, anotou o aniversário do funeral de seu predecessor e sogro e ponderou sobre o quanto tempo ele fora vicário de Boxworth. Voltou à carta de Agostinho no dia 5 de setembro.

No dia 2 de outubro de 1628, Bois marcou em grego o fim de sua leitura de *On Christian Doctrine* e, depois, acrescentou duas passagens de William Whitaker, *Disputatio de Sacra Scriptura* (1588), dando seu brevíssimo resumo de *On Christian Doctrine* e argumentando sobre a necessidade de oração se for para entender a Bíblia.[120] Tais referências a outras partes de suas leituras são bastante comuns e fornecem mais evidências de sua erudição e cuidado com as observações feitas. Na página seguinte, há uma surpresa. Ele escreveu a data, conforme seu costume, no topo da página. Depois, logo abaixo de "1628", há uma linha e "1634", e uma entrada que começa desta forma: "Aqui a caneta dormiu cinco anos ou mais que isso. Seis de agosto de 1634, comecei a ler *Miscellanea,* de Samuel Petit, e achei que não me desviaria do ponto enquanto lia se escrevesse aqui, para ajudar a memória, as coisas à medida que ocorrem.[121] É fácil entender a necessidade de descanso, apesar de ficar claro que Bois não tinha intenção de descansar. Há sinais de depressão ao longo de todo seu diário, em especial o sentimento de falta de realização. Pode ter percebido que as notas sobre Agostinho jamais seriam publicadas e, portanto, parou com sua tentativa de fazer essas notas. Essas novas notas são explicitamente "para ajudar a memória", ou seja, a própria memória.

Todavia, o hábito de estudar jamais arrefeceu. É possível preencher o vazio — se não todo, pelo menos muito dele. Ainda fazia notas na Varia

[120] Fol. 109^{r}. Essas passagens de Whitaker são das pp. 368-369, 349.

[121] "Hic quievit calamus per integrum quinquennium, aut eo amplius. Augusti 8, 1634, coepi legere Samuelis Petiti Miscellanea, et inter legendum non abs re fore putavi, si quaedam, ut occurrebant, memoriæ causâ hîc reponerem" (fol. 109^{v}). Samuel Petit (Petitus) era um protestante francês, cuja obra *Miscellaneorum* foi publicada em 1630.

sobre suas leituras, de forma mais extensa sobre as obras do jesuíta José de Acosta, *De natura novi orbis* e *De promulgatione Evangelii apud Barbaros, sive de procuranda Indorum salute*, livros famosos sobre o Peru e a religião, e as cartas de Joseph Scaliger. Passou três anos editando para a publicação um manuscrito grego; esse trabalho já estava quase no final quando seu colaborador morreu em seu escritório em 1634.[122] Afirma-se que ele trabalhou na Bíblia de Cambridge de 1638.[123] E, grande parte do ano, talvez tenha estudado a mais extraordinária das "quase sessenta gramáticas de latim, grego, hebraico, siríaco; com algumas outras" que ele já leu,[124] a do erudito francês Budaeus (Guillaume Budé), com 967 páginas, *Commentarii Linguae Graecae* (1529). Na base da última página, em 13 de maio de 1634, ele registrou (como de costume, em latim) seu julgamento fatigado, embora de admiração, concluindo:

> Quando comecei a ler esses comentários, e mal tinha degustado uma ou duas páginas, fiquei muito feliz comigo mesmo, acreditando que não restava nenhum trabalho a ser feito por mim, exceto passar os olhos por cada uma das páginas. No entanto, quando prossegui um pouco mais, senti-me em um enorme mar, incapaz de alcançar a terra sem um grande, realmente imenso, trabalho. Portanto, agora, pelo menos me alegro por ter chegado ao fim deste livro, e como cheguei aqui e com que dificuldade, as notas acrescentadas na margem deste livro podem dar testemunho. Se uma nova edição deste livro for preparada, ou estou equivocado ou minhas notas ajudarão aos que se aventurarem a explorá-lo.

Acreditando no valor de suas notas (e no valor do livro), ele o deixou para o St John's College, onde ainda continua a ser outro trabalho que não tinha esperança de ser publicado, a menos que outros dessem continuidade a ele.[125]

As anotações representam um imenso contraste com as dos livros de Branthwaite. Apenas algumas poucas páginas não têm uma única linha sem as marcas de sua caneta. Ele sublinhou em tal extensão que o sublinhado é

[122] Allen, Ward. *Translating for King James*, pp. 145-146.

[123] Kilburne. *Dangerous Errors*, p. 6. Uma nota sobre um manuscrito quase idêntico na cópia do Jesus College dessa edição (citado por Scrivener. Authorized Edition, p. 22) é ou fundamentado em Kilburne ou fonte dele. No trabalho de Bois, não há evidências para corroborar sobre essa Bíblia ou por aquela dos outros eruditos mencionados. A vida de Joseph Mede de John Worthington, prefaciada para a quarta edição de Works, de Mede (1677), não menciona o trabalho na Bíblia de 1638.

[124] Allen, Ward. *Translating for King James*, p. 146.

[125] St John's College Library, Cambridge, G.7.7.

redundante, pois chamou atenção para tudo: o sublinhado se transforma em um traçado de seus olhos se movendo ao longo do texto. As anotações incluem marcas de citações nas margens em todas as citações, correções de erros, incluindo o índice e errata, títulos acrescentados, referências cruzadas, material adicional (em geral referências a outros escritores com a página da referência incluída), discussão das leituras e pontos levantados, e traduções e expressões idiomáticas semelhantes em latim, inglês e, ocasionalmente, outras línguas. Por mostrarem sensibilidade ao inglês, algumas das mais interessantes são aquelas que lidam com vocabulário e expressões idiomáticas. Na discussão sobre suar e banho para suar, Bois resume o movimento de Budaeus do grego para o latim e acrescenta o inglês:

θόλος ξηρὸς, ou seja, Laconicum, sudatorium, vaporarium, hypocaustum, *um forno, uma banho para suar ou sauna, ou banho seco para suar nele* (p. 353).

No ponto em que Budaeus observa a frase vernacular "poderiam ter isso na mente ou no coração, e, conforme os italianos dizem, era suficiente para a mente", Bois escreve "em inglês, *poderiam achar isso em seu coração*" (p. 758). Budaeus traduz ἀνθρακίας para o latim como "tão negra como o mineiro, tendo a face como a acendedor de fogo", e Bois acrescenta "tão negra como a do carvoeiro", em que o termo usado por Bois, *collier*, teria aqui o sentido de carvoeiro, e não de mineiro. Em outros trechos, as notas sobre uma expressão idiomática são comparáveis a uma usada por Demóstenes "dê uma coisa e pegue uma coisa. Ele é o queridinho do Demônio" (p. 800). Essas notas demonstram sensibilidade em relação às expressões idiomáticas em inglês — e também o interesse nelas —, algo bem visível em seu diário.

Uma anotação de especial interesse em relação à confecção da BKJ. No topo da página 872, Bois escreve em letras grandes e claras, Συμβιβάζω, um dos muitos verbos discutidos nessa página. Muito provavelmente, isso se deve ao fato de os tradutores terem discutido o sentido na forma como é usado em Colossenses 2.2, que lemos na BKJ: "that their hearts might be comforted, being knit together in love, and unto all riches of the full assurance of understanding" ("para que o coração deles seja animado, estando vós unidos em amor e enriquecidos da plenitude do entendimento para o pleno conhecimento"; A21). Eis o registro da discussão de Bois sobre a discussão; os tradutores estão considerando se acrescentam no texto as palavras da Bíblia dos Bispos, "and instructed" (no diário de Bois as palavras em itálico estavam em inglês, o restante em latim):

Being knit together in Love] [and instructed] in all riches etc. A palavra συμβιβάζω significa, ao mesmo tempo, unidos e instruídos, ou ensinar: portanto, não é inconsistente com a verdade de que o apóstolo levou em consideração os dois sentidos.[126]

A questão-chave era se havia algum jogo de palavras deliberado com o sentido de συμβιβάζω. Bois lembrou-se dessa discussão quando, em 1634, quase 25 anos mais tarde, ele viu em Budaeus uma discussão similar do sentido desse termo:

A palavra συμβιβάζειν significa reconciliar e reunir em amizade e concordância. [...] Também significa conviver e reunir em harmonia. [...] De uma citação dos profetas sagrados, parece significar ensinar e provar.

Agora, aos 70 anos, seu interesse por línguas e sua memória estavam tão afiados quanto sempre o foram.

A obra *Life*, o diário e as anotações juntos, fornece um claro retrato do caráter e erudição de Bois. Um estudioso obscuro, mas imensamente versado e diligente, amante da teologia, era o homem ideal para ajudar a examinar as Bíblias inglesas existentes com o original grego e hebraico, embora seu ocasional interesse pelas expressões idiomáticas do inglês e algumas peças de poesia inglesa não fossem suficientes para torná-lo a pessoa ideal para dar estilo à Bíblia inglesa, se é isso que alguém pensa ser a realização dos tradutores da BKJ. Será que ele também era um homem ideal para fazer anotações sobre o trabalho dos tradutores? A pergunta é necessária, porque quanto mais lemos seu diário, mais parece que as anotações, discutidas no próximo capítulo, são exatas em caráter com esse trabalho. O único retrato que temos das discussões que ajudaram a criar a BKJ é visto através dos olhos de Bois e reflete seus interesses. As questões linguísticas, em especial em relação ao grego, as percepções religiosas, sua principal preocupação, e a importância de ter em mente um misto de público e privado, conforme observado em seu diário: as anotações podem ser mais privadas do que aparentam ser à primeira vista. Isso deve nos deixar cautelosos. Muito do que foi feito para

[126] Allen, Ward. *Translating for King James*, p. 63.

fazer com que uma tradução para o inglês fosse bem-sucedida — muito, mas não tudo: ele não tinha interesse em fazer um registro das decisões sobre palavras em particular na BKJ. Mas também podemos nos sentir ainda mais confiantes por essas anotações serem absolutamente autênticas, feitas pelo próprio Bois. As anotações em seu diário mostram que ele está muito mais preocupado em relatar o que leu do que desenvolver seu pensamento sobre o assunto. Se fosse para alguém fazer um relato imparcial — embora, não completo — sobre o que os tradutores discutiram, esse alguém seria o Bois.

CAPÍTULO 4

O trabalho na Bíblia King James

O INÍCIO

Por volta de 1604, a ideia de que uma nova tradução era necessária já existia havia algum tempo, embora apenas sustentada com veemência por Broughton. A Bíblia dos Bispos não foi bem-sucedida em desalojar a Bíblia de Genebra como a mais popular e a favorita, portanto a Inglaterra estava em uma posição desconfortável ao ter de usar duas Bíblias distintas, uma era a Bíblia oficial da igreja, e a outra geralmente usada pelo povo e grande parte do clero, incluindo o principal responsável por descartar a Bíblia de Genebra, o futuro arcebispo William Laud. A variedade de traduções fora defendida e, até mesmo, elogiada pelos tradutores ingleses de Coverdale em diante, mas era um ponto nevrálgico, em especial por causa da controvérsia com os romanos-católicos. Parecia que a Inglaterra não tinha a verdade pura da Bíblia, e havia algo bastante desconfortável para esses homens: uma consciência dos erros nas duas versões, em especial na Bíblia dos Bispos.

Broughton promoveu um movimento veemente por uma nova versão. Para ele, qualquer Bíblia que tivesse inconsistências na cronologia "destroçaria, por assim dizer, a Bíblia e, daí, ela não teria nenhum valor". Em contraposição, "uma Bíblia impressa, justa, respeitando o original, ou traduzida com pura destreza, é a glória de todos os livros": isso resolveria "todas as histórias, sem nenhuma disputa, e todas pareceriam ligadas com inúmeros elos dourados do tempo".[127] Teve algum sucesso em conquistar o apoio do arcebispo John Whitgift, e isso pode estar por trás de uma versão preliminar de uma lei aceita pelo parlamento britânico, provavelmente do final do reinado da rainha Elizabeth, "para reduzir as diversidades de Bíblias agora

[127] BROUGHTON. To the Queen, c. 1591; LIGHTFOOT, John, ed. *Works*, 1662, p. 163.

existentes em inglês a uma traduzida para o vernacular aceito a partir do original". Isso ecoa o discurso de Broughton para a própria rainha "a fim de evitar a multiplicidade de erros imprudentemente cometidos por um tipo inferior e vulgar pela variedade de traduções da Bíblia [sic] ao aumento mais perigoso do papismo e ateísmo". Refere-se ao desejo antigo "dos mais altos aos mais baixos, de todos os tipos" por uma tradução "de tal tipo que seu estudo não arme laços", e, antecipando a forma como a BKJ foi feita, imagina a ajuda compulsória de acadêmicos de duas universidades. Inclui um argumento que talvez estivesse na mente do rei James, quando deu início à BKJ: "ela levará à fama imortal da sua Majestade, a rainha".[128]

James I ainda estava em seu primeiro ano de reinado da Inglaterra quando convocou a conferência de Hampton Court, em janeiro de 1604, para tratar das tensões religiosas em seu reinado. Como James VI da Escócia, já tivera de tratar de assuntos referentes à Bíblia. Ironicamente, graças a sua última opinião sobre a Bíblia de Genebra, a aprovação foi invocada na página-título da primeira Bíblia de Genebra, impressa na Escócia, o fólio de 1579 de Bassandyne e Arbuthnot — James tinha apenas 13 anos quando essa tradução apareceu e, presumivelmente, não tinha opinião formada a respeito do assunto. Os brasões de sua família estavam na página-título e, conforme a dedicatória o lembrava, ele, no passado, "ordenara que esse livro santo de Deus fosse apresentado com nova impressão em seu reinado". O discurso prossegue buscando a autorização do rei, garantindo-lhe que essa Bíblia,

> sem dúvida, trará muitíssima honra e renome perpétuo a sua Majestade. Todas as outras glórias, por fim, deteriorarão, e todos os elogios que resultem de outros atos principescos ou não são de longa duração ou comumente misturam com isso tais coisas que sempre são dignas de culpa, mas a honra desse ato deve durar para sempre.[129]

De modo ainda mais relevante, James favoreceu a nova tradução em uma reunião de 1602 da assembleia geral da Igreja da Escócia:

[128] Pollard. *Records of the English Bible*, p. 329.

[129] O original com grafia escocesa. Tanta essa quanto a Bíblia seguinte a ser impressa na Escócia, a Bíblia de Genebra de Hart, de 1610, afirmam privilégios reais nas páginas-títulos, mas, no caso de Arbuthnot, isso claramente se refere a sua posição de impressor do rei.

Uma proposição em favor de uma nova tradução da Bíblia foi feita, e a correção dos Salmos seguindo uma métrica: sua Majestade, com severidade, exigiu isso e, com muitas razões, persuadiu a realização desse trabalho, demonstrando a necessidade e o proveito dessa empreitada, e que glória a realização disso deveria trazer para essa igreja: falando de necessidade, ele mencionou os diversos desvios na tradução comum, e procurou garantir que ele não era menos versado nas Escrituras que aqueles cuja profissão exigia isso; quando começou a falar dos salmos, recitou vários versículos dos mesmos, apontando tanto as falhas na métrica quanto a discrepância do texto. Foi uma alegria para todos os presentes ouvir isso, e ele amealhou grande admiração de toda a assembleia, os quais, aprovando o pedido, recomendaram a tradução pelos irmãos que eram mais habilidosos nas línguas, e a revisão dos Salmos particularmente para o sr. Robert Pont; mas nada foi feito, nem em um nem em outro.

Todavia, uma coisa foi feita: "a revisão dos Salmos, [James] fez seu próprio trabalho, e, nas horas em que não tinha de cuidar dos assuntos públicos, reviu uma série deles, confiando o restante para um servo fiel e culto".[130] Eles foram publicados em 1631, com a autorização para ser impresso por Carlos I, o único uso de "autorizada" na página-título de uma versão bíblica nesse século.

No segundo dia da conferência em Hampton Court, segunda-feira, 16 de janeiro, o principal porta-voz dos puritanos, John Rainolds (até aqui um antagonista de Broughton, mas logo seria um dos tradutores), aparentemente sem aviso, declarou o seguinte: "Proponho a sua Majestade que pode haver uma nova tradução da Bíblia, porque aquelas que foram permitidas nos reinados de Henrique VIII e Eduardo VI estavam adulteradas e não respondiam à verdade do original".[131] Ele apresentou três exemplos. Em Gálatas 4.25, συστοιχεῖ, "não está bem traduzido, da forma como se apresenta agora, *bordreth* ("*corresponde* à Jerusalém atual"; ARA), pois não apresenta a força do termo nem o sentido que os apóstolos pretendiam, nem a situação do lugar". Em Salmos 105.28, a leitura deveria ser "they were not disobedient" ("não foram rebeldes à sua palavra"; ARA), em vez do que temos: "they were not obedient" ("não foram obedientes"); e Salmos 106.30 está equivocado na leitura "then stood up Phinees and prayed" ("Então, se

[130] Spottiswoode (Spotswood). *History of the Church of Scotland*, p. 465.

[131] Barlow. *Sum and Substance*, p. 45.

levantou Finéias e orou"), porque em hebraico temos "executed judgement" ("executou o juízo"; ARA). Conforme relatado, esse é um pedido antigo.[132] Esse não era um dos tópicos que Rainolds dissera que levantaria, e, aparentemente, o argumento era ruim, pois ele não citara nada posterior à Grande Bíblia (onde essas leituras são encontradas), e havia, é claro, duas versões mais recentes.[133] Examinando de forma mais minuciosa, o argumento é sutil: ele não atacou a Bíblia dos Bispos, nem a igreja oficial, mas essas três leituras continuam na Bíblia dos Bispos, embora tenham sido corrigidas na Bíblia de Genebra. Qualquer investigação demonstraria a inadequação da primeira e a correção da última. Rainolds, provavelmente, esperava que sua sugestão por uma nova tradução seria descartada, e uma solução muito mais simples seria seguida, a adoção da Bíblia de Genebra como a Bíblia oficial da Igreja da Inglaterra.

Essa era sua intenção sutil, mas logo ficou desapontado. Embora Barlow afirme que não há "como se opor" ou negar esse aparte, Bancroft, agora já o principal personagem da igreja oficial, foi, na melhor das hipóteses, indiferente: "Se o humor de cada homem tiver de ser seguido, não haverá fim para as traduções". James, no entanto, estava em território familiar e sabia o que queria:

Sua Majestade queria que algum esforço fosse feito em favor de uma tradução homogênea (professando que ainda não vira uma Bíblia bem traduzida para o inglês, mas que a pior de todas, para Sua Majestade o rei, era a Bíblia de Genebra), e que isso deveria ser feito pelos homens mais cultos das duas universidades, e, depois deles, a tradução deveria ser revista por bispos e os homens mais cultos da igreja, e deles passaria para o Conselho Privado e, por fim, seria ratificada por sua autoridade real; e assim toda a igreja estaria envolvida nesse projeto, e ninguém mais. Expressou seu consentimento enfático e também advertiu (por causa de uma palavra proferida pelo Lord de Londres [Bancroft]), de que não deveriam ser acrescentadas notas nas mar-

[132] O relato de Barlow foi escrito a pedido de Bancroft, lido pelo rei, antes da publicação, e escarnecido por aqueles que não eram do grupo da igreja (BABBAGE, *Puritanism and Richard Bancroft*, p. 70). Chaderton, que estava presente na conferência, observou, em sua cópia de *The Sum and Substance* (Wren Library, Trinity College, Cambridge), algumas discordâncias veementes, como o fato de Barlow designar a si mesmo, a escolha de Rainolds e dois outros puritanos como "agentes para os querelantes milenares" (p. 2), mas seu silêncio na discussão sobre a necessidade de uma nova tradução sugere que há nada muitíssimo errado com isso.

[133] Esses textos podem ter sido exemplos padrões. Embora a BKJ também os tivesse corrigido, os dois versículos de Salmos mencionados mais uma vez em 1640, como exemplos de perversão "do sentido do Espírito Santo [...] ao acrescentar e deixando de fora palavras" (Hughes. *Certain Grievances*, p. 18).

gens, pois considerou as notas que encontrou na tradução da Bíblia de Genebra — a qual ele viu em uma Bíblia que lhe fora presenteada por uma senhora da nobreza inglesa — muito parciais, inverídicas e sediciosas, além de favorecer opiniões perigosas e traiçoeiras: como Êxodo 1.19, em que a nota de margem permite a desobediência aos reis. E 2Crônicas 15.16, em que a nota censura Asa por tomar a atitude de apenas depor sua mãe, e não de matá-la.[134]

Ele pode ter detectado o desejo de promover a Bíblia de Genebra (uma pressuposição natural com um puritano), e sua oposição a esses comentários era provavelmente sábia, uma vez que não representavam a perspectiva de toda a igreja. A objeção particular às notas permitindo desobediência aos reis, podemos entender não apenas como política, mas também como uma presciência em vista do destino de seu filho. E pode ainda ter pensado que, ao concordar com a proposta, acabaria por se mostrar solidário aos puritanos enquanto desferia um golpe no sustentáculo das crenças deles. Ele também pode ter pensado que isso manteria os líderes de todas as partes da igreja ocupados e trabalhando juntos. Ou será que achava que seria um monumento a seu reinado? Realmente não temos como saber. Tudo que sabemos é que, nas palavras da dedicatória na Bíblia de Bassandyne e Arbuthnot, "uma

[134] Pp. 46-47. As duas notas comentam: "a desobediência deles aqui foi contra a lei, mas a dissimulação deles foi maligna"; "aqui ele mostrou que não tinha zelo: pois ela deveria morrer tanto por causa da aliança quanto pela lei de Deus; mas ele cedeu à compaixão insana, e também pareceu, de algum modo, satisfazer a lei". Rainolds poderia ter citado outras notas, exemplos mais fortes como o resumo da carreira de Saul no argumento de 1Samuel ou a nota de 1Reis 20.8 em que os anciãos consideram seu dever arriscar a vida, em vez de permitir uma atitude contra a lei "apenas para satisfazer a cobiça de um tirano". Esse aspecto da Bíblia de Genebra remete-nos diretamente ao lema proposto por Benjamin Franklin e Thomas Jefferson para o emblema dos Estados Unidos: "Rebelião contra os tiranos é obediência a Deus".

Antony Johnson apresenta mais duas objeções às notas de Genebra, que parecem ser suas mesmas, mas talvez fossem do rei James; cito-as de forma integral, uma vez que são raramente reproduzidas:

Às essas exceções, podem-se acrescentar duas mais: a primeira é o comentário deles sobre o 12º versículo do capítulo 2 de Mateus; aqui eles nos dizem que a "promessa não deve ser mantida quando a honra de Deus e a pregação de sua verdade são obstruídas; ou, caso contrário, não deve ser quebrada". Que vaga casuística é essa? Que expediente desesperado é esse para justificar a quebra de promessas e juramentos; dos contratos entre um homem e outro? Que insurreições e confusões foram propostas com esse pretexto? O outro comentário extraordinário está em Apocalipse 9.3, em que se afirma que os gafanhotos que saem da fumaça são "os falsos mestres, heréticos e prelados sutilmente mundanos, com monges, frades, cardeais, patriarcas, arcebispos, bispos, doutores, bacharéis e mestres"; uma forte composição da ignorância e da má vontade. Que claras alusões ao clero inglês são feitas aqui, e todos eles com eméritos títulos nas universidades? Esses, assim parece, conforme a habilidade e caridade dos homens que escreveram esses comentários, fazem parte dos gafanhotos que saíram da fumaça do poço do abismo.

Esse comentário fez com que Sua Majestade o rei tomasse a resolução por uma nova tradução [...]. (*Historical Account*, pp. 86-87).

grandíssima honra e perpétuo renome" seguiram suas ações aqui, e que "a honra desse ato" durou por cerca de 400 anos.

O trabalho não foi organizado conforme James o visionara, mas a ideia geral de envolver os estudiosos mais proeminentes das universidades e ter uma série de estágios de revisão foi seguida. Os primeiros passos eram escolher os tradutores e estabelecer as regras para o trabalho — além de tentar encontrar dinheiro para o trabalho ser realizado, uma vez que James não proveu nenhuma quantia para esse projeto. Bancroft, em nome de James, fez grande parte desse trabalho de planejamento do projeto, mas com pouco ou nenhum sucesso no aspecto financeiro. Os 54 tradutores da BKJ foram designados e aprovados por James por volta do fim de 1604,[135] mas mudanças ainda estavam acontecendo no final desse ano que provavelmente são responsáveis pela escolha de menos de 54 deles. Thomas James, bibliotecário de Bodley, por exemplo, foi um dos escolhidos, mas Bodley, contrariando o desejo de James, interferiu no final de outubro: ele procurou convencer Rainolds a exercer alguma influência em favor de sua perspectiva e, se fosse preciso, estava preparado a ir até Bancroft. Por fim, Thomas James continuou servindo-o. Podemos adivinhar que a escolha foi feita por Bancroft por intermédio de consulta com Lively, para o grupo de Cambridge; com Harding para o grupo de Oxford; e com Andrewes para o grupo de Westminster; e outros personagens mais velhos, como Rainolds, eram influentes.

Quatorze regras foram dadas aos tradutores, com uma 15ª acrescentada mais tarde, e um número de regras complementares foram relatadas para o Sínodo de Dort em 1618, presumivelmente por Samuel Ward. Duas se relacionam ao texto inglês a ser seguido, e os limites dentro dos quais os tradutores deveriam trabalhar:

1. A Bíblia comum lida na igreja, geralmente denominada de Bíblia dos Bispos, deve ser seguida, e muito pouco deve ser alterado conforme a verdade do original assim permita.

14. Essas traduções devem ser usadas sempre que concordarem melhor com o texto que a Bíblia dos Bispos, *viz.*: as Bíblias de Tyndale, de Matthew, de C overdale, de Whitchurch e a de Genebra.[136]

[135] Bancroft, 30 de junho, 31 de julho de 1604; Pollard. *Records of the English Bible*, pp. 48, 331.

[136] Três manuscritos na Biblioteca Britânica apresentam essas instruções. Elas variam nos detalhes das frases e grafia. Modernizei o MS Add. 28721, fol. 24r. Esse manuscrito e o MS Harley 750 omitem a regra 15 (isso sugere que são manuscritos antigos, pois a regra 15 foi um acréscimo posterior); para essa regra, sigo o MS Egerton 2884, fol. 6r. A versão das instruções fornecidas em Pollard é comumente seguida, mas não corresponde exatamente a esses manuscritos.

Era para ser uma revisão de sua antecessora oficial, e o trabalho era para ser minimalista, e o único critério para mudança seria "a verdade do original". Nas palavras do Sínodo de Dort, era para ser uma tradução muitíssimo acurada, *accuratissime versionis.*[137] Não há sugestão de que os tradutores deveriam fazer revisão de estilo. Dois aspectos relevantes da regra 14 referem-se à ideia de que os tradutores deveriam selecionar e escolher entre as leituras das Bíblias antecessoras, de Tyndale a Coverdale, da Grande Bíblia (Edward Whitchurch, com Richard Grafton, foi o primeiro impressor da Grande Bíblia) à de Genebra, e a omissão da Bíblia de Rheims: implicitamente está proibida, mas não de fato. Há uma omissão importante nas regras aqui: não há menção alguma dos textos dos quais deveriam traduzir. A questão da erudição textual está ausente. A resposta do prefácio à questão da simplicidade do texto: "Se perguntar o que eles tinham diante deles, poderiam dizer que verdadeiramente o texto hebraico do Antigo Testamento e o texto grego do Novo Testamento. Esses são as duas seivas de ouro, ou condutores, por meio das quais os ramos da oliveira desabrocham seu ouro".[138] O relato do Sínodo de Dort observa que os tradutores seguiram o texto grego de Tobias e Judite, em que havia "qualquer grande discrepância" entre ele e o texto da Vulgata. O prefácio acrescenta uma observação de fontes secundárias: "nem pensamos ser algo extremado consultar os tradutores ou comentaristas, caldeus, hebraicos, siríacos, gregos ou latinos, não, nem os espanhóis, franceses, italianos ou holandeses".[139]

Três regras lidam com os assuntos relacionados à prática da tradução:

2. Os nomes dos profetas e dos escritores santos, como também outros nomes no texto, têm de ser mantidos, o mais próximo possível, de acordo com os nomes comumente usados.

3. As palavras eclesiásticas antigas têm de ser mantidas, *viz.*: como a palavra "igreja", que não deve ser traduzida por "congregação", etc.

4. Quando uma palavra tem sentidos diversos, o sentido a ser mantido é aquele que foi mais comumente usado pela maioria dos pais da Antiguidade, estando em concordância com a propriedade do lugar e a analogia da fé.

[137] Pollard. *Records of the English Bible,* p. 336.

[138] *NCPB,* p. xxxii.

[139] *NCPB,* p. xxxii.

A primeira delas, para usar a forma dos nomes comumente conhecida e, implicitamente, para usá-la de forma consistente recebeu uma adesão baixa. Os tradutores prestaram mais atenção às formas usadas nos originais, em vez de procurar estabelecer a uniformidade quer de som quer de grafia. Isaiah (Isaías), por exemplo, é também chamado de Esai (2Rs 19.2), Esaias (NT) e Esay (apócrifos). Holofernes (BJ) é Olofernes em Judite 2; e Apollo (Apolo), no NT, algumas vezes, aparece com a grafia grega, Apollos (At 18.24; 1Co 16.12; Tt 3.13). Apenas algumas dessas variações são provenientes das diferenças entre a grafia grega e hebraica. A preocupação de manter as "palavras eclesiásticas antigas" representa uma posição contra os puritanos. Remete ao ataque de More ao vocabulário tendencioso de Tyndale. Aqui, "congregação", em vez de "igreja", ou, digamos, "ancião", em vez de sacerdote" teriam fortes implicações contra a igreja oficial. A regra 4 salienta o desejo de preservar a compreensão tradicional. Essas coisas estão de acordo com manter o respeito de James pelo que está estabelecido: "Melhor uma igreja com algumas falhas que a inovação", declarara ele na conferência de Hampton Court.[140]

A seguir temos algumas questões gerais, dentre as quais a restrição a notas nas margens é a mais importante, pois foca a atenção quase que exclusivamente no texto em si:

5. A divisão em capítulos não deve ser alterada de forma alguma ou o mínimo possível, se for necessário.

6. Nenhuma nota nas margens deve ser inserida, exceto para a explicação das palavras gregas e hebraicas, que, sem algum circunlóquio, não podem ser expressas no texto de forma adequada ou breve.

7. Tais citações de lugares devem ser apresentadas de forma secundária, marginalmente, pois deverão servir como referência de uma escritura para a outra.

O relato do Sínodo de Dort resume as regras 6 e 7 e, depois, elabora sobre o uso da margem:

Segundo, nenhuma nota deve ser posta na margem, mas apenas as passagens paralelas devem ser mencionadas.

[140] Barlow. *Sum and Substance*, p. 47.

Terceiro, quando um termo hebraico ou grego admite dois sentidos possíveis, um deve ser expresso no texto; e o outro, na margem. O mesmo deve ser feito sempre que uma leitura diferente for encontrada em boas cópias.

Quarto, os hebraísmos e helenismos mais difíceis devem ser postos na margem.[141]

O restante das regras originais lida principalmente com a organização. Estabelece-se um sistema elaborado para evitar o individualismo, erros ou traduções facciosas. Todos em um grupo tinham de fazer um esboço da tradução e, a seguir, debatê-lo entre si; depois, deveria haver o que hoje denominamos de revisão de iguais, em que os esboços circulariam entre todos os outros grupos antes da revisão final em uma reunião geral. Estendendo o desejo por sabedoria coletiva, há um cuidado em particular para se fundamentar na sabedoria de todo o país (embora não haja registro de estudiosos fora dos comitês contribuindo com "uma observação em particular"):

8. Todo homem de cada grupo deve pegar o mesmo capítulo ou capítulos, e tendo feito a tradução ou emendas no texto por si mesmo nas passagens que achar que deve fazê-las, todos se reúnem, conferem o que fizeram e concordam como deve ser o texto de sua parte.

9. Assim que um grupo terminar um capítulo trabalhando dessa maneira, devem enviá-lo para o restante para ser considerado com seriedade e bom julgamento, pois Sua Majestade o rei é muito cuidadoso em relação a esse ponto.

10. Se qualquer grupo, ao revisar o livro assim enviado, tiver alguma dúvida ou diferir em relação a algum ponto, tem de enviar uma palavra sobre isso, anotar o local e também enviar seus motivos para não consentir, e essa diferença deve ser composta na reunião geral, na qual devem comparecer as principais pessoas de cada grupo, no fim do trabalho.

11. Quando qualquer trecho com especial obscuridade for duvidado, cartas têm de ser endereçadas pela autoridade para enviar para qualquer homem culto na nação para seu julgamento sobre esse trecho em particular.

12. As cartas a ser enviadas pelos bispos para o resto do clero, avisando-os sobre essa tradução, a fim de mobilizar e responsabilizar o maior número deles com habilidades nas línguas do original, para que enviem as observações particulares a cada grupo, Westminster, Cambridge ou Oxford.

[141] POLLARD. *Records of the English Bible*, p. 339.

13. Os diretores de cada grupo devem ser os deãos de Westminster e Chester para esse lugar, e os professores do rei de hebraico e grego de cada universidade.

15. Além desses diretores mencionados antes, três ou quatro dos mais antigos e sérios clérigos de cada uma dessas universidades, que não estejam envolvidos com o trabalho de tradução, devem ser designados pelo vice-reitor, após conferência com o restante dos líderes, para ser supervisores das traduções, tanto do hebraico quanto do grego, para uma melhor observação da regra quatro especificada acima.

Essa última regra foi acrescentada por causa de dúvidas quanto às regras três e quatro. Bancroft escreveu para o vice-reitor de Cambridge para explicar:

Se ainda não fez sentido para eles, para certificar se o desejo de Sua Majestade o rei é que, além dos homens cultos empregados com eles para o hebraico e grego, deve haver três ou quatro dos clérigos mais proeminentes da universidade deles, designados pelo vice-reitor após conferência com o restante dos líderes, para que sejam supervisores das traduções, tanto do hebraico quanto do grego, para melhor observação das regras apontadas por Sua Majestade e, em especial, em relação à terceira e à quarta regra: e ele pediu a eles que, quando tiverem concordado com relação às pessoas para esse propósito, para que lhe enviasse uma palavra sobre isso.[142]

A única evidência de que essa regra foi seguida é a referência de Thomas Bilson a Ryves como "um dos supervisores da parte do Novo Testamento que está sendo traduzido para o grego".[143]

O relato do Sínodo de Dort acrescenta três outras regras, de que palavras sem equivalente exato no original deveriam ser marcadas pelo uso de tipo romano pequeno, que novos argumentos ou resumos para cada livro ou resumo do capítulo deveriam ser supridos, e que uma genealogia e mapa da terra santa deveriam ser incluídos.

A CRONOLOGIA

O primeiro estágio, o trabalho dos grupos individuais, levou cerca de três ou quatro anos, talvez até cinco anos. No final de 1604, James, "bastante an-

[142] Conforme apresentado em Mombert. *English Versions of the Bible*, p. 348.

[143] Bilson para Thomas Lake, 19 de abril de 1605; conforme apresentado em Paine. *Men Behind the King James Version*, p. 72.

sioso de que tal trabalho religioso não deveria admitir atrasos", ordenou que os tradutores "deveriam se encontrar o mais rápido possível [...] e começar o mesmo".[144] Em agosto, os tradutores estavam "trabalhando arduamente no texto em Cambridge",[145] tão arduamente que "estudos e esforços sinceros nessa tradução"[146] foram considerados responsáveis pela morte precipitada de Lively em maio de 1605. O trabalho em Westminster também começou cedo, embora de forma menos diligente. Em novembro de 1604, Andrewes observou uma tarde determinada como "nosso tempo de tradução", mas acrescentou que "a maior parte de nosso grupo é negligente" (uma afirmação que mostra que seu grupo trabalhava em grupo, e não individualmente, como o grupo dos apócrifos também fazia).[147] O trabalho em Oxford iniciou-se de forma mais lenta: o grupo do NT pode ter começado em data tão tardia quanto fevereiro de 1605.[148] Os grupos completaram seu trabalho em 1607 ou 1608. O grupo do AT de Oxford, conforme Wood deixa implícito, foi completado na época em que Rainolds morreu, em 21 de maio de 1607.[149] Se foi esse o ritmo, o rei começou a demonstrar impaciência no final de 1608, e William Eyre, aparentemente nessa época um dos tradutores de Cambridge, escreveu com alguma urgência para James Ussher, futuro arcebispo de Armagh, para recolher um manuscrito do trabalho de seu grupo:

> Na ausência de Cambridge, havia outra ordem de Sua Majestade o rei para o arcebispo da Cantuária [Bancroft] de que a tradução da Bíblia deveria ser terminada e imprimida o mais breve possível. Dois de cada grupo foram escolhidos para revisar e conferir tudo em Londres. Depois disso, pediu-me com sinceridade para conseguir de novo aquela cópia de nossa parte que lhe emprestei para que o dr. Daniel usasse; pois, apesar de haver duas boas cópias escritas dessa parte, ainda assim ela será útil pois escrevi na margem [...] os trechos em que havia dúvida.[150]

[144] POLLARD. *Records of the English Bible*, p. 48.

[145] Bodley para James, 4 de setembro de 1604; WHEELER, ed. *Letters of Thomas Bodley to Thomas James*, p. 108

[146] PAINE. *Men Behind the King James Version*, p. 74.

[147] ANDREWES. *Two Answers to Cardinal Perron, and Other Miscellaneous Works*. Oxford, 1854, vol. XI, xlii; conforme apresentado em ALLEN, Ward. *Epistles*, p. xii.

[148] NICOLSON. *Power and Glory*, p. 154, seguindo o registro do Merton College Register para 13 de fevereiro de 1604 (i.e. 1605).

[149] Wood. *History and Antiquities*, vol. II, p. 283.

[150] Bodleian MS Rawlinson, C. 849, fols. 262^v-3^r (conforme apresentado em ALLEN, Ward. *Epistles*, p. xvi). William Daniel já havia traduzido o NT para o irlandês e completou sua tradução do Livro de Oração por volta dessa época; parece provável que tenha emprestado o manuscrito como ajuda para seu trabalho (veja *Textual History*, p. 14).

Isso sugere que o trabalho fora terminado havia algum tempo, mas a ordem do rei os pegou de surpresa.[151]

Agora, deveria haver dois resultados sucessivos dos grupos de trabalho, um ínterim, e outro final. Primeiro, deveria haver, se a regra 9 fosse seguida à risca, esboços de livros individuais circulando à medida que fossem completados para que os outros grupos comentassem. Fica claro que havia a intenção de seguir a regra 9 — em espírito, senão de fato. MS 98, discutido abaixo, parece ser um manuscrito desse tipo, mas não é um manuscrito de livros individuais. Depois, deveria haver um esboço completo para a reunião geral acompanhado (ou contendo) observações sobre pontos controversos, conforme especificado na regra 10. Tudo isso deveria ser parte do trabalho dos grupos, completado em 1607 ou 1608.[152] A carta de Eyre descreve o esboço do último tipo e refere-se a duas cópias satisfatórias desse trabalho no qual não identifica os lugares em que havia dúvida. Essas cópias, conforme é possível pressupor, foram manuscritos de versões da revisão, com um destes propósitos em mente: como garantia contra perda do original, para uso na reunião geral a fim de que dispusessem de várias cópias para examinar ou apenas porque havia algumas dificuldades para usar o manuscrito primário. Levantei essa última possibilidade porque nenhuma das peças do trabalho dos comitês de tradução é fácil de usar: uma delas está na forma de um texto impresso da Bíblia dos Bispos com mudanças escritas nele, a outra é o MS 98, que fornece apenas cerca de metade do texto, mas deixa espaço para que os versículos que estivessem faltando fossem escritos ali.

O estágio seguinte era a reunião geral. Os delegados foram designados, conforme a carta de Eyre deixa claro, por volta do final de 1608, mas quando exatamente eles começaram a trabalhar continua uma questão não esclarecida. A vida de Bois, escrita por Walker, fornece-nos o seguinte relato:

[151] A Epístola dedicatória da BKJ deixa implícito um envolvimento maior e mais exortatório de James: ele "jamais desistiu de estimular e incitar aqueles a quem esse serviço foi entregue, para que o trabalho fosse apressado, e que o negócio pudesse ser desembaraçado de maneira muito decente, conforme uma questão de tal importância, com justiça, pode exigir".

[152] A incerteza aqui é dupla. Primeiro, não temos certeza de que o processo de consulta nos esboços ínterins foi completado — possivelmente, foi abreviado pela intervenção de James no final de 1608. Segundo, Allen, presumindo que a consulta de fato aconteceu, sugere que os comitês "revisaram o texto deles à luz dos comentários feitos por aqueles que leram os manuscritos e prepararam um texto final durante o ano de 1609" (*Epistles*, p. xxvii; veja também Allen, Ward e Jacobs, Edward. *Coming of the King James Gospels*, pp. 4-5).

Quatro anos foram gastos nesse serviço [o trabalho em grupo]; ao fim do qual todo o trabalho estaria terminado e três cópias de toda a Bíblia seria enviada de Cambridge, Oxford e Westminster para Londres; uma nova escolha seria feita por seis deles no total, dois de cada grupo, a fim de rever todo o trabalho; e extrair uma [cópia] das três existentes, para ser enviada para impressão.

Para apressar o processo foi que o sr. Downes e o sr. Bois foram enviados para Londres. Ao encontrarem (embora o sr. Downes não tivesse se juntado ao grupo até que fosse persuadido ou ameaçado com um passavante) seus quatro companheiros de trabalho, foram diariamente à bolsa dos livreiros e editores em Londres e, em três quartos de um ano, terminaram a tarefa.[153]

Walker, provavelmente, está equivocado ao especificar seis delegados, mas não há nada que contradiga os outros detalhes. Esse relato e a carta de Eyre faz com que se presuma que a reunião geral deu início a seu trabalho em algum momento do ano de 1609, possivelmente terminando a tarefa perto do final desse ano ou, quem sabe, início de 1610. Allen, entretanto, observa que as anotações de Bois sobre a reunião geral contêm as referências da página e linha para o primeiro volume da edição de Crisóstomo, realização de Savile, publicado em 1610 e conclui que as notas foram feitas em 1610.[154] O que é bastante relevante é que ele deduz o seguinte:

Além dos nove meses entre 1610 e 1611, é possível que o grupo de revisores, para todos os efeitos, tenha sido apenas responsável pela composição da versão final da Versão Autorizada, pois esses cálculos não deixam tempo para os toques finais do bispo Bilson e dr. Smith. É possível que os toques finais não passassem da montagem dos prefácios (p. 10).

Agora, conforme foi observado antes, nove meses é um tempo extremamente curto para rever e imprimir a Bíblia.[155] O prefácio biográfico aos

[153] ALLEN, Ward. *Translating for King James*, pp. 139-140. Os detalhes vívidos sobre o passavante ou autoridade com uma ordem de prisão não estão na cópia do manuscrito de Life do século XVIII; o manuscrito acrescenta que Downes e Bois foram enviados como os estudiosos "provenientes do grupo de Cambridge" (p. 106, também numerada 43).

[154] ALLEN, Ward. *Translating for King James*, pp. 9-10.

[155] Scrivener — que, fundamentado no relato de Walker, pressupõe que a reunião geral supervisionou a impressão como parte de seus nove meses de trabalho — comenta que esse período "parece totalmente inadequado para a realização de tudo que tinham em mãos" (*Authorized Edition*, p. 13).

sermões de Miles Smith sugere que mais tempo foi gasto na revisão final feita por Smith e Bilson do que Allen considerou viável, e que a escrita do prefácio foi feita depois do término do restante do trabalho feito por eles:

> Depois da tarefa de tradução estar totalmente terminada [...], ela foi revisada por doze homens selecionados dentre os tradutores, e, por fim, foi entregue ao erudito bispo de Winchester para a revisão final, que à época era dr. Bilson, e ao reverendo bispo, dr. Miles Smith [...] que alegremente concluiu esse digno trabalho — cujo propósito era aperfeiçoar todo o trabalho conforme agora se encontra. Assim que terminaram esse trabalho, ele ordenou que fosse escrito um prefácio, e foi o que fez em nome de todos os tradutores, sendo o mesmo que agora temos em nossa Bíblia da Igreja, o original do qual vi ser escrito por seu próprio punho.[156]

É possível estender nossa noção de quanto tempo Miles Smith e Thomas Bilson e o impressor tiveram à disposição deles. Como John Bois e Andrew Downes tenham trabalhado na tradução de Crisóstomo, na edição feita de Savile, e revisto o primeiro volume antes de sua publicação. Mesmo que isso não tenha acontecido, as notas de Bois, lidando com a última parte do NT, provavelmente referem-se aos últimos dias da reunião geral. Essas duas possibilidades se ajustam com a pressuposição de que a reunião geral começou em 1609 e, portanto, terminou em meados de 1610. Isso poderia deixar quase um ano e meio para os toques finais e a impressão. Não há registro da data da publicação da BKJ, exceto pelo ano de 1611 na página-título. Embora isso seja inconveniente para centenários, a data mais tardia possível para a publicação da BKJ não é dezembro de 1611, mas fevereiro de 1612, porque o estilo de datação antigo estava em uso.[157] Em suma, a conclusão de Allen deixa-nos com o tempo mínimo possível para os estágios finais do trabalho, mas o tempo máximo possível é maior e mais realista para tudo que restava fazer.

Os toques finais incluíam a escrita da dedicatória e prefácio, a escrita dos resumos dos capítulos (supostamente feitos por Bilson) e a inserção dos

[156] J.S., prefácio, em Smith. *Sermons of*... Miles Smith, fols. ¶¶^{v}-¶¶2^{r}.

[157] Herbert observa uma compra em 1611, mas o mesmo problema se aplica a isso. A data mais remota e precisa para a compra é 6 de fevereiro de 1612 (Herbert. *Historical Catalogue*, p. 133). A primeira edição tinha de ser publicada com tempo suficiente para Hugh Broughton escrever sua "Censura à última tradução". A data da publicação é desconhecida. Hugh Broughton, embora em estado terminal por causa da tuberculose, conseguiu visitar a Inglaterra em novembro de 1611 e morreu em Londres em 4 de agosto de 1612. Provavelmente, não foi preciso muito tempo para escrever essa "Censura": ela é muito breve e grande parte dos pontos levantados, senão todos eles, estão relacionados com as leituras do texto que, antes, já havia defendido. Portanto, esse fato não descarta a possibilidade de que a publicação da BKJ tenha acontecido no início de 1612.

parágrafos.[158] Uma das tarefas só poderia ser feita enquanto a Bíblia estivesse sendo impressa, a inserção dos títulos resumindo o conteúdo da página. Um outro toque final não fazia parte da tarefa dos tradutores: o historiador e cartógrafo John Speed obteve em 1610 o privilégio real, com duração de dez anos (mais tarde, renovado duas vezes), de inserir na nova Bíblia o que veio ser altamente ornamentado — 34 páginas da genealogia de Deus, por intermédio de Adão, até Jesus. Speed também foi responsável pelo mapa e dicionário de termos geográficos que o acompanha. Há uma ironia aqui. Ele era muitíssimo próximo do adversário dos tradutores, Broughton: as genealogias retornam ao trabalho que eles fizeram juntos, particularmente *Genealogies Recorded in the Sacred Scriptures* (1592).[159] Além do nome do rei James, Robert Baker, o impressor, e Cornelis Boel, o gravador da página--título, Speed é o único dos criadores da BKJ a ter seu nome mencionado nessa Bíblia, dentro de uma borda oval do mapa que afirma: "iniciado pelo sr. John More e terminado por John Speed".[160]

O TRABALHO DO MANUSCRITO E AS NOTAS

Robert Barker, o impressor do rei, forneceu quarenta cópias da Bíblia dos Bispos de 1602 para uso dos tradutores, não só garantindo que trabalhariam a partir do texto correto, mas possibilitando que eles, se assim desejassem, trabalhassem fazendo anotações nesse texto.[161] A única descrição de como os grupos trabalharam é proveniente de John Selden, que conhecia Andrewes e Bedwell (e sem dúvida de outros tradutores) e, desse modo, poderia estar repetindo o que soube por eles em relação à prática do grupo de Westminster. Ele diz o seguinte:

> Aquela parte da Bíblia foi entregue a ele que era extremamente exímio nessa língua (como os apócrifos foram entregues a Andrew Downes), e, depois, eles se reuniram e leram a tradução, e o restante do grupo segurava nas mãos trechos da Bíblia, ou das línguas venaculares ou de versões em francês, espanhol, italiano, etc.; se encontrassem alguma falha, falavam; caso contrário, ele prosseguia com a leitura.[162]

[158] A Bíblia dos Bispos não tinha parágrafos, portanto essa tarefa foi descomunal. O fato de que foi deixada incompleta na BKJ sugere que foi uma das últimas coisas feitas.

[159] *ODNB*, Speed.

[160] John More, presumivelmente "O apóstolo de Norwich", que tinha a reputação de fazer mapas; o nome do gravador aparece de forma indistinta ao lado da borda oval.

[161] A fatura de Baker para "40 Bíblias para Igreja, tamanho grande, a ser entregues aos tradutores", datada de 10 de maio de 1605, é apresentada em Morgan. "A King's Printer at work", p. 370.

[162] *Table Talk*, p. 3.

Isso não se ajusta facilmente com a ideia de cada homem fazendo sua tradução e comparando os resultados (regra 8), mas é provável que contenha alguma verdade. A tradução à qual se refere é a Bíblia dos Bispos, e a prática de comentar sobre o texto sempre que surgia a necessidade de assim fazê-lo parece sensata; presumivelmente, os comentários eram feitos à luz da preparação individual feita por cada um dos tradutores para a reunião e uma versão em particular (ou talvez, versões) que lhe fora designada a fim de que focasse sua atenção nesse texto.

Duas peças de trabalho desses grupos sobrevivem, anotações de partes dos evangelhos da Bíblia dos Bispos e um manuscrito parcial das epístolas. Os evangelhos anotados podem muito bem representar o primeiríssimo estágio sobrevivente do trabalho. Os tradutores trabalhavam em folhas soltas da Bíblia de 1602, conforme demonstrado pela forma como muitas anotações desapareceram quando essas folhas foram reunidas em um volume. Folhas de pelo menos duas partes do trabalho (mais as folhas anotadas necessárias para fazer uma Bíblia completa) foram reunidas e unidas algum tempo depois do término do trabalho na BKJ, como a Bíblia dos Bispos completa de 1602, na biblioteca Bodleian Bib. Eng. 1602b (aqui abreviada como Bod 1602). O AT é o trabalho posterior que será discutido separadamente. O registro das anotações dos evangelhos, feito pelo segundo grupo de Oxford, omitindo João 1–16, Atos dos Apóstolos e Apocalipse (presumivelmente esses trechos e livros foram anotados em um ou mais conjuntos de folhas avulsas que não foram usados para montar a Bod 1602). O trabalho foi feito por três pessoas. Um escriba anotou Mateus e João 17; um segundo, Marcos e Lucas 1–18; e o terceiro, Lucas 19–24 e João 18–21. Ademais, há correções feitas por um escriba em outras anotações dos escribas.[163] Allen e Jacob pegaram as anotações iniciais de um registro — uma cópia bastante satisfatória — do primeiro estágio do trabalho da companhia, e as correções, como resultados da revisão do trabalho realizado de acordo com a regra 10. Alternativamente, as anotações podem ser vistas como uma cópia de trabalho, talvez criada à medida que o grupo tomou as decisões iniciais, as quais, depois, foram revisadas pelo próprio grupo.

O escriba que anotou Marcos e grande parte de Lucas trabalhou de uma forma que se ajusta com essa sugestão. Há um claro processo em relação à maioria de suas anotações. Primeiro, as palavras a ser revisadas são identifica-

[163] Allen, Ward e Jacobs, Edward. *Coming of the King James Gospels*, p. 5.

das por estarem sublinhadas, e uma letra grega é escrita ao lado das palavras, e a revisão é registrada ao lado dessa mesma letra grega na margem. Por fim, se a revisão é aceita, as palavras da Bíblia dos Bispos são riscadas. Para remoção, as palavras são sublinhadas duas vezes, com o sinal de remoção posto ao lado delas e na margem; se a decisão é aceita, uma linha é traçada nas palavras removidas.[164] Esse processo meticuloso parece mostrar os tradutores registrando as decisões à medida que as tomavam.

As anotações, algumas vezes, mostram leituras alternativas sendo criadas na margem da BKJ. Elas, tipicamente, são marcadas com o símbolo de uma flor e começam com "Or" ("ou"). Algumas vezes, palavras em particular são marcadas como acréscimos do inglês ao texto grego: o uso desses acréscimos, mais tarde, foram marcados em itálicos no texto sendo revisado.

O resultado dessas anotações é um esboço intermediário da revisão. Em termos do número de revisões necessárias para transformar a Bíblia dos Bispos no texto da BKJ, o trabalho de três escribas representa cerca de dois terços de cinco sextos do total.[165]

O manuscrito do Lambeth Palace, MS 98, é proveniente do grupo de Westminster responsável pelo NT.[166] Parece uma cópia satisfatória feita a partir das anotações como as do evangelho que possibilitam a revisão e ainda outra revisão adicional. Apresentado formalmente em duas colunas, usa apenas a coluna da esquerda para apresentar a revisão parcial das epístolas da Bíblia dos Bispos — parcial, pois nessa coluna apresenta 1.769 versículos e deixa espaços numerados para os restantes 1.013 versículos. A inferência natural é que o grupo não fizera mudanças nesses 1.013 versículos e que se esperava que o manuscrito fosse usado em relação à Bíblia dos Bispos, texto esse que proveria esses versículos.[167] O espaço para esses versículos inalterados permite que uma tradução completa seja escrita nessa coluna, mas creio que o propósito real é garantir que haja espaço suficiente para os comentários nos versículos não modificados e para revisão desses versículos.

[164] Ibid., pp. 7-15.

[165] Ibid., pp. 6, 29.

[166] Veja ALLEN, Ward. *Translating the New Testament Epistles.*

[167] Aqui também está a evidência de que o manuscrito foi feito a partir de uma Bíblia dos Bispos anotada, pois 21 dos versículos mostram o copista copiando mecanicamente, pois falha em perceber que esses versículos não contêm revisões da Bíblia dos Bispos, e há alguns outros trechos em que começou a copiar versículos não revistos e, depois, vendo que não tinham revisões, deixou-os incompletos (Allen, Ward. *Epistles*, pp. lxxi-lxxii).

A coluna da direita está vazia. Deve ter sido reservada ou para comentários e perguntas, presumivelmente de outro grupo, ou para revisões, pelo próprio grupo ou pelos estudiosos na reunião geral. Esse formato permite essas duas possibilidades, a consulta seguindo a regra 9, ou a criação de uma outra revisão. Poderia, no devido tempo, transformar-se no manuscrito do impressor, em que se exigia que o impressor trabalhasse na coluna da direita quando tivesse uma versão e, caso contrário, que usasse a coluna da esquerda; quando as duas colunas estivessem em branco, ele reimprimiria o texto da Bíblia dos Bispos. Qualquer que fosse o propósito, o vazio na coluna da direita mostra que continuava sem ser preenchido, o que se ajusta com a sugestão já feita de que não se completou a etapa de consulta com os outros grupos.

No entanto, o manuscrito tem revisões que demonstram que foi examinado por diversas pessoas. No próprio texto, várias pessoas fizeram correções de omissões, grafia e pontuação, e há também correção de correções. Ainda mais interessante, há anotações na margem esquerda. Dois grupos demonstram atenção crítica, mas não há como saber se essa atenção veio do grupo de Westminster ou da revisão por outro grupo.[168] Trinta e cinco versículos, todos, exceto dois, foram omitidos ou estão apenas parcialmente presentes na transcrição, tendo "q" para *quaerere* (perguntar) ao lado, 33 em uma letra de mão, e os dois restantes em duas letras de mão distintas; todos eles, exceto três, apresentam uma leitura revisada na BKJ. Trinta e três versículos, 28 deles totalmente presentes na transcrição, tendo palavras gregas escritas ao lado deles, algumas vezes com uma palavra equivalente em inglês, indicando preocupação com a precisão da tradução para o inglês. Há também leituras marginais escritas à mão e em itálico, talvez de algum leitor, mas possivelmente do copista, uma vez que era comum para uma pessoa usar mais de um tipo de caligrafia (Bois usava uma letra de mão para o inglês, e outra para o latim). Elas fornecem traduções alternativas, mas não fica claro se representam um trabalho na direção das leituras marginais da BKJ ou parte do processo sobre a decisão sobre o texto em inglês. Por contraste, como o testemunho da coluna da direita vazia do uso incompleto desse manuscrito, essas anotações demonstram o cuidado com que os tradutores examinaram o esboço.

[168] Aqui resumo partes da discussão de ALLEN, Ward. *Translating the New Testament Epistles*, pp. lxix–lxxx.

O MS 98 deixa sem criar uma proporção similar de leituras finais como as que foram feitas na parte inicial das anotações do evangelho, cerca de dois terços. Há cerca de 4.131 revisões da Bíblia dos Bispos, das quais 3.287 foram adotadas na BKJ. Além dessas, outras 1.765 mais revisões aparecem na BKJ. Se a rejeição de 844 das leituras do MS 98 for acrescentada ao trabalho feito posteriormente, a reunião geral (ou o trabalho mais extenso feito posteriormente) fez mais 3.818 mudanças, quase tantas mudanças como são encontradas no MS 98. Ao todo, das 6.261 revisões que a BKJ fez no texto das epístolas da Bíblia dos Bispos, apenas um pouco mais da metade são provenientes do MS 98, 3.287, e as outras 2.974 de outros manuscritos.[169]

As notas que John Bois fez sobre as reuniões gerais para discutir as epístolas e Apocalipse são evidências de um tipo diferente. São típicas de Bois: escritas em latim, exceto quando o original era grego ou quando uma possível tradução para o inglês é fornecida, e ainda mais típico por serem notas feitas por um erudito, e não por um historiador. Elas nos dizem muito mais sobre como os tradutores pensam, como discutem algumas questões, qual conhecimento é trazido à tona por essas mesmas questões, do que nos relatam sobre o que fizeram e como fizeram. Ele fez notas em 498 itens da discussão — algumas vezes nada além de uma frase em inglês sem um comentário —, mas ele não demonstra interesse especial algum na leitura finalmente adotada. Apenas 56 das leituras ou decisões que são encontradas na BKJ são apresentadas, e nenhuma é salientada como uma decisão tomada para a inclusão no texto. Ele está muito mais interessado nas sugestões que não foram usadas que nas que foram: das 367 anotações que têm inglês nessas notas, 332 contêm leituras não usadas, em geral várias em uma só anotação. Seu interesse resume-se ao como viajaram, e não ao ponto no qual chegaram, pois ele nos relata sobre o ato de traduzir, e não sobre a tradução em si.

O contraste com as anotações de Lawrence é nítido. Lawrence forneceu argumentos acadêmicos para algumas leituras em particular. O mesmo tipo de notas poderiam ter sido feitas sobre a BKJ, explicando exatamente por

[169] ALLEN, Ward. *Epistles*, p. xxi.

que a leitura é de uma determinada maneira.[170] Talvez, elas revelem a lógica por trás de toda leitura controversa e a consciência literária por trás de toda decisão bem-sucedida. Também podem revelar o estado do Texto Recebido para a reunião geral e indicar em pontos que outras mudanças (se houver alguma) foram feitas no texto. As anotações de Bois oferecem apenas vislumbres desse tipo, mas nada mais. É como assistir ao cérebro de Shakespeare enquanto escrevia *Hamlet* sem se dar conta do *Hamlet* em si.

Do ponto de vista histórico, as anotações de Bois apresentam problemas. O primeiro é a extensão das mesmas. Há boas razões para considerar que elas, por si mesmas, constituem um manuscrito completo,[171] mas a reunião geral deveria rever toda a tradução. Por que as notas só cobrem as epístolas e Apocalipse?

Aqui, gostaria de apresentar duas possibilidades.[172] A primeira, seguindo a discussão do diário de Bois (acima, página 79 do diário), questiona a noção aparentemente óbvia de que Bois fez anotações sobre o trabalho de tradução por causa de seu interesse em tradução. Pode ser que, enquanto Romanos estivesse sendo discutido, ele começou a fazer anotações por razões teológicas. O início das anotações é peculiar, observações sobre

[170] Uma lembrança de Richard Kilbye do primeiro grupo de Oxford mostra que os tradutores carregavam em sua mente as memórias detalhadas dessas discussões. Kilbye ouviu um sermão em que o jovem pregador não demonstrou muita prudência ao gastar grande parte da uma hora dedicada ao sermão com objeções a várias palavras na última tradução (não esperando que o dr. Kilbye estivesse ali presente) e mostrou três razões por que uma palavra em particular deveria ter sido traduzida de outra maneira. Quando a Oração Vespertina, do final da tarde, terminou, o pregador foi convidado para ir à casa de uma amigo do dr. Kilbye, onde, após outras conversas, o doutor lhe disse que ele "poderia ter pregado uma doutrina mais útil, em vez de saturar o ouvido de seus ouvintes com objeções inúteis às palavras usadas na última tradução; e, quanto àquela palavra para a qual ele apresentou três razões, para a pobre congregação, por que deveriam ser traduzidas como ele disse que deveriam, ele e outros consideram todas elas, e encontraram treze outras razões consideráveis por que ele deveria ser traduzida como agora estava impressa" (WALTON. *The Life of Dr Sanderson*, fol. a7[r]-[v]).

[171] William Fulman, quem fez a cópia publicada, escreve que ele, por fim, teve de "transcrever [as anotações] de uma cópia feita por alguma mão não habilidosa, pois elas estavam muito confusas e falhas, em especial o grego" (Allen, Ward. *Translating for King James*, p. 113). Há outra cópia, mais uma vez falha, mas evidentemente feita da própria cópia de Bois por um de seus colegas de Ely, o futuro bispo de Dunblane, James Wedderburn, BL MS Harl. 750, fols. 3[r]-16[r]. Há leituras opcionais, mas o conteúdo é idêntico (veja minha publicação "John Bois's notes on the revision of the King James Bible New Testament"). Wedderburn: "ex ore D. Doctoris Wedderburnii", fol. 144[r].

[172] Deixo em aberto a possibilidade de que Bois fez observações no restante do trabalho, mas que essas se perderam. Essa possibilidade, na melhor das hipóteses, é improvável em vista da afirmação de Walker de que ele guardou as anotações até o dia de sua morte (Allen, Ward. *Translating for King James*, p. 141), e o fato de que Wedderburn, quem copiou as anotações, morreu antes de Bois; Wedderburn certamente teria copiado mais se tivesse mais para ser copiado.

Romanos 3.25,26 e 4.17, e depois uma sequência numérica de observações iniciando em 1.9 e incluindo uma extensa observação sobre os versículos que eram o assunto da primeira nota, 3.25,26. Exceto pelo adendo, em nenhum outro lugar a sequência numérica é interrompida.[173] Assim que começou a fazer anotações, eles as registrou em sequência. Isso sugere que ele começou fazer anotações em 3.25,26 porque algo ali era particularmente interessante para ele e, depois, voltou e preencheu o que acontecera anteriormente. Allen, de quem é essa sugestão, desenvolve o ponto da seguinte forma:

> Uma suposição: Bois não fez anotações em relação às discussões das revisões para o Antigo Testamento, os apócrifos e os evangelhos. A discussão dos versículos 25,26 chamou sua atenção. A discussão de 4.17 também chamou sua atenção. Daí decidiu fazer anotações sobre a discussão nas epístolas, pois eram centrais para o estabelecimento das doutrinas sustentadas pela igreja. Por exemplo, as perspectivas conflitantes do pecado original, sustentadas pelo Leste e Oeste, fundamentam-se em um único versículo, Romanos 5.12. A breve anotação de Bois, dezesseis palavras, rejeita a perspectiva sustentada por Agostinho, Beza e, em geral, a Igreja Ocidental.[174] A dificuldade deve ter levado a muita discussão. Acabou fazendo-se uma concessão, em que a Igreja Oriental aceitou o texto; e a Igreja Ocidental, a margem.
>
> Bois, tendo essa noção, retrocedeu e reviu as discussões de 1.9 até 4.11. Agora ele acrescenta um relato completo de suas perspectivas em 3.25,26, [fornecendo] uma explicação completa para seu argumento, do qual a primeira anotação era apenas um esboço para lembrá-lo do que ele dissera. [...] Na observação mais extensa, Bois observa a razão por que esse versículo chamou sua atenção: "dificilmente se encontra outra passagem mais esclarecedora para esse ponto".[175]

Esse argumento é atrativo porque se ajusta com o caráter de Bois para explicar a extensão e natureza das anotações. Assim que ele aplicou sua forma habitual de fazer anotações para a tradução, elas se transformaram em um registro da discussão filológica, embora o caráter teológico e contemplati-

[173] Alguns comentários em Filipenses 3.13 serviram para fazer a última parte da nota sobre 3.14, mas isso parece ser o fruto de uma única discussão.

[174] BKJ: "wherefore, as by one man sin entered into the world, and death by sin: and so death passed upon allmen, for that all have sinned"; na margem, ou, "in whom" (em quem) (" Portanto, assim como por um só homem entrou o pecado no mundo, e pelo pecado, a morte, assim também a morte passou a todos os homens, porque todos pecaram"; ARA). A anotação de : "In quo, ou seja, de acordo com Beza, em Adão. O que é difícil, nem, tampouco, é necessário" (Allen. Translating for King James, p. 39).

[175] Carta pessoal 2009. Reproduzida com permissão.

vo jamais desaparecesse totalmente, e em sua anotação em latim para Tiago 1.15, lemos: "Sugestão, Deleite, Concordância, Ação, os quatro passos para o pecado" (p. 87).

A segunda possibilidade — menos atraente — é que Bois não estava presente em todas as discussões, talvez porque o trabalho de revisão foi dividido entre os representantes. Essa possibilidade torna-se um pouco menos intensa se considerarmos outro problema: quem estava presente nas discussões das epístolas e Apocalipse? Downes, colega de grego de Bois e representante do grupo de Cambridge responsável pelos apócrifos, é mencionado com frequência e parece ter dominado as discussões. John Harmar, do grupo de Oxford responsável pelo NT, é mencionado duas vezes ou, se "D. H." (ou seja, dr. H.) também se referir a ele, quatro vezes; e "D. Hutch" (dr. Hutch) ou "Hutch", três vezes (ou cinco se "D. H." se refere a ele). Três outras letras aparecem e podem se referir aos tradutores, mas todas elas vêm acompanhas de alguma dúvida.[176] Na melhor das hipóteses, oito tradutores, incluindo Bois, são indicados, mas é possível que o grupo tivesse apenas quatro deles: Bois, Downes, Harmar e 'Hutch'. (Hutchins ou Hutchinson e variantes, de outra forma desconhecida entre os tradutores; Ralph Hutchinson morreu em 1606). Agora, a escassez de comentários registrados por outros sugere uma limitação histórica nas anotações de Bois, mas a implicação é bastante forte de que apenas alguns representantes estavam presentes para a discussão das epístolas e Apocalipse. Se alguns estivessem ausente dessa parte das discussões, Bois pode igualmente não ter participado das discussões de outros trechos ou livros. Enquanto não há mais evidência que essa para sugerir isso, a reunião geral pode ter dividido esse trabalho. A divisão mais sensata seria para os hebraístas trabalharem no AT (de longe a maior tarefa), e os helenistas assumirem os apócrifos e o NT.

O outro problema é inerente nesse tipo de anotações feitas por Bois. Em particular, não mostram como o texto passou do estado representado pelo MS 98 para o texto impresso. Tudo que podemos dizer é que, se 498 representa o número total de itens discutidos na reunião geral, muita revisão estava ocorrendo em outros lugares. Eles nem mesmo sugerem que as leitu-

[176] Em MS 750, o "C" em Romanos 4.11 parece ter sido adicionado posteriormente. O "H" em 1Coríntios 9.5 parece ser mais uma supressão no manuscrito de Fulman; MS 750 apresenta "al." O "B" em Hebreus 12.23 está em minúscula no MS 750, e o "B. A. D." de Fulman é igualmente curioso, uma vez que, em geral, temos "et" ("e") quando dois nomes ou iniciais são apresentados.

ras do MS 98 eram um fator real nas discussões, uma vez que apenas vinte leituras desse manuscrito aparecem nas anotações.

As notas, mesmo se voltadas para os interesses particulares de Bois, mostram-nos como os tradutores pensavam. Eles pensavam principalmente em latim, às vezes, em grego e em inglês, e pensavam a respeito de duas línguas: o grego e o inglês. Um quarto das notas envolve discussão do grego sem nenhuma menção a uma possível tradução inglesa, muitas outras mesclam uma discussão do grego com possibilidades em inglês. O entendimento refinado do grego era o ponto de partida dos tradutores mesmo nesse último estágio do trabalho. O argumento de que eles trabalhavam principalmente ou até mesmo apenas para polir, aperfeiçoar o inglês da Bíblia *para que parecesse inglês* é totalmente indefensável em vista dessas notas.

Eis o conjunto de notas sobre 1Coríntios 7, capítulo em que no MS 98 faz cerca de 47 mudanças ao texto de 1602:

Cap. 7.2. ἐχέτω] habeat, ou seja, inquit A.D. rem habeat cum etc.

Ibid. v. 22. ἀπελεύθερος sit ἐλεύθερος nascitur.

Ibid. v. 26. ἀνάγκην], ou seja, θλῖψιν, διωγμόν, Photius, διὰ τὴν ἐνεστῶσαν τῶν πειρασμων φοράνε

Ibid. v. 29. ὅτι ὁ καιρὸς h.e. jam instant et impendent calamitates A.D. ὅτι ὁ καιρὸς εστι δύσκολος καὶ κινδ ύνων ἀνάμεστος. cui non assentior. Lege Gr. Scholia.

Ibid. v. 35. but that you may decently and without distraction wait upon the Lord ("mas somente para o que é decoroso e vos facilite o consagrar-vos, desimpedidamente, ao Senhor"; ARA).

Cap. 7.36. ἐπὶ τήν παρθένον. Toward his virgin, ou seja, περὶ τὴν παρθένον, concerning his virgin. ἐπὶ ἀντί τῶ περί (na ARC, "a sua virgem").[177]

No versículo 2, Downes fornece o latim equivalente ao grego a fim de trazer à tona o sentido completo: " 'Let him have ("cada um tenha"; ARA), ou seja, ele pode ter relações com".[178] Aqui, não há mudança da leitura de 1602 (o MS 98 registra a inserção de itálico no início do versículo).

177 Allen. *Translating for King James*, pp. 44–7, 104–5; a última nota está no adendo.

178 A tradução de Allen, *Translating for King James*.

No versículo 22, é comentada a relevância precisa da palavra grega observando a diferença de sentido se for tirado o prefixo, de: "freedman is made" para "free is born". O MS 98 não fornece esse versículo, o texto da BKJ não foi mudado em relação ao de 1602, "is the Lord's free man" ("é liberto do Senhor"; ARA), mas a observação leva à nota de margem da BKJ: "gr., made free". Isso permite que o leitor erudito chegue mais perto do sentido exato do texto.

O versículo 26 mostra o peso de uma palavra que pode significar angústia ou necessidade. Os sinônimos gregos fornecidos são seguidos de uma paráfrase de Fócio, de Constantinopla, que apoia "distress" ("angustiosa situação"; ARA), em vez da palavra usada anteriormente nas traduções inglesas, "necessity". O conhecimento do grego e dos patriarcas gregos leva a um julgamento de que a melhor palavra inglesa é "distress", mas "necessity" continua a ser uma possibilidade, por isso, aparece na nota de margem da BKJ.

No versículo 29, a BKJ conserva algumas poucas palavras que remontam à Bíblia dos Bispos de 1568 até Tyndale: "because the time is short: it remaineth" ("o tempo se abrevia; o que resta"; ARA), mas o MS 98 traz uma mudança relevante, mudando a estrutura da frase para conectar "remaineth" com "time": "because the time is short that remaineth".[179] Pode-se ler a nota de Bois como uma discussão da questão relacionada a essa mudança, quer "the time is short" se refira à brevidade da vida humana quer, nas palavras da nota de margem da Genebra-Tomson aqui, refira-se ao "posterior fim do mundo". Mas a questão com a qual ele lida é que "that the time" (aqui seu grego segue Beza, em geral, a primeira palavra é omitida). O latim expõe o sentido: "Agora as calamidades estão próximas e ameaçam", embora não fique claro se Bois fornece essa paráfrase do fim dos tempos como seu próprio entendimento ou como um equivalente aproximado do grego de Downes: "Que o tempo é inquietante e cheio de perigos". Talvez ele, adicionando algo que não disse no momento, observe "com o que não concordo. Leia o escólio grego", ou seja, a tradução interlinear do grego. Mais uma vez, é incerto: será que ele discorda da elaboração específica de Downes ou da leitura apocalíptica? O que fica claro é que a discussão aconteceu seguida, provavelmente, de pesquisa por parte de Bois e que os tradutores decidiram pela leitura tradicional. Assim, muito trabalho podia levar à decisão de

[179] Allen. *Epistles*, p. 62.

manter uma leitura. Além disso, se esse sentido da discussão estiver certo, fica demonstrada a obliquidade das notas de Bois. Estabelecer uma leitura envolve exame minucioso de uma palavra, "time", que, aparentemente, não era um problema.

O inglês da última parte do versículo 35 foi rejeitado; não obstante, é uma alternativa prazerosa ao que estava obscuro em 1602 e foi apenas um pouquinho melhorado no MS 98. O texto de 1602 apresenta três coisas obscuras: qual o sentido de "comeliness", "sitting fast unto" e "separation" em sua tradução do versículo todo: "This speak I for your profit: not that I may cast a snare upon you, but for comeliness sake, and sitting fast unto the Lord without separation" ("Digo isto em favor dos vossos próprios interesses; não que eu pretenda enredar-vos, mas somente para o que é decoroso e vos facilite o consagrar-vos, desimpedidamente, ao Senhor"; ARA). O MS 98 traz uma alternativa para "separation": "distraction". O texto de 1611 seguiu isso, alterado para "comeliness" e esclarecido com "sitting fast": "but for that which is comely, and that you may attend upon the Lord without distraction" ("Digo isto para o vosso proveito; não para vos enredar, mas para o que é honesto, e para que possais sem distração dedicar-vos ao Senhor", TB). A revisão apresentada por Bois, rejeitada também, lida com "comeliness" e consegue uma ordem das palavras em inglês mais natural: "but that you may decently and without distraction wait upon the Lord". A sugestão pode ter sido rejeitada porque trocou três palavras gregas por uma inglesa: "decently", e não seguiu a ordem das palavras no grego tão de perto quanto as outras versões. O fato de ser um inglês melhor não conta contra ela. E mais uma vez, Bois, fornecendo o que, no fim, foi rejeitado, em vez de aceito e o motivo para isso, permite-nos ver o tipo de possibilidades que os tradutores testaram.

A última nota, versículo 36, é enganosamente simples: uma preposição grega é usada com o sentido de outra, e o resultado é uma mudança na leitura em todas as outras versões protestantes para o inglês: de "for his virgin" para "toward his virgin".[180] Até aqui, o sentido de Tyndale foi mantido com leves mudanças de linguagem. O texto de 1602 apresenta o versículo desta maneira: "but if any man think that it is uncomely for his virgin, if she pass the time of marriage, and need so require, let him do

[180] O NT de Rheims apresenta "upon his virgin".

what he will, he sinneth not: let them be married" ("Mas, se alguém julga que trata dignamente a sua virgem, se tiver passado a flor da idade, e se for necessário, que faça o tal o que quiser; não peca; casem-se"; ARC). O MS 98 escolheu uma mudança de linguagem da Bíblia de Genebra, uma frase um tanto mais literal: de "if she pass the flower of her age" para a explicativa: "if she pass the time of marriage"; o texto de 1611 conserva isso. Mas no texto de 1611 a mudança para "toward his virgin" ou acompanha ou precisa de uma mudança de sentido. A tradução de Tyndale: "if any man think that it is uncomely for his virgin" deixa incerto se o comportamento incomum é da virgem ou do homem — parece mais provável ser o da virgem. A palavra "toward" deixa claro que o comportamento é do homem e, assim, a tradução não fica ambígua (mesmo que se possa defender que, como se apresenta, fica menos literal): "if any man think that he behaveth himself uncomely toward his virgin" ("se o rapaz sente que assim não está agindo certo com a sua noiva"; NTLH). A atenção para a preposição grega fez uma mudança e tanto.

Outro exemplo amplia a imagem de como os tradutores trabalharam com o grego e pensaram a respeito do inglês: 2Pedro 2.2 ("E muitos seguirão as suas práticas libertinas, e, por causa deles, será infamado o caminho da verdade"; ARA), passagem na qual se observa uma leitura variante nos textos gregos:

ἀπωλείαις, al. ἀσελγείαις. ἀπωλείαις *pernicious ways;* ἀσελγείαις *lascivious ways, impure ways, flagitious facts. Flagitium, peccatum flagris dignum.*[181]

"Al.", outros, é usado frequentemente, sempre em relação ao grego ou outras versões não inglesas. ἀπωλείαις é a leitura no Texto Recebido e tinha sido traduzido de Tyndale até 1602 como "damnable ways" ("práticas libertinas"; ARA) (o MS 98 omite esse versículo); ἀπωλείαις tem se tornado a leitura preferida. A partir dessas observações surge a nova leitura da BKJ: "pernicious ways" ("dissoluções"; ARC), e sua nota de margem: "ou, 'lascivious ways' ("vida de libertinagem"; A21), como algumas cópias apresentam". A expressão "flagitious facts" é uma frase deliciosa, claramente propensa à aliteração. Os tradutores estão brincando com as palavras (assim, dificilmente, "facts" se ajusta ao contexto: "many shall follow their flagitious

[181] ALLEN. *Translating for King James*, pp. 94–5.

facts", essa opção faria pouco sentido aqui, embora se ajustasse em um texto de ficção policial). Contudo, é uma brincadeira séria, conforme o latim explica: "Um ultraje, um pecado digno de açoitamento". Erudição textual, inventividade lúdica e julgamento sóbrio se combinaram para produzir o texto e as notas de margem da BKJ.

As notas de Bois fornecem pouca evidência de adesão à regra 14, usar as traduções protestantes para o inglês anteriores: "Nos pontos em que elas concordam melhor com o texto que a Bíblia dos Bispos". As traduções nunca são mencionadas (o NT de Rheims é mencionado uma vez em relação a Cl 2.18) e em nenhum lugar vemos Downes e companheiros comparando leituras em inglês. Eles pensavam por si mesmos, embora, com frequência, a decisão séria deles, como o texto da BKJ mostra, era obedecer à regra 1, deixando a Bíblia dos Bispos "tão pouco alterada quanto a verdade do original permitisse".

As notas também não mostram muita evidência de revisão pelo estilo. Os tradutores traziam questões literárias para a discussão, mas a preocupação deles era com a retórica do grego. Apenas uma nota mostra preocupação com o efeito em inglês. Em Hebreus 13.8, o MS 98 apresenta uma versão não encontrada nas traduções anteriores para o inglês: "Jesus Christ the same yesterday, and today and for ever" ("Jesus Cristo é o mesmo ontem, hoje, e para sempre"; TB); e esta ficou sendo a leitura da BKJ. Downes tinha uma sugestão alternativa, claramente fundamentada nessa: "yesterday, and today the same, and for ever" ("Jesus Cristo, ontem e hoje, é o mesmo e o será para sempre"; ARA). Ele comentou: "Se as palavras fossem arranjadas dessa maneira, a declaração ficaria mais majestosa".[182] Ele, com certeza, está certo: as palavras têm uma cadência apropriada, agradável com "same" ("o mesmo") em seu pico enfático. Além disso, embora não seja comentado, essa é a ordem das palavras no grego. Não se sabe por que essa peça de correção aparentemente literária — mas também bem-sucedida como revisão literal — não foi usada.[183]

Embora Bois estivesse registrando o que lhe interessava nas discussões, alguém mais devia registrar as mudanças decididas nas reuniões gerais.

[182] Allen. *Epistles*, p. 244. O comentário de Downes é apresentado em uma mistura de latim e grego.

[183] Sugeri, anteriormente, que sete das notas podem ser lidas como notas que demonstram cuidado com o estilo em inglês, mas as outras não parecem mais sustentar essa leitura (Norton. *History of the English Bible as Literature*, pp. 71–2).

Com toda probabilidade, a maioria das anotações na Bod 1602 fazem parte desse registro.[184] A extensão das anotações tornam essa hipótese provável. Elas vão do começo do livro de Gênesis ao fim do Cântico dos Cânticos, depois, espantosamente, cobrem os quatro primeiros capítulos de Isaías, Jeremias, Ezequiel e Daniel e terminam com todos os profetas menores. Assim, elas atravessam o trabalho feito inicialmente pelos primeiros grupos de Westminster, Cambridge e Oxford. Ambos os lugares onde termina o trabalho de um grupo e começa o de outro é no meio de uma página e não há mudança da letra de mão; assim, essas anotações devem seguir o grupo de trabalho. Elas, por sua vez, não representam o texto da BKJ terminado, portanto, não podem ser uma comparação posterior a 1611 dos textos de 1602 e 1611. Assim, devem ser da época na qual aconteciam as reuniões gerais, mas existe alguma probabilidade de que antecedam o trabalho concluído.

Um aspecto importante das anotações é que elas parecem representar o texto em um único estágio, pois há pouco sinal de correções subsequentes. Se as anotações, na verdade, são um registro das reuniões gerais de trabalho, elas mostram que cada palavra era considerada, em vez de acrescentar decisões finais em passagens duvidosas de Bíblia dos Bispos já contendo anotações.

A verdadeira importância das anotações do AT é a evidência que fornecem de que as decisões dos tradutores acerca do texto do AT, para a Bod 1602, a despeito de não trazerem todas as novas leituras da BKJ e da incompletude nos profetas maiores, estão muito próximas de ser o manuscrito final para o Antigo Testamento. A partir de peculiaridades e erros oriundos diretamente do texto impresso de 1602 é quase certo que a BKJ foi impressa a partir de uma Bíblia dos Bispos com anotações — possivelmente a Bod 1602. Entre os erros do texto de 1602 estão: em 1Reis 8.61, de: "The Lord your God", para: "The Lord our God" ("o Senhor, nosso Deus"; ARA); e em 1Reis 11.5, de: "Amorites", para: "Ammonites" ("amonitas"; ARA). Em cada caso, as edições anteriores da Bíblia dos Bispos e as outras versões tinham corrigido a leitura.[185]

[184] As anotações de Gênesis parecem ser anteriores (p. 51, acima). Outras possibilidades foram sugeridas e discutidas em Norton. *Textual History*, pp. 22–3.

[185] Para mais exemplos, veja NORTON. *Textual History*, pp. 35–6.

Logo, percebe-se como a Bod 1602 foi importante para o texto final da BKJ e como ela esclarece se a leitura do texto de 1611 é uma decisão deliberada dos tradutores ou um erro deles. O texto de 1602, do começo ao fim, escreve o nome do primeiro filho de Noé como "Sem", e o texto de 1611 segue essa grafia até Gênesis 9, passagem na qual ele passa a ser chamado, com mais acerto, de "Shem". A mudança de grafia segue exatamente a Bod 1602; os tradutores começaram a inserir o "h" do capítulo 9 em diante. Isso reflete algo que acontece inúmeras vezes no trabalho de tradução e de edição: uma mudança é decidida depois de acontecerem vários exemplos mostrando a necessidade dela, mas não se volta atrás para rever os exemplos anteriores. Além disso, isso mostra um trabalho feito de forma linear, aparentemente, apenas uma vez.

Outra variação dessa deriva da natureza particular das anotações feitas na Bod 1602. Há 47 ocorrências do nome "Ishmael" no AT, mas, em 1Crônicas 9.44, o texto de 1611 fornece a forma usada de modo consistente na Bíblia dos Bispos: "Ismael". O que parece falta de cuidado por parte do impressor, provavelmente, deve-se à dificuldade de seguir a Bod 1602: o "h" foi inserido, mas só fica visível se a pessoa olhar muito de perto porque a inserção é obscurecida por outro trabalho. Isso torna muitíssimo provável que a relação da Bod 1602 com o texto de 1611 seja de pai ou avô, pois a leitura descende de uma peculiaridade relativa à escrita da Bod 1602.

O exemplo mais impressionante da Bod 1602 como evidência para o texto vem de Oseias 6.5. Aqui o que parece ser um equívoco de impressão, imediatamente corrigido nas edições subsequentes, percebe-se que é uma criação deliberada dos tradutores. O texto padrão da BKJ traz: "therefore have I hewed them by the prophets; I have slain them by the words of my mouth" ("Por isso, os abati por meio dos profetas; pela palavra da minha boca, os matei; e os meus juízos sairão como a luz"; ARA). "Have I hewed them", nas versões anteriores corresponde a: "have I cut down" ("os abati"); é uma boa tradução literal do hebraico e cai bem com: "I have slain them" ("os matei"). Bem, a primeira impressão traz: "shewed" (grafia de 1611) no lugar de "hewed" ("abati"). Esse não é o sentido literal do hebraico e, aparentemente, as edições posteriores tiveram toda justificação para rejeitar a troca como erro de impressão. Mas não foi erro de impressão: na Bod 1602: "cut down" é removido e substituído por "hewed". "Shewed" responde por uma dificuldade exegética, a violenta apresentação de Deus (o orador aqui).

A anotação da Bíblia de Genebra explica o sentido desta maneira: "ainda opero por intermédio de meus profetas e, por assim dizer, enquadrei vocês para fazê-los se emendar, mas foi tudo em vão; pois minha palavra não foi alimento para nutri-los, mas uma espada para matá-los". A Palavra de Deus, que deveria transformar a vida, foi ignorada; assim, ela, em vez de salvar, condena. Figurativamente, o que deveria ser alimento se transforma em espada. O termo "shewed" segue essa nota, removendo o sentido figurativo e reformulando a nota: "Laboured by my prophets" com "hewed them by the prophets". Aqui temos um vislumbre do que podia estar na mente dos tradutores, mas isso não parece suficiente para explicar o que, agora, parece uma remoção parafrástica de uma imagem através de constrangimento teológico. A BKJ também é firmemente literal para fazer isso. Contudo, a nota da Bíblia de Genebra aponta nessa direção. A tradução-paráfrase aramaica dos profetas, Targum Jônatas, pode bem ter sido pega pelos tradutores como tendo alguma autoridade e ter estado disponível para os tradutores não só das Bíblias de Bomberg, mas também no manuscrito de Oxford.[186] Ele traz: "I warned them" ("mandei os meus profetas anunciar"; NTLH), dando o sentido encontrado na nota da Bíblia de Genebra.[187] Assim, o que parecia um erro do impressor, facilmente corrigido pela remoção do "h", é uma tradução deliberada e ponderada. Só a Bod 1602 fornece esse tipo de percepção dos detalhes da BKJ.

Outra dessas mudanças acontece em 2Crônicas 32.5. Aqui apresento o versículo como estava no texto de 1602 e como aparece no texto padrão da BKJ:

ARA	1602	Texto padrão da BKJ
Ele cobrou ânimo, restaurou todo o muro quebrado e sobre ele ergueu torres; levantou também o outro muro por fora, fortificou a Milo na Cidade de Davi.	And Hezekia went to lustily, and built up the wall where it was broken, and made the towers, and another wall without, and repaired Millo in the city of David.	Also he strengthened himself, and built up all the wall that was broken, and raised it up to the towers, and another wall without, and repaired Millo in the city of David.

[186] Daiches. *King James Version of the English Bible*, p. 166.

[187] Sperber (ed.). *Bible in Aramaic*, vol. III: *The Latter Prophets According to Targum Jonathan*, p. 395.

Apenas as duas últimas frases aparecem intocadas, contudo, os tradutores alteraram "repaired Millo" na Bod 1602; eles inseriram "p" no início e apagaram o "i", criando "prepared Millo". Em 1616, A palavra "repaired", quer como correção quer por acidente, voltou ao texto, com a consequência de que o texto padrão da BKJ manteve uma leitura que os tradutores rejeitaram deliberadamente. Mais uma vez, conseguimos imaginar o raciocínio dos tradutores. O hebraico, agora, é usualmente traduzido por: "and strengthened Millo" (Versão Revisada, etc.). A diferença no sentido de "repaired" é que "strengthened" não indica danos anteriores. O termo "prepared" omite igualmente a sugestão de dano, e esse sentido do significado, presumivelmente, motivou os tradutores. Mas essa mudança pareceu errada ou inexplicável para alguém envolvido com a impressão da edição de 1616, talvez alguém familiarizado com "repaired" como a leitura padrão (encontrada pela primeira vez na Bíblia de Matthew): essa pessoa tratou essa mudança como um erro de impressão e restaurou a leitura antiga.

As anotações do AT da Bod 1602 estão muito próximas do manuscrito final da BKJ, e jamais conseguiremos nos aproximar mais desse texto final da BKJ (o único texto mais próximo é a própria primeira edição, mas queremos que o manuscrito nos fale sobre a primeira edição, em vez do contrário). Talvez a Bod 1602 faça parte do manuscrito final, mas isso deixa o problema que ainda temos de entender: como, onde e por meio de quem as mudanças restantes foram feitas.

Se a Bod 1602 deu origem a mais um manuscrito, ele se perdeu. Há vários relatos desse fato. Um panfleto de 1651 declara que "só Matthew Barker tinha direito de imprimir a Bíblia, e, para ter essa exclusividade, seu pai pagara 3.500 libras esterlinas pela tradução corrigida, 'em razão do que a cópia traduzida lhe pertence por direito'."[188] Uma entrada no registro na bolsa dos livreiros e editores de Londres, feita por Oliver Cromwell, alocando a impressão da Bíblia para os impressores Henry Hills e John Field que, em 1656, foi objetada, fundamentado no fato de "que a cópia da Bíblia não era de Barker, mas de Bill e que, portanto, só poderia ser confiada a Bill".[189] Barker, no entanto, conforme relatado no panfleto de 1659, "com a

[188] PLOMER. 'King's Printing House', p. 370; a data é fornecida por HERBERT. *Historical Catalogue*, p. 132.

[189] MCKITTERICK. *A History*, vol. I, p. 462, n. 89, com referência ao *Calendar of State Papers Domestic. R. Lemon et al.* eds. (1856–), 1655–6, p. 289.

intermediação do sr. Marchamont Needham [Nedham] vendeu os diversos tomos da tradução da King James para Henry Hills e John Field.[190] Essa aquisição da "cópia da Bíblia", provavelmente, aconteceu em 1656, e Field e Hills devem ter pagado 1.200 libras esterlinas.[191] Mais tarde, em 1656, o *Mercurius Politicus*, de Nedham, anunciou uma nova edição da Bíblia feita por Field e Hills que tinha sido "examinada, corrigida e aperfeiçoada de acordo com a cópia do manuscrito original dos tradutores".[192] Para Field e Hills, o valor do anúncio da "cópia da Bíblia", como estamos acostumados a ver, foi a legitimidade que tinham como detentores do monopólio do direito de impressão da Bíblia. Embora não possamos dizer a qual edição o anúncio se refere, nenhuma de suas edições dessa época mostra qualquer sinal de exame, correção e aperfeiçoamento. Ao contrário, foram notoriamente deficientes, e o panfleto de 1659 defendendo-as admite a imperfeição.

As últimas referências ao original são todas de segunda mão e de valor questionável. William Kilburne refere-se a Hills e Field "adquirindo a cópia traduzida feita em 1611" e também alude ao "original" em seu "Humble proposals".[193] Um panfleto impresso por volta de junho de 1660, em um ataque a Hills e Field, repete a declaração deles: eles tinham "adquirido a cópia do manuscrito da última tradução da santa Bíblia para o inglês (e, agora, mantinham a posse dela, conforme atestado com as mãos dos veneráveis e instruídos tradutores da época do rei James) desde de 6 de março de 1655".[194] Finalmente, em um processo contra Christopher Barker, Roger Norton refere-se ao "quinhão de um manuscrito de uma Bíblia em inglês chamada Bíblia da tradução do rei James".[195] Talvez parte ou metade do manuscrito ("a porção do manuscrito") não é o mesmo manuscrito mencionado nas outras referências ou talvez seja uma variação sobre o relato de "vá-

[190] Anônimo, talvez William Bentley. "The case of the printery at Finsbury".

[191] Anônimo. 'A true state of the case of John Field and Henry Hills', pp. 1, 2.

[192] No. 334, 29 de outubro – 6 de novembro de 1656, p. 7366. Na metade da década de 1650, Nedham mantinha negócios substanciais com a bolsa dos livreiros e editores em Londres (*Oxford Dictionary of National Biography*, Nedham) e, supostamente, recebia mais de 100 libras esterlinas por ano de suborno de Field (Kilburne. *Dangerous Errors*, p. 14).

[193] Kilburne. *Dangerous Errors*, p. 14; 'Humble proposals', conforme apresentado em McKitterick, *A History*, vol. i, p. 388. Kilburne é discutido no capítulo 6.

[194] *The London Printer's Lamentation, or, the press oppressed*, and *overpressed*; conforme apresentado em Arber, *A Transcript*, vol. iii, p. 28.

[195] Plomer. "King's Printing House", p. 373; o processo não aconteceu antes de 1664.

rios tomos"; não é impossível que se referisse à Bod 1602 ou outro volume semelhante. Talvez a especulação de que o manuscrito foi perdido no grande incêndio de Londres, de 1666, esteja correta,[196] mas ali poderia haver novas descobertas a serem feitas.

Independentemente de qual fosse o manuscrito final, não há evidência clara de que ele foi usado para imprimir depois da primeira edição ter sido impressa: talvez ele se refira a edições subsequentes que foram feitas, cada vez com maior falta de método, a partir das edições anteriores, e não do manuscrito.

Revendo a evidência para a confecção da BKJ, acho que a sorte de termos tanto quanto temos hoje excede o lamento por não termos mais. Sabemos muito mais sobre a BKJ que sobre qualquer edição anterior a ela e vale a pena refletir que os estudiosos de Shakespeare amariam ter um único manuscrito de suas peças assinado por ele ou um texto impresso que ele mesmo tivesse revisado. A quantidade de material que sobrevive, em parte, testemunha a grandeza do projeto iniciado pelo rei James. Uma versão, envolvendo tantas pessoas, algumas delas de fama considerável, independentemente de sua participação na tradução, seria mais provável que deixasse mais traços históricos que qualquer outra versão. Além disso, a despeito da modéstia de muitos dos homens que, afinal, estavam apenas revisando versões anteriores muito boas, o ocasional senso de orgulho sintetizado na declaração de Samuel Ward: "Fui um tradutor", mostra que havia algum sentimento de que esse era um trabalho especial. Esse sentimento contribuiu para a sobrevivência de tesouros como as notas de Bois.

[196] Arber. *A Transcript*, vol. III, 28; Herbert segue essa sugestão, p. 131.

CAPÍTULO 5

1611: a primeira edição

A SAGRADA ESCRITURA E A MENSAGEM "DOS TRADUTORES PARA OS LEITORES"

Chegando, agora, ao resultado desse trabalho de gerações de homens, é interessante começar com o louvor às sagradas Escrituras feito pelos tradutores no prefácio: "Dos tradutores para os leitores". É um lembrete — se é que é necessário um lembrete — do que as Escrituras eram e são para tantas pessoas:

Mas, bem, o que é a piedade sem verdade? Que é a verdade, a verdade salvífica, sem a Palavra de Deus? Que é a Palavra de Deus, a partir da qual temos certeza, sem as Escrituras? As Escrituras que somos ordenados a examinar (Jo 5.39; Is 8.20). Eles recebem a recomendação de examiná-las e estudá-las (At 17.11 e 8.28,29). São reprovados por não as conhecer ou por demorar para crer nelas (Mt 22.29; Lc 24.25). As Escrituras nos tornam sábios para a salvação (2Tm 3.15). Se somos ignorantes, elas nos instruem; se estamos fora do caminho, elas nos levam para casa; se estamos fora de ordem, elas nos reformam; se estamos oprimidos, elas nos confortam; se estamos entorpecidos, despertam-nos; se estamos indiferentes, inflamam-nos. "Tolle, lege; tolle, lege", pegue e leia, pegue e leia as Escrituras (pois nelas estão a direção), uma voz sobrenatural disse a Agostinho. "Acredite-me, tudo que está nas Escrituras", disse o mesmo Agostinho, "é elevado e divino, tem realmente verdade, e uma doutrina mais adequada para restaurar e renovar a mente dos homens e verdadeiramente tão moderada que cada um pode tirar dali o que é suficiente para ele se o fizer com mente devota e piedosa, como exige a verdadeira religião". Assim disse Agostinho. E Jerônimo: "Ama Scripturas, et amabit te sapientia", etc. Ame as Escrituras, e a sabedoria o amará. E Cirilo contra Juliano: "Até mesmo os meninos que são criados nas Escrituras se tornam mais religiosos", etc. Mas por que mencionamos três ou quatro usos das Escrituras, enquanto tudo que tem de ser crido, praticado ou esperado está nelas? Ou três ou quatro sentenças dos pais, uma vez que tudo que é digno do nome do Pai, do tempo de Cristo aqui na Terra, fala não só das riquezas, mas também da perfeição das Escrituras? "Amo a completude das Escrituras", disse Tertuliano contra Hermógenes. E mais uma vez, ele disse para Apeles, um herege da mesma espécie: "Não admito que introduza" (ou conclua) "por você mesmo" (cabeça ou memória, "de tuo") sem as Escrituras. Também Justino Mártir antes dele: "Temos de saber de todo jeito", disse ele, "que não é válido" (ou possível) "aprender" (qualquer coisa) "de Deus ou da piedade correta, salvo nos profetas, que nos ensinam por meio de inspiração divina". Também Basílio depois de Tertuliano: "É um manifesto afastamento da fé e grande arrogância rejeitar alguma das cosias que estão escritas ou introduzir" (na mente deles, ἐπεισάγειν) "alguma dessas coisas que" não estão escritas. [...] Assim, a Escritura reconhecida como tão completa e tão perfeita, como podemos desculpar a negligência de não estudá-la? Por curiosidade, se não ficamos contentes com elas? Os homens falam muito de εἰρεσίωνη,[197] quantas coisas doces e divinas estão penduradas nela; da pedra dos filósofos, que ela transforma cobre em ouro; da cornucópia que tem tudo que é necessário para alimentar; da panaceia de ervas que é boa para todas as doenças; do remédio universal no lugar de todos os purgativos; da armadura vulcânica que é uma armadura à prova de todas as pressões e golpes, etc. Bem, que o que eles falsamente, ou em vão, atribuem a esses bens físicos, podemos, com justiça e na plena medida, atribuir à Escritura para a vida espiritual. Ela não é apenas uma armadura, mas é todo um arsenal de armas, tanto ofensivas quanto defensivas, por meio das quais salvamos a nós mesmos e pomos o inimigo para correr. Não é uma erva, mas uma árvore ou, antes, todo um paraíso de árvores da vida que produzem frutos todos os meses, e o seu fruto é para a carne, e as folhas para a medicina. Não é um pote de maná nem um frasco de óleo, que eram só para a memória ou para uma ou duas refeições da carne, mas era como uma chuva de pão celestial suficiente para uma multidão, ela nunca será tão grande; e como se fosse todo um celeiro cheio de potes de óleo por meio dos quais todas nossas necessidades serão providas e nossas dívidas perdoadas. Em uma palavra, é uma panificadora de alimentos saudáveis contra tradições mofadas; uma farmácia (Basílio deu o nome) de defesa contra as heresias envenenadas; um código legal com leis úteis contra espíritos rebeldes; um tesouro das joias mais caras contra rudimentos desprezíveis; finalmente, uma fonte da água mais pura brotando para a vida eterna. E a maravilha? O original

[197] Um ramo de oliveira envolvido em lã faz cair figos, e pão, e mel em um pote e óleo [nota de margem da BKJ].

é do céu, não da Terra; o autor é Deus, não o homem; o ditador, o Espírito Santo, não o saber dos apóstolos ou dos profetas; os escritores foram santificados desde o ventre e dotados com uma porção principal do espírito de Deus; o assunto: verdade, piedade, pureza, justiça; a forma: a Palavra, o testemunho e os oráculos de Deus, a palavra de verdade, de salvação, etc.; os efeitos: clareza de entendimento, estabilidade de persuasão, arrependimento de obras mortas, novidade de vida, santidade, paz e alegria no Espírito Santo; por fim, o fim e a recompensa do estudo: irmandade com os santos, participação na natureza celestial, fruição de herança imortal e imaculada e que nunca desvanece; feliz o homem que se delicia nas Escrituras e triplamente feliz aquele que medita nela dia e noite.[198]

É o livro de verdade, o alicerce da religião, conhecimento e lei divinamente inspirados e ditados pelo Espírito Santo. A BKJ recebeu a honra de se tornar a forma padrão inglesa desse "paraíso de árvores da vida". Em um sentido, ela é muito mais que um livro feito pelos homens.

"Feliz o homem que se delicia nas Escrituras", e muitos desfrutam de deleite estético com a BKJ. Não era isso que Miles Smith e os tradutores tinham em mente, referiam-se ao deleite na verdade de Deus. Se pensarmos em termos de forma e conteúdo serem inseparáveis, então, a lista dos "efeitos" da Bíblia, "clareza de entendimento" e assim por diante, têm uma dimensão estética, mas os tradutores não pensaram nesses termos.[199] Eles apresentam a Bíblia e seu trabalho como puramente religioso. Além disso, pegando esse parágrafo como amostra da escrita, fica claro que a ideia dos tradutores de boa escrita era diferente do inglês que usaram para a Bíblia. A extensão do parágrafo e a extensão e complexidade da estrutura das sentenças são estranhas à maioria da Bíblia, exceto por algumas partes dos livros apócrifos e das epístolas. Parte do vocabulário tem uma simplicidade semelhante à comumente encontrada na tradução, como em: "Arrependimento de obras mortas, novidade de vida, santidade, paz e alegria no Espírito Santo"; mas há passagens em que o histórico erudito aparece em neologismos que rivalizam com qualquer escritor ostensivamente erudito da época. A descrição ressonantemente aliterativa da Bíblia como "uma panificadora de alimentos saudáveis contra tradições mofadas; [...] um código legal com leis úteis contra espíritos rebeldes", provavelmente, foi difícil de entender

[198] *NCPB* (Nova Bíblia em Parágrafos de Cambridge), p. xix–xxi.

[199] Veja, Norton. *History of the English Bible as Literature*, pp. 66–7.

em 1611 como o é hoje. "Panificadora" é um armazém de pão e essa é a única citação do dicionário. "Fenowed" (ou "finewed"), mofado, é uma palavra rara definida contra "wholesome" ("saudáveis"). "Pandect", sistema legal completo, provavelmente, era a palavra mais fácil para aqueles com educação greco-latina. A propósito, a forma como Smith cita Tertuliano e Basílio, inserindo alternativas e bocados de latim e grego, sugere que ele, provavelmente, teria preferido uma forma ainda mais erudita de traduzir que a usada na BKJ.

A última parte do prefácio relata detalhes do processo do trabalho, alguns dos quais já foram mencionados. Após confirmar em termos gerais a gama de fontes das quais os tradutores se valeram e aos quais recorreram diversas vezes ao longo da tradução, ele discute duas das práticas dos tradutores: o uso da margem para "diversidade de sentidos" e a evitação de tradução uniforme para palavras ou frases específicas. Ambas as práticas tinham (e têm) seus oponentes. O perigo de alternativas em notas de margem é que elas podem ser vistas como minando "a autoridade das Escrituras para decidir controvérsias" ao fazer o texto parecer incerto. Smith, sem negar a origem divina das Escrituras, observa que teria agradado a Deus, em Sua divina providência, salpicar aqui e ali palavras e sentenças difíceis e ambíguas não em pontos doutrinais que dizem respeito à salvação (pois nesses foi garantido que as Escrituras fossem claras), mas, em assuntos de menos importância, que o temor se ajuste melhor a nós que a confiança, e se formos resolver, que resolvamos com a modéstia de Agostinho (embora não nesse mesmo caso, todavia, sobre o mesmo fundamento): "Melius est dubitare de occultis, quam litigare de incertis"; é melhor criar dúvida nas coisas que são segredo que se esforçar nas coisas que são incertas (p. xxxiii).

Identificar o estilo linguístico é uma questão particularmente difícil na tradução da Bíblia. As traduções uniformes teriam a vantagem de permitir ao leitor perceber identidades nas línguas originais, mas, mesmo deixando de lado o imenso problema de diferentes sentidos em diferentes contextos, havia também o problema muito prático de conseguir consistência entre os diferentes grupos de tradução. Mesmo em passagens que poderiam parecer ser uma questão evidente, como quando dois evangelhos têm uma frase idêntica em grego, a BKJ, com frequência, apresenta tradução variada. A mesma frase grega que é traduzida em Mateus como: "They toil not, neither do the spin" (6.28: "eles não trabalham, nem fiam"; ARA), em Lucas 12.27

é traduzida por: "they toil not, they spin not". As duas traduções são boas, a de Mateus produz uma cadência agradável, enquanto que a de Lucas segue literalmente o grego (em inglês, a declaração que acabamos de citar de ambos os evangelhos começa com: "consider", mas o grego tem verbos distintos). A defesa um tanto insincera de Smith é muito importante porque envolve a relação entre a verdade e as palavras sobre as quais as gerações de traduções trabalharam. Ele começa escrevendo que, sempre que possível, os tradutores tentaram ser consistentes.

Na verdade, não variamos o sentido do que traduzimos antes, se a palavra significa a mesma coisa nas duas passagens (pois algumas palavras não têm o mesmo sentido em todas as ocorrências), temos consciência de que fomos especialmente cuidadosos de acordo com nossa obrigação (p. xxxiv).

O exemplo que acabo de apresentar mostra que esse cuidado nem sempre foi bem-sucedido. Eis a defesa de Smith da variação linguística, com os exemplos dos tempos patrísticos omitidos:

Mas que podíamos expressar a mesma noção na mesma palavra em particular, como, por exemplo, se traduzimos a palavra hebraica ou grega uma vez por "purpose" (propósito), nunca a chamar de "intent" (intenção); se uma foi traduzida por "journeying" (jornada), nunca seria traduzida por "travelling" (viajar); se por "think" (pensar), nunca por "suppose" (supor); se por "pain" (sofrimento), nunca por "ache" (dor); se por "joy" (alegria), nunca por "gladness" (satisfação), etc.; assim, para esmiuçar o assunto, pensamos que temperar mais com curiosidade que com sabedoria, antes, criaria mais desprezo no ateu que traria proveito para o leitor piedoso. Pois o Reino de Deus é transformado em palavras ou sílabas? Por que devíamos ficar presos a elas se podíamos ficar livres? Usar uma palavra de forma precisa quando podemos usar outra menos adequada, apenas por comodidade? Também podemos ser acusados (por escarnecedores) por algum tratamento desigual dado a um grande número de boas palavras do inglês. Pois, como foi escrito acerca de um grande filósofo, de que ele teria dito que os toros de madeira estavam felizes em se transformar em imagens que seriam adoradas, pois seus irmãos, tão bons quanto eles, esperavam a vez de ser queimados; assim, se dissermos, por assim dizer, que terminadas palavras "que se destacam mais, têm sempre um lugar na Bíblia" e que outras, da mesma qualidade, "foram, por isso, banidas para sempre", podemos possivelmente ser tachados com as palavras de Tiago, a saber: "Fizestes distinção entre vós mesmos e [...] vos tornastes juízes tomados de perversos pensamentos" (Tg 2.4). Adiciono até aqui que a gentileza nas palavras sempre conta no passo seguinte para o irrelevante e, assim, também era para ser curioso acerca de nomes: não podemos seguir um melhor padrão de elocução que Deus mesmo; portanto, Ele, em Sua santa inteligência, usando diversas palavras e indiferentemente para uma coisa na natureza, nós, se não formos supersticiosos, podemos usar da mesma liberdade em nossas versões para o inglês a partir do hebraico e do grego para a abundância ou provisão que Ele nos dá (p. xxxiv).

É ao mesmo sério e espirituoso, brincando com a ideia de que as palavras da língua inglesa dadas por Deus são abundantes ("copy" significa abundância) da mesma maneira que Ele criou as palavras originais das Escrituras. Todas as palavras, como criação de Deus, têm igual direito de estar na Bíblia. Bem como invocando seriamente o precedente de variar o vocabulário e estilo linguístico da Bíblia, justifica engenhosamente a variação no inglês. Mas se uma palavra adequada é tão boa quanto outra, há um forte senso de que a verdade não está ligada a determinadas palavras. Smith, antes, argumentara que o discurso "do rei" feito no Parlamento traduzido para o francês, holandês, italiano e latim ainda é o discurso do rei, embora não seja interpretado por todos os tradutores com a mesma graça nem, talvez, com estilo tão adequado ou, em todo ele, tão expressamente no mesmo sentido" (p. xxviii): a essência está separada da forma verbal. Bem, a tendência de seu argumento é subestimar as palavras específicas escolhidas pelos tradutores: elas não são a verdade, mas caminhos para a verdade. Há um paradoxo aqui. Os tradutores examinaram as palavras dos originais com imensa sutileza, escolheram suas palavras com fidelidade, precisão e sensibilidade, mas foram cautelosos contra as considerar de forma muito absoluta. "Gentileza nas palavras", atenção muito pedante à carta, adverte Smith, "sempre conta no passo seguinte para o irrelevante". Na verdade, ele está dizendo, fizemos o melhor que pudemos, mas não aumentem isso.

Em consonância com esse argumento, as citações do prefácio da Bíblia são uma mistura da Bíblia de Genebra e de versões originais, possivelmente, compostas por Smith enquanto escrevia. Isso não é idiossincrasia da parte dele: Gregory Martin também foi vago, de maneira semelhante, no prefácio do NT de Rheims, e citação verbal livre, em vez de precisa, estava para se tornar a prática geral por algum tempo por vir.[200]

[200] Veja NORTON. *History of the English Bible as Literature*, pp. 103–7.

A discussão da linguagem termina com outro ponto importante. Os tradutores evitaram o jargão tanto de puritanos quanto de católicos-romanos. O objetivo deles é o mesmo de Tyndale, ser fiel à linguagem dos originais e compreensíveis para todos.

Desejamos que as Escrituras falem por si mesmas, como na linguagem de Canaã, que pode ser entendida até mesmo pelo vulgar (p. xxxv).

"Dos tradutores para os leitores" é tanto pesado quanto admirável; além de representar muito da parte mais importante do material preliminar que apareceu na edição original de 1611. A carta para os leitores, por causa de sua extensão, raramente é reimpressa. Dediquei-me primeiro a ela por causa da importância do que tem a dizer sobre a natureza da Bíblia, no geral, e da tradução, em particular.

NOVA E FAMILIAR

Na aparência, a primeira edição teve uma grande formalidade. A gravura em metal de Cornelis Boel na página-título anuncia a primorosa novidade do texto revisado. A gravura tem elementos tradicionais em um novo desenho. O leitor tem a impressão de estar olhando para uma parede ornamentada. O título é inserido como uma janela flanqueada pelas figuras de Moisés e Arão apresentadas como estátuas. A última é uma raridade nas páginas-título de Bíblias e pode ser tomada como uma declaração da importância do sacerdócio anglicano e, portanto, uma rejeição do presbiterianismo.[201] Sentados nos cantos debaixo e na frente estão Lucas e João, com seus símbolos, um touro e uma águia. Entre eles está o pelicano, emblema de piedade e da Paixão, alimentando seu filhote. Dois terços para cima da página, há um friso tampando a parede, com emblemas ou brasões das doze tribos de Israel.[202] O Novo Testamento fundamenta-se no Antigo Testamento, por isso, a figura dos apóstolos, não como estátuas, foi posta no um terço de cima da página, talvez sugerindo nova vida. Mateus com seu anjo e Marcos com seu leão estão sentados à frente, dos lados, cada um observando o Cordeiro de Deus e escrevendo. O Cordeiro observa o pelicano abaixo; ele está em uma moldura oval segurada por Pedro, que tem umas chaves na outra mão, e Paulo tem uma espada. Os outros apóstolos estão agrupados atrás e são mais identificáveis por seus símbolos, vários dos quais se referem à maneira como

[201] CORBETT e LIGHTBOWN. *The Comely Frontispiece*, p. 111.

[202] Para uma apresentação mais clara do assunto, veja as genealogias de Speed, p. 10, 1611 BKJ.

THE HOLY BIBLE,

Conteyning the Old Teſtament,

AND THE NEW:

Newly Tranſlated out of the Originall tongues: & with the former Tranſlations diligently compared and reuiſed, by his Maieſties ſpeciall Comandement.

Appointed to be read in Churches.

Imprinted at London by Robert Barker, Printer to the Kings most Excellent Maieſtie.

ANNO DOM. 1611.

2. Página-título, de 1611, feita por Cornelis Boel. Bible Society: BSS.211.CII (cópias múltiplas).

morreram.[203] À esquerda, está Judas (Tadeu) com uma espada, Tomé com uma vara ou lança, Mateus com uma alabarda, e Bartolomeu com uma faca de esfolar. Atrás de Pedro, André está de pé com sua cruz em diagonal, uma forte imagem apontando a crucificação. Atrás de Paulo há a figura similarmente forte de João segurando um cálice, sugestivo da comunhão.[204] Entre esses dois está Mateus com seu esquadro de carpinteiro. À direita, estão Simão com uma serra, Tiago, o menor, com uma clava e Tiago, o grande, com um chapéu e cajado de peregrino conversando com Filipe, que segura uma lança. Acima dos apóstolos e do Cordeiro está a pomba do Espírito Santo e, acima da pomba, o santo nome de Deus, o tetragrama. O sol, à esquerda, e a lua, à direita, iluminam a cena, auxiliando o santo nome a dispersar as trevas que cercam as nuvens de ignorância.[205] Nada na gravura mostra os executores mortais da tradução nem do monarca deles como página-título da Grande Bíblia e da Bíblia dos Bispos: é uma grande imagem teológica do cristianismo anglicano e da Bíblia.

Mas James está muito presente no próprio título:

A Bíblia sagrada contendo o Antigo Testamento e o Novo Testamento, recém-traduzida das línguas originais, comparada diligentemente com as antigas traduções e revisada por ordem especial de sua majestade. Designada para ser lida nas igrejas. Impressa em Londres, por Robert Barker, impressor do rei, a mais excelente majestade. Anno Dom. 1611.

O texto combina a autoridade real para a tradução e a lisonja do rei. Embora "ordem" não evoque necessariamente poder divino, com certeza, a intenção era dar esse sentido, pois James, nas palavras da dedicatória para ele, era "a pessoa santificada que, sob Deus, é o imediato autor de toda verdadeira felicidade de todos [seus súditos]". Ele não teria gostado que a "ordem" se tornasse a "ordem" mundana da primeira edição de Cambridge (1629).

O Novo Testamento tem sua própria página-título, uma xilogravura com ornamentação em volta do próprio título. Essa ornamentação barroca, como

[203] Alguns dos símbolos, como a alabarda e o esquadro de carpinteiro são associados com mais de um dos apóstolos, mas a comparação com a página-título do Novo Testamento, na qual os apóstolos estão com os nomes, esclarece muitos dos símbolos. Sigo, com alguma hesitação, a identificação fornecida por Corbett e Lightbown. *The Comely Frontispiece*, p. 109.

[204] Em geral, o cálice de João exibe uma serpente, referência à tentativa de envenená-lo.

[205] Corbett e Lightbown. *The Comely Frontispiece*, p. 110.

uma arca de madeira esculpida, está muito mais normal ao estilo de Barker. À esquerda, estão os emblemas das doze tribos, à direita, os doze apóstolos. Os evangelistas e seus símbolos estão sentados nos quatro cantos da página, olhando para ela. O Cordeiro e o tetragrama estão no topo da página. Em vez da inscrição: "feita por C. Boel", há dois monogramas na parte de baixo do painel de título, aparentemente, é: "RL" e, acompanhado de um escudo, "OS". O texto-título foi adaptado para ser usado no Novo Testamento, e não há mudança de conteúdo, omite a frase: "designada para ser lida nas igrejas". Essa página-título foi usada pela primeira vez em algumas cópias da Bíblia dos Bispos de 1602 e passou a ser o padrão de página-título de Barker para toda a Bíblia, bem como para o Novo Testamento, provavelmente, porque a gravura de Boel foi danificada ou perdida, é provável que o motivo seja a gravura não ter particularidades anglicanas nem mesmo anglo-católica. Algumas primeiras edições da BKJ trazem essa página, em vez da página-título de Boel.[206]

A única coisa curiosa a respeito da dedicatória para o rei James é que essa peça de lisonja foi incluída na maioria das BKJs. A parte mais particular do louvor a James é por seu cuidado com a "igreja como o mais terno e amoroso pai" (aludindo a Is 49.23), em especial, por seu "desejo veemente e perpetuado de realizar e publicar essa obra". Assim, a carta oferece essa Bíblia para ele como "o principal proponente e autor da obra", começando por sua "aprovação e patrocínio". Sua autorização é procurada, em vez de assumida. O medo de ataque da "pessoa do papa" e de "irmãos presunçosos que guiam os próprios caminhos e não gostam de dar nada além do que é formado para eles mesmos e batido em sua própria bigorna" (sem dúvida, o comentário tinha Broughton em mente) não teriam muita importância se James desse sua aprovação. A última palavra é uma bênção para James, desejando que ele "possa ser o prodígio do mundo em sua última era". Esse desejo não foi cumprido, mas, como o prefácio para Bassandyne e a Bíblia de Arbuthnot anteciparam, o envolvimento com essa Bíblia manteve sua fama viva (texto supracitado, p. 82).

O texto "Dos tradutores para os leitores" segue-se à dedicatória. A seguir, vem o material do Livro de Oração fornecido apenas nas Bíblias tamanho fólio no mesmo formato da primeira edição. Um calendário fornece o sal-

[206] Algumas cópias do fólio de 1613 (H322) têm a página-título de Boel. Uma cópia menor dele foi feita por Jasper Isaac e usada para algumas das edições em quarto de 1612, mas, depois, também desapareceram.

mo do dia e as leituras para as orações matinais e vespertinas, no final da tarde e início da noite, junto com vários tipos de informações, como festas, aniversários, sinais do zodíaco e horários do nascer e do pôr do sol (essas últimas informações não são totalmente confiáveis; os horários de julho estão invertidos: 7h34, em vez de 4h34; e 4h26, em vez de 7h26, erro peculiar às edições em tamanho fólio com letra gótica que só foi corrigido em 1634). A isso, segue-se um almanaque de 39 anos (a Bíblia dos Bispos de 1602 apresenta essencialmente o mesmo calendário e um almanaque semelhante); uma tabela perpétua para a Páscoa; uma tabela de lições para o domingo, salmos para o Natal, ascensão e Pentecostes; uma tabela para os salmos e uma lista de dia santos. Depois, fornece uma tabela genérica de conteúdos que segue quase exatamente o que é fornecido na Bíblia de Genebra de 1610 em tamanho fólio impressa por Barker. A oração de Manassés é mudada para os livros apócrifos; e a grafia de "Manasse", de 1610, é mudada para uma grafia ainda inapropriada do texto de 1610: "Manasseh"; o conteúdo da Bíblia de 1610 em tamanho fólio apresenta uma mudança na grafia de "Ester" para "Esther"; "the idole Bel and the Dragon" (o ídolo Bel e dragão); e "Timotheus" (Timóteo) para "Timothie".

As genealogias feitas por Speed, muito mais comumentes impressas de acordo com a patente dele, ocuparam 34 páginas numeradas e ornamentadas independentemente do material em volta delas. Elas, com as páginas-título, são a maior parte ornamentada da BKJ. Como o trabalho nelas remonta a 1592, não é de surpreender que suas citações na Bíblia sejam ou exatamente iguais ou adaptadas das da Bíblia de Genebra (com uma peça de tradução independente). Passemos para o mapa de página dupla de Canaã com a inserção de um mapa de Jerusalém e um dicionário de termos geográficos de duas páginas.

Visualmente, essa primeira edição, como a própria tradução, é tanto nova quanto familiar. Subjacente a isso, está a longa história da apresentação da Bíblia. O que veio a se tornar a ordem protestante padrão dos livros, com os livros apócrifos apresentados separados dos Testamentos, baseia-se na percepção de Jerônimo do cânon.[207] As colunas de texto remontam aos

[207] Tyndale, seguido por Coverdale e pela Bíblia de Matthew, pôs Hebreus depois de 3João. Coverdale pôs Baruque (com a epístola de Jeremias, embora não seja identificada separadamente) depois de Lamentações e observou que ela não estava no cânon hebraico; a Bíblia de Matthew mudou-os para os livros apócrifos. A Bíblia de Genebra pôs a oração de Manassés depois de 2Crônicas.

primeiros manuscritos gregos; as notas de margem dos textos hebraicos remontam ao Masora; os números de capítulos, a Stephen Langton, arcebispo da Cantuária, no começo do século XIII; e os títulos e divisões de versículos, a Robert Estienne, em 1540 e 1551. Junto com essas características gerais vieram as práticas específicas do impressor do rei, agora, Robert Barker. Todas as características da BKJ como peça de impressão estavam presentes na Bíblia dos Bispos de 1602. Um clérigo que abrisse a Bíblia pela primeira vez teria visto a novidade na página-título e na clareza comparativa das genealogias feitas por Speed (sem falar no trabalho de gravura superior), mas todos os outros assuntos preliminares exalavam o apelo ao familiar. Quanto às páginas do texto, elas lhe pareceriam quase exatamente com o que tinha visto na Bíblia dos Bispos de 1602, até mesmo no uso das linhas impressas para enquadrar as colunas de texto e a margem. As únicas diferenças que ele teria notado seria a falta de ilustrações e não só que as margens estavam mais vazias, mas que o texto que havia nelas estava em tipo romano.[208] Visualmente, a primeira edição apresentava a BKJ como uma revisão muitíssimo aperfeiçoada da última versão da Bíblia dos Bispos.

Embora a primeira edição tenha sido em tamanho fólio e, por isso, tivesse algumas características que desaparecem nos formatos menores, é útil examinar como ela apresenta o texto. Não há ornamento, a não ser uma variedade de frisos acima dos títulos dos livros e a letra maiúscula inicial do texto dos livros é ornamentada — letras grandes para a primeira letra dos livros e menores para os capítulos individuais. Gênesis 16–17 é uma amostra de página conveniente.

O tipo de caractere é gótico, originalmente criado em imitação à escrita gótica, mas, agora, carregando com ela um senso de tradição bíblica pela contraposição da clareza moderna introduzida pelo uso do tipo romano pela Bíblia de Genebra. Hoje, esse tipo parece difícil de ler e talvez, de vez em quando, tenha causado problemas em sua própria época. Por ser baseada em grossas linhas verticais com linhas diagonais e serifas, algumas letras podem ser confundidas se o tipo for malformado ou estiver defeituoso ou quebrado, especialmente, as letras "n", "u" e "m". As letras "n" de "Egypitian" ("egípcia",

[208] A maioria dos materiais marginais da Bíblia dos Bispos de 1602 é doutrinal em letra gótica. As relativamente poucas referências cruzadas e leituras alternativas estão em romanos. O mesmo é verdade para a letra gótica das Bíblias de Genebra impressas por Barker a partir dessa época. Na edição de 1611, o uso do tipo romano segue eficazmente essa prática e ressalta a omissão das notas doutrinais.

Hagar fleeth. Chap.xvij. Abraham.

† Heb. bee builded by her.
†obtaine children by her: and Abram
hearkened to the voice of Sarai.
3 And Sarai Abrams wife, tooke
Hagar her maid, the Egyptian, after A-
bram had dwelt ten yeeres in the land
of Canaan, and gaue her to her huſband Abram, to be his wife.
4 ¶ And he went in vnto Hagar,
and ſhe conceiued: And when ſhee ſaw
that ſhee had conceiued, her miſtreſſe
was deſpiſed in her eyes.
5 And Sarai ſaid vnto Abram, My
wrong be vpon thee: I haue giuen my
maid into thy boſome, and when ſhee
ſaw that ſhe had conceiued, I was deſpiſed in her eyes: the LORD iudge
betweene me and thee.
6 But Abram ſaid vnto Sarai, Behold, thy maid is in thy hand; doe to her
†as it pleaſeth thee. And when Sarai
†dealt hardly with her, ſhee fled from
her face.
† Heb. that which is good in thy eyes.
† Heb. afflicted her.
7 ¶ And the Angel of the LORD
found her by a fountaine of water, in
the wilderneſſe, by the fountaine, in the
way to Shur:
8 And he ſaid, Hagar Sarais maid,
whence cameſt thou? and whither wilt
thou goe? And ſhe ſaid, I flee from the
face of my miſtreſſe Sarai.
9 And the Angel of the LORD
ſaid vnto her, Returne to thy miſtreſſe,
and ſubmit thy ſelfe vnder her hands.
10 And the Angel of the LORD
ſaid vnto her, I will multiply thy ſeede
exceedingly, that it ſhall not be numbred
for multitude.
11 And the Angel of the LORD
ſaid vnto her, Behold, thou art with
child, and ſhalt beare a ſonne, and ſhalt
call his name ‖ Iſhmael; becauſe the
LORD hath heard thy affliction.
‖ That is, God ſhall heare.
12 And he will be a wilde man; his
hand will be againſt euery man, and e-
uery mans hand againſt him: *and he ſhal
dwell in the preſence of all his brethren.
* Chap. 25. 18.
13 And ſhee called the name of the
LORD that ſpake vnto her, Thou
God ſeeſt me: for ſhe ſaid, Haue I alſo
here looked after him that ſeeth me?
14 Wherefore the well was called,
*‖ Beer-lahai-roi: Behold, It is be-
tweene Cadeſh and Bered.
* Chap. 24. 62.
‖ That is, the well of him that liueth and ſeeth me.
15 ¶ And Hagar bare Abram a ſonne:
and Abram called his ſonnes name,
which Hagar bare, Iſhmael.
16 And Abram was fourescore and
ſixe yeeres old, when Hagar bare Iſhmael to Abram.

CHAP. XVII.

God reneweth the Couenant. 5 Abram his name is changed, in token of a greater bleſſing. 10 Circumciſion is inſtituted. 15 Sarai her name is changed, and ſhe bleſſed. 17 Izſaac is promiſed. 23 Abram and Iſhmael are circumciſed.

AND when Abram was
ninetie yeres old and nine,
the LORD appeared
to Abram, and ſaid vnto
him, I am the almightie
God, *walke before me, and be thou
‖ perfect.
* Chap. 5. 22.
‖ Or, vpright or ſincere.
2 And I will make my couenant betweene me and thee, and will multiply
thee exceedingly.
3 And Abram fell on his face, and
God talked with him, ſaying,
4 As for me, behold, my couenant
is with thee, and thou ſhalt be a *father
of ‖ many nations.
‖ Heb. multitude of nations.
5 Neither ſhall thy name any more
be called Abram, but thy name ſhall bee
Abraham: *for a father of many nations haue I made thee.
* Rom. 4. 17
6 And I will make thee exceeding
fruitfull, and I will make nations of
thee, and Kings ſhall come out of thee.
7 And I will eſtabliſh my couenant
betweene me and thee, and thy ſeede after thee, in their generations for an e-
uerlaſting couenant, to bee a God vnto
thee, and to thy ſeed after thee.
8 And I will giue vnto thee, and
to thy ſeed after thee, the land †wherein
thou art a ſtranger, all the land of Canaan, for an euerlaſting poſſeſſion, and
I will be their God.
† Heb. of thy ſoiournings.
9 ¶ And God ſaid vnto Abraham,
Thou ſhalt keepe my couenant therefore, thou, and thy ſeede after thee, in
their generations.
10 This is my couenant, which yee
ſhall keepe betweene me and you, and
thy ſeed after thee: *euery man-child a-
mong you ſhall be circumciſed.
* Acts 7. 8.
11 And ye ſhall circumciſe the fleſh of
your foreſkinne; and it ſhal be a *token
of the couenant betwixt me and you.
* Acts 7. 8. rom. 4. 11.
12 And he that is †eight dayes olde,
*ſhalbe circumciſed among you, euery
man-child in your generations, he that
is borne in the houſe, or bought with
money of any ſtranger, which is not of
thy ſeed.
† Hebr. a ſonne of eight dayes.
* Leuit. 12. 3. luke 2. 21 iohn 7. 22.
13 He that is borne in thy houſe, and
he that is bought with thy money, muſt

B 2 needs

3. 1611: Gênesis 16-17.

16.3, ARA) e de "in", segunda linha, (16.6; "nas"; ARA) mostram como o traço de ligação pode desaparecer, tornando difícil distinguir do "u". As letras "m" mostram a tendência de haver separação do lado direito da letra, fazendo a letra parecer "ni" (compare "Abram's" [de Abrão; ARA], em 16.3 com os outras ocorrências da letra "m" do versículo) ou até mesmo, com pressão da impressão, mover-se e, aparentemente, em 17.1 virando "Abrant". A letra "s" em uma palavra (como em "mistresse was despised", 16.4; "senhora por ela desprezada"; ARA) pode ser confundida com a letra "f". Talvez esse problema para o leitor moderno também tenha sido um problema, mesmo para as pessoas que estavam acostumadas com o tipo. Essa é a explicação mais provável para a variação entre "flay" (["esfolará"; ARA] primeira edição) e "slay" ([matar] segunda edição) em Levítico 1.6 e 2Crônicas 29.34.

O texto é apresentado dentro das bordas com espaço delimitado para os títulos e para as notas. Aqui, o impressor está seguindo a prática de linhas vermelhas em torno do texto, algo, anteriormente, oferecido aos clientes como um extra.

As páginas da direita do livro aberto, como essa, têm o número do capítulo no meio do cabeçalho (exceto em Salmos), enquanto a página da esquerda tem o nome do livro. Usualmente, mas não sempre, o número do capítulo é o número do capítulo começando na página. Há dos dois lados do cabeçalho brevíssimos resumos do conteúdo de cada coluna; às vezes, um sumário mais longo lido com a página toda. Os livros apócrifos não têm esses resumos, eles simplesmente trazem "Apócrifo" dos dois lados. A margem é usada para três tipos de notas. Há traduções literais designadas com um obelisco (†), leituras alternativas em inglês indicadas com duas linhas verticais e referências cruzadas com um asterisco. As referências cruzadas são mais extensas que as da Bíblia dos Bispos e semelhantes, mas não idênticas, às da Bíblia de Genebra; mais da metade delas vêm de cópias da Vulgata, uma consequência disso são as referências erradas de Salmos.[209] No começo de cada capítulo, há um resumo de seu conteúdo. A palavra de chamada no canto debaixo da coluna da direita da página aberta é a palavra que começa a página seguinte; ela tem uma linha dela mesma (algo que o impressor podia variar de acordo com a exigência de espaço). A primeira letra, ou letra

[209] A única discussão desses está em Scrivener's. *Authorized Edition*, pp. 116–27.

inicial, do capítulo é típica dos desenhos usados por Barker nos livros — em vez de no começo dos livros; todas são dadas sem margens e a maioria ocupa cinco linhas (quando a necessidade de espaço exige, ele usa letras menores). A segunda letra da primeira palavra é sempre impressa em maiúscula.

A característica mais óbvia do texto é a grafia antiquada, a maioria dela desapareceu das versões modernas. Algumas são simplesmente uma consequência de antigas convenções tipográficas. O "u" e o "v" são intercambiáveis; no início de uma palavra, o "v" é usado tanto para o "v" quanto para o "u". O que parecem ser "J"s são "I"s góticos, como a definição do tipo romano de "Izsaac" (Isaque) e "Ishmael" (Ismael) mostra no sumário do capítulo. O "I" ou "i" são usados para "J" ou "j", a não ser no número do capítulo fornecido no cabeçalho da folha, assim, "judge" ("julgue"; ARA) é fornecido como "iudge" (16.5). Muitas das palavras têm terminação "e" ("obtaine" ["terei"; ARC] e "bee", para o verbo *to be* em inglês, na primeira linha e em sua nota de margem, etc.), mas isso não é usado de forma consistente, conforme é possível verificar em 16.5: "When *shee* saw that *she* had conceiued" ("vendo que concebeu"; ARA). Uma variação mais substancial é visível em 16.8 e o resumo do capítulo: o possessivo, primeiro, é moderno (salvo que a apóstrofe ainda tinha de ser usada); e, depois, antiquado: "Sarais maid" ("serva de Sarai", ARA) e "Sarai her name" (Sarai seu nome). A grafia era muito mais fluida em 1611 do que permitimos hoje: em geral, a moda era formas longas com o que nos parece letras supérfluas (esse modelo decorativo tinha um fundamento financeiro: os funcionários dos advogados eram pagos por polegada, daí, encontrarem maneiras de encompridar seu trabalho).[210] Não obstante, era bem aceitável que uma palavra fosse apresentada em diversas formas distintas, incluindo formas que nos parecem exigir uma pronúncia diferente. O impressor, com frequência, usava formas mais breves, se isso lhe permitisse economizar uma linha, como em 16.12 em que "& he shal" interrompe o versículo continuando-o em uma linha extra; às vezes, o impressor até mesmo elimina o espaço após uma pontuação, como em "maid,the" (16.3).

As palavras que, hoje, aparecem em itálico como "is" (16.6 ["está"; ARC]) são apresentadas em tipo romano pequeno; visualmente, elas parecem ter tido sua importância diminuída — exatamente o oposto do efeito conse-

[210] Scragg. *A History of English Spelling*, p. 52.

guido com o uso de itálico nessas palavras com tipo romano e nas edições modernas.[211] E a diminuição da ênfase é o ponto: essas palavras não têm equivalente no texto original. Agora, o "is" em 16.6 é o único exemplo do tipo romano pequeno aqui, mas a página apresenta outro desses acréscimos de palavras: as edições modernas reconhecem isso acrescentando mais sete usos do itálico, todos envolvendo o verbo "to be" (ser/estar). A identificação de palavras acrescentadas é inconsistente e incompleta na edição de 1611. Bem como a apresentação: os livros apócrifos, que raramente mencionam essas palavras, usam colchetes sem variação de tipo de letra (embora na primeira dessas palavras, "watch" [vigia, observa] em 1Esdras 4.11 é fornecida entre parênteses).

Não há marcas de início de fala. Em vez disso, as falas começam com letra maiúscula e nada indica o ponto em que a fala termina. Uma vez que todo versículo começa com letra maiúscula, quer seja uma nova sentença quer não, às vezes, pode haver dúvida se um novo versículo é uma fala. Às vezes, as sentenças têm letra maiúscula, como em 16.4 e 16.14, que parecem erro, mas são repetidos em algumas edições posteriores.

Os parágrafos são indicados com floreado logo após o número do versículo (16.4, etc.). Uma das curiosidades da BKJ é que não há marcas de parágrafo depois de Atos 20, há só uma em Salmos, e seis em todos os livros apócrifos.[212] Como na identificação das palavras acrescentadas, isso indica trabalho incompleto.

"LORD" (16.5, etc. ["SENHOR"; ARA]) é uma reversão, não uma inovação. O livro de Gênesis de Tyndale tinha usado "LORde" e a Bíblia de Coverdale, de 1535, trazia "LORDE", mas, depois dessa época, a prática de usar maiúscula no nome do Senhor caiu. Na BKJ, o uso de "LORD" e, em outras passagens, "GOD" ("Deus") e "Jehovah" (Jeová) representa as quatro letras hebraicas, ou tetragrama" que simbolizam o impronunciável

[211] Da mesma forma como o tipo romano é a fonte usada para distinguir do texto em tipo gótico em volta, também o itálico é usado em relação ao romano. A prática de definir as adições dos tradutores em um tipo diferente foi introduzida nas Bíblias inglesas no NT de Genebra de 1557, criado em romano e usando itálico para os acréscimos. Paul Gutjahr sugere que Barker "usava o tipo gótico para delinear o que era documento sagrado em oposição ao que era invenção do homem, [...] manipulando suas escolhas tipográficas para deixar claro para seus leitores o que foi escrito pelas mãos de Deus e o que não foi" ('Four centuries of typography in the King James Bible', em GUTJAHR E BENTON [eds.]. *Illuminating Letters: Typography and Literary Interpretation,* pp. 19–21).

[212] Salmos 92:8 (os sobrescritos de Salmos têm marcas de parágrafo; as seções de Salmos 119 começam com letra maiúscula da altura de três linhas), 1Esdras 2.8, 3.13, 4.13, 8.25, 2Esdras 6.11 e1Macabeus 6.48.

nome sagrado. Depois de Gênesis, o nome assumiu a forma encontrada daí para frente nas BKJs, "Lord".[213] As escrituras hebraicas, além do tetragrama, tinham outras duas palavras para Deus "Adonai" ("Lord"; "Senhor") e "Elohim" ("Deus"); "Elohim" segue o tetragrama, a BKJ traz "LORD God" ("SENHOR Deus"; ARA); quando "Adonai" precede, apresenta "Lord God". Essa é uma reverência tipográfica, correspondendo à recusa judaica de pronunciar o nome sagrado, substituindo por "Adonai" ou por "o nome". Essas formas em letras maiúsculas ou em versalete não são encontradas nos livros apócrifos nem no Novo Testamento, porque a língua original deles não é o hebraico, logo não tem o tetragrama.

Há uma grande quantidade, algo atípico, do que parecem ser erros do impressor (embora possa ser que nem sempre seja falha do impressor). Em 17.4, há um asterisco antes do termo "father" ("pai"; ARA), mas não há referência cruzada na margem; na linha seguinte do versículo, há uma linha vertical dupla em que deveria haver um obelisco, como na margem. No resumo do capítulo, a grafia de "Izsaac" ("Isaque") parece ser um erro, como o é "soieurnings" ("peregrinações"; ARA) na margem de 17.8. Também há um erro que talvez remonte à preparação de Bilson do resumo do capítulo: "Abram" ("Abrão") no resumo do versículo 23 devia ser "Abraham" ("Abraão") porque o nome do patriarca mudou no versículo 5 (a segunda edição corrigiu isso). E o "and" ("e") no meio do versículo 16.4 seguindo os dois pontos parece um erro, mas foi mantido durante algum tempo, e, pelos padrões modernos, "see-eth" (16.14m) é um erro.

Uma última coisa a respeito dessa página: 16.6 tem uma leitura diferente na segunda edição: "but Abram" ("porém, Abrão"; TB). "But" era a leitura de 1602 e permaneceu na leitura moderna; contudo, a Bod 1602 mostra que os tradutores eliminaram o "but" e o substituíram por "and".

OS ERROS TIPOGRÁFICOS

O exemplar de página mostra erros, e a primeira edição continha tanto erros óbvios quanto escondidos. Alguns vêm da cópia usada pelo impressor, alguns são feitos pelo próprio impressor. Até agora, tem sido uma abreviação conveniente escrever do "impressor", mas a gráfica exercia várias funções, provavelmente desempenhadas por diversas pessoas ao mesmo tempo. Tal-

[213] "LORD" ("SENHOR") e "GOD" ("DEUS") são os únicos encontrados na primeira edição.

vez diferentes partes da Bíblia tenham sido compostas simultaneamente e diversas prensas foram usadas. A função mais importante era a do tipógrafo, do revisor e do distribuidor de tipo, provavelmente um aprendiz. Os tipógrafos pegavam o tipo, um caractere por vez, de uma caixa, uma caixa de duas partes (letras maiúsculas e minúsculas) com compartimentos para cada caractere. Os impressores não tinham quantidade de tipo suficiente para compor a Bíblia toda de uma vez, assim, ela tinha de ser montada em partes e impressa, depois, o tipo era passado adiante para a impressão de outra página ou voltava para a caixa. O aprendiz que distribuía os tipos podia se equivocar na identificação de um caractere e colocá-lo no compartimento errado ou simplesmente se enganar no lugar do caractere. Por conseguinte, o tipógrafo podia pegar o compartimento correto e pegar um caractere incorreto. Era como se houvesse um defeito na programação de um teclado de modo que quando a tecla do "u" fosse apertada, o resultado seria um "n".

Assim, nem todos os erros tipográficos representam erros cometidos pelo primeiro homem responsável por reproduzir o texto na forma impressa, o tipógrafo. Depois do tipógrafo, o revisor tem a responsabilidade primordial de verificar se o texto está como deve estar (uso o termo "revisor" de forma vaga: quando havia a revisão das folhas recém-impressas, ela era feita com frequência para a checagem de detalhes, como tipos partidos, mais que a fidelidade literal ao texto).[214]

Por causa da responsabilidade dividida quanto aos erros, porque só contam parte da história da exatidão do trabalho e por haver falibilidade na identificação atual deles, não devemos confiar demais nas generalizações dos erros. Todavia, após essa observação, devem ser feitos alguns comentários. Conto 387 erros evidentes (281 no texto, 106 nas notas de margem, etc.) na primeira edição; ou seja, não há muito mais de um em cada três capítulos e meio.[215] Esse, com certeza, é um número incrivelmente baixo. O erro mais comum é "u" por "n" (61), seguido de "n" por "u" (20), "c" pro "t" (9) e "e" por "t" (4). A palavra com grafia incorreta mais comum é "aud" (28), erro também encontrado comumente em outras Bíblias impressas com tipo gótico. A troca do "u" por "n" é um erro de distribuição, não de composição, que

[214] GREETHAM. *Textual Scholarship*, p. 118; veja também SIMPSON. *Proof-reading in the Sixteenth, Seventeenth and Eighteenth Centuries*, cap. 1.

[215] NORTON. *Textual History*, apêndice 1, enumera mais erros.

acontece por causa da similaridade dos caracteres em tipo gótico.[216] Assim, mais de oitenta dos erros tipográficos não são atribuídos ao tipógrafo, mas aos aprendizes que distribuíam os tipos.

Alguns dos 387 erros são ostensivos: por exemplo, em Êxodo 14.10 são repetidas três linhas; "plaine" é apresentado para "plague" (Lv 13.56; "praga"; ARA); "anocrynha" para "apocrypha" (1Ed 4, título; apócrifo); "Ecclesiasticus" (Eclesiástico) para "Baruchi" (Baruque), (Bar 6, título); "great great multitudes" para "great multitudes" (Mt 4.25; "numerosas multidões", ARA); "himt hat" para "him that" (Lc 10.36; "homem que"; ARA); e "sririt" para "spirit" (Ef 4.30; "Espírito"; ARA). Esses erros sugerem que a revisão não era tão completa quanto deveria ser. Se a revisão foi pobre, não é provável que tenha sido feito o esforço de cotejar o trabalho do tipógrafo com a cópia dos tradutores.

De vez em quando, conseguimos ter um vislumbre do revisor em operação. Há, pelo menos, oito variações encontradas entre as cópias. Todas, menos uma, refletem um trabalho feito depois de se ter iniciado o processo de impressão, em vez de como parte do processo regular de composição, revisão e correção.[217] Três das variações mostram erros tipográficos sendo corrigidos (uma anotação mal colocada em Joel 3.14; "seters forward", "apressar", em 1Ed 5.58; e "Tyranuus" em 2Mac 4.40 ["loucura"; BJ]),[218] e são úteis para indicar que o impressor estava disposto a corrigir esses erros quando eram encontrados. Mais interessante são as três ou quatro mudanças de leitura: "them" para "him" (Êx 21.26; "ele"; NTLH); "she" para "he" (Ct 2.7; "ele"; NVI)[219] e "by their knowledge of" (Eclo 44.4; "de seu ensinamento"; BJ). A possível quarta mudança é: "Abigal"/"Abigail" (2Sm 17.25; "Abigail"; ARA). Essas mudanças parecem vir da observação erudita do texto conforme era impresso. Não há registro se essas observações foram aleatórias ou do texto completo, mas os flagrantes erros sobreviventes sugerem que foram aleatórias.

[216] É improvável que a confusão tenha sido causada pela inversão do caractere porque cada um deles tinha uma incisão mostrando ao tipógrafo a maneira que tinha de ser fixado. Há apenas duas circunstâncias de caracteres invertidos: em Números 29.1m e em Ezequiel 40.6m.

[217] A exceção é "40" para "46" (1Mac 13, sumário) em que o traço ascendente de "6" foi quebrado, o que fez com que o caractere ficasse idêntico em tamanho ao zero. Algumas cópias mostram a quebra entre o círculo e o traço ascendente.

[218] Wright, que menciona todas as variações, menos em Joel 3.14, sugere que "provavelmente muitas outras mudanças podem ser descobertas" (*The Authorised Version of the English Bible* 1611, vol. I, p. v). Apenas uma comparação completa das cópias poderiam dizer, mas suspeito que ele exagera.

[219] É possível que a mudança seja "ele" para "ela", uma vez que o hebraico é feminino.

Tudo que se pode razoavelmente concluir é que a percepção do senso comum está correta: a primeira edição tem de ser tratada com respeito crítico — respeito porque é feita diretamente a partir do trabalho dos tradutores e provavelmente com a colaboração deles, por isso, foi bem feita; crítico, porque não foi feita de maneira perfeita e pode não ter sido cotejada com o manuscrito.

Além dos erros claros, há os erros escondidos, ou seja, erros que bem podem ter ficado invisíveis para o revisor porque o texto impresso parecia fazer sentido, como em "the hoops of the pillars", em vez de "the hooks of the pillars" (Êx 38.11; "os ganchos das colunas"; ARA).[220] Esses erros têm várias fontes. A cópia do texto pode ser incerta ou ter sido deturpada de alguma maneira; as traduções anteriores podem ter cometido um erro que foi acidentalmente mantido; os próprios tradutores podem ter cometido um erro, podem não ter escrito o que pretendiam escrever; o esboço deles pode ter sido copiado de forma incorreta na confecção da cópia mestra; e o impressor pode ter cometido erros que ficaram escondidos.

A maior parte dos erros escondidos parece ser falha do impressor. Primeira Coríntios 15.6 deveria começar com estas palavras: "After that" ("Depois"; ARA), que é como as versões anteriores começam. Que os olhos do impressor passaram de novo por esse versículo é confirmado pelo fato do erro manifesto do impressor: o versículo é equivocadamente numerado como 5. Às vezes, o impressor simplesmente entende de maneira equivocada o que está compondo. Em Ezequiel 5.1, ele pôs o aparentemente sensível "take the balances" no lugar em que deveria estar o seguinte: "take thee balances" ("tomarás uma balança", ARA), como nas frases semelhantes anteriores no versículo. Esse erro foi bastante natural e sobreviveu até 1638.

Às vezes, o impressor lê sua cópia de forma equivocada (a maravilha é que isso acontece muito raramente se a cópia for a Bod 1602 ou alguma coisa assim). Essa é a explicação mais provável para a estranha leitura de Eclesiástico 44.5: "Such as found out musical tunes, and reiected verses in writing" (grafia original) ("outros cultivaram a música e escreveram poesias"; BJ). "Reiected", com certeza, é um erro de grafia de "recited", que é o que as edições subsequentes trazem. E, provavelmente, o descuido fez com que a Bíblia dos Bispos trouxesse "threescore and seventh", em vez de "threescore and seventeenth" em 1Macabeus 16.14 ("cento e setenta e sete"; BJ).

[220] Para uma lista desses erros, veja NORTON. *Textual History*, pp. 59–60.

Muitas vezes, os erros da Bíblia dos Bispos entraram aparentemente sem ser percebidos no texto da BKJ. "If thou knowest any man of activity amongst them, then make them rulers over my cattle" (Gn 47.6; "Se sabes haver entre eles homens capazes, põe-nos por chefes do gado que me pertence"; ARA) é, exceto pela adição de "then", exatamente a leitura da Bíblia dos Bispos (Gn 47.6)."Man" é inconsistente com o segundo "them". Além disso, o hebraico está no plural e é sempre traduzido como plural em outras passagens tanto da Bíblia dos Bispos quanto da BKJ e de todas as outras traduções de Tyndale à Bíblia de Genebra trazem "men" aqui. A Bíblia dos Bispos cometeu um erro, e a BKJ só o corrigiu em 1762. Pequenos erros podem passar desapercebidos por quase dois séculos a despeito do esforço dos tradutores e dos editores. Outra leitura que parece ser um erro dos impressores da Bíblia dos Bispos de 1602 é "upon earth", em vez de "upon the earth" na frase: "Since the day that God created man upon earth" (Dt 4.32; "desde o dia em que Deus criou o homem sobre a terra"; ARA). O hebraico tem o artigo definido, e as outras edições da Bíblia dos Bispos (bem como da Bíblia de Genebra) trazem "upon the earth". Não foi anotada nenhuma correção na Bod 1602, mas o artigo reapareceu na BKJ nas edições em quartos de 1612. O erro mais flagrante do texto de 1602 é: "the Lord your God" (1Rs 8.61; seu, em vez de nosso; "o Senhor, nosso Deus"; ARA); o hebraico seguido corretamente pelo original da Bíblia dos Bispos e que voltou a aparecer na BKJ de 1629 significa: "the Lord our God". Os tradutores falharam mais uma vez em corrigir a Bod 1602.

Esses erros acontecem em momentos de desatenção por parte dos tradutores e por esquecer de marcar as correções pretendidas, caso em que eles relatavam para o grupo seguinte os erros que vieram dos copistas da Bod 1602. Em Êxodo 35.11, os tradutores revisaram: "and his rings, his boards, his bars" em direção ao: "and his taches and his boards, his bars" da Bíblia de Genebra ("e os seus colchetes, e as suas tábuas, e as suas barras"; ARC). A omissão foi corrigida em 1638. Em Eclesiastes 8.17, há uma leitura que parece fazer sentido: "because though a man labour to seek it out, yea further though a wise man think to know it, yet shall he not be able to find it" ("por mais que trabalhe o homem para a descobrir, não a entenderá; e, ainda que diga o sábio que a virá a conhecer, nem por isso a poderá achar"; ARA). Contudo, está faltando uma frase do hebraico depois de "to seek it out": "yet he shall not find it". A omissão remonta diretamente ao escriba da

Bod 1602. É possível que ele tenha simplesmente eliminado mais do texto do que pretendia fazer, mas a probabilidade é que ele tenha falhado em escrever em uma revisão, a respeito de a frase da Bíblia dos Bispos — "yet he cannot reach unto them" — precisar de revisão. Uma correção incompleta semelhante também produz sentido em Daniel 1.12; "us have" é eliminado da frase: "let us have pulse" da Bod 1602 e é inserido: "them give" ("Experimenta, peço-te, os teus servos dez dias; e que se nos dêem legumes a comer e água a beber"; ARA). A edição de Cambridge de 1629 percebeu que alguma coisa do hebraico tinha sido omitida e corrigiu a leitura para: "let them give us pulse" ("e que se nos deem legumes"; ARA).

O mais difícil de tudo são as leituras escondidas ou que podem parecer estranhas e que podem ser erro ou não. Três problemas semelhantes de gênero ilustram isso. A primeira edição foi apelidada de Bíblia "ele" por causa da leitura de Rute 3.15: "Ele voltou para a cidade" (NVI). Essa leitura segue o texto hebraico recebido, mas o problema é que o contexto parece exigir que seja Rute, não Boaz, quem volta à cidade. Muitos manuscritos e várias traduções, incluindo a Bíblia de Genebra e a Bíblia dos Bispos usam o gênero feminino. A Bod 1602 mostra que, originalmente, os tradutores deixaram o "ela" inalterado; e a segunda edição traz "entrou ela" (ARA), daí seu apelido de Bíblia "ela".[221] Se os tradutores tivessem seguido a prática registrada para o relato do Sínodo de Dort de anotar as leituras alternativas na margem, podia-se ter certeza de que a leitura "ele voltou" foi deliberada. Assim, há um bom caso a favor de que "ele voltou" é um erro. Dois pontos vão contra isso. Primeiro, a leitura é verdadeira para o hebraico; segundo, "ele voltou" é uma leitura difícil e, portanto, difícil de ser considerada como um erro de cópia ou impressão. A mudança para "entrou ela" representa uma divergência com a decisão original dos tradutores.

Em Cânticos 2.7, o contexto parece exigir o gênero masculino: embora se possa considerar o versículo uma interpolação de um homem, a mulher, como nos versículos vizinhos, parece estar falando, dando uma ordem so-

[221] Pollard escreve veementemente a respeito das designações "ele" e "ela": "Todos esses apelidos para edições da Bíblia são questionáveis, e esse, que sugere que as duas edições formam um par, é prejudicial. A relação delas não é de igualdade como entre o homem e a mulher, mas a segunda é derivada da primeira, da mesma maneira que filho deriva dos pais, uma edição totalmente nova e distinta reimpressa a partir do original, e não uma questão contemporânea" (*Records of the English Bible*, pp. 72–3). Os apelidos são perniciosos de uma segunda maneira: eles sugerem erroneamente que a linhagem das edições posteriores pode ser determinada pela leitura que têm em Rute 3.15.

bre o amor dela: "I charge you, O ye daughters of Jerusalem [...] that ye stir not up, nor awake my love, till he please" ("Filhas de Jerusalém, pelas cervas e gazelas do campo, eu vos conjuro: não desperteis, não acordeis o amor, até que ele o queira"; BJ). O hebraico tem um pronome feminino, "till she please" ("até que ela o queira"; Bíblia da CNBB), e várias traduções, incluindo a Vulgata, a Bíblia de Genebra e a Bíblia dos Bispos seguem isso. Os tradutores da BKJ decidiram tratar o hebraico como um erro, pois criaram a primeira leitura da edição na Bod 1602. Contudo, algumas cópias da primeira edição trazem: "till she please". Como não sabemos se "he" foi corrigido para "ela" ou vice-versa, não sabemos se os tradutores, a despeito do contexto, mudaram de ideia e decidiram ser literais ou se o impressor, equivocado por causa da leitura feminina da Bíblia dos Bispos e por estar trabalhando a partir de uma Bod 1602 com texto com anotações, imprimiu incorretamente "he". A frase: "until she please" pode ter sido a decisão final dos tradutores, mas a presença de "till he please" na maioria das cópias e na segunda edição e subsequentes significa que alguém considerou essa a leitura pretendida. Nesse caso, os tradutores decidiram que o texto hebraico estava errado, e a fonte da variação em algumas cópias pode remontar à natureza da cópia a partir da qual o impressor trabalhou.

A águia em Jó 39, no hebraico, é masculino, mas a BKJ apresentou-a no feminino, menos no versículo 30: "her Young ones also suck up blood: and where the slain are, there is he" ("Seus filhos chupam sangue; onde há mortos, ela aí está"; ARA). Essa aparente confusão é um vestígio da Bíblia dos Bispos, que, do começo ao fim, traz a águia no masculino. Os tradutores esqueceram de marcar a necessária alteração para "there is he" na Bod 1602.

A primeira edição, por melhor que seja, apresenta centenas de problemas, variando de coisas simples a delicadas questões de julgamento. As edições subsequentes lidaram com esses problemas de várias maneiras que, às vezes, incluíram mudança do texto para lhe dar o que alguém julgou ser uma tradução melhor. A primeira edição representa o primeiro momento na confecção da BKJ, mas não marca o fim do processo que foi traçado de Tyndale até a edição de 1611. O texto continuou a crescer de muitas maneiras menores e, no devido curso, começou a produzir filhos que se tornaram novas versões em seu próprio direito.

CAPÍTULO 6

Impressão, edição e desenvolvimento de um texto padrão

Se durante algum tempo entre março de 1611 e fevereiro de 1612, o aparecimento da BKJ foi marcado de alguma maneira especial, o registro perdeu-se. Nem mesmo sabemos se o rei gostou da Bíblia. É como se ela tivesse entrado de fininho no mundo, sem fanfarra, apenas como uma reimpressão da Bíblia dos Bispos. Não há registro na bolsa dos livreiros e editores de Londres da publicação porque, presumivelmente, ela era o que, com efeito, era: uma revisão da Bíblia oficial da igreja. Não tivesse Broughton levado a cabo sua determinação em censurá-la, talvez a BKJ caísse no vazio.

QUAL O NOME A SER DADO À NOVA BÍBLIA

A Bíblia de Coverdale recebeu seu primeiro título em latim, depois, em nosso idioma: "*Biblia.* A Bíblia", acrescentando: "esta é a sagrada Escritura do Antigo e do Novo Testamentos". A Bíblia de Matthew omitiu o latim e pôs: "A Bíblia, toda a sagrada Escritura". A Bíblia de Taverner trazia: "A mais sagrada Bíblia, a santa Escritura". A Grande Bíblia começava com estas palavras: "A Bíblia em inglês, ou seja, todo o conteúdo da sagrada Escritura", e, a seguir, em termos ainda mais prosaicos: "A Bíblia em inglês do maior e mais grandioso volume". A Bíblia de Genebra trazia: "A Bíblia e as santas Escrituras contidas no Antigo e no Novo Testamentos" (apresentação abreviada em algumas edições de 1578 em diante para: "A Bíblia"). Foi a Bíblia dos Bispos que usou pela primeira vez as palavras encontradas na BKJ: "A santa Bíblia, contendo o Antigo e o Novo Testamentos". Em 1610, o NT de Rheims-Douai também usou "a santa Bíblia". Dada essa similaridade de apresentação e, a partir de 1568, a identidade de títulos curtos, como as pessoas poderiam se referir especificamente à BKJ? Todas as outras eram fáceis, mencionadas, em geral, pelo autor, tamanho ou lugar de origem, mas a BKJ era difícil. Até hoje ela tem dois nomes: Bíblia King James e Versão Autorizada.

Durante algum tempo, as descrições mais comuns variavam entre "nova" ou "última". A descrição mais antiga, de fevereiro de 1612, é "uma grande Bíblia da nova tradução", o que nitidamente sugere sua ligação com ambas suas antecessoras. O tradutor George Abbot, depois, arcebispo da Cantuária, em 1619, denominou-a de "A Bíblia da nova tradução", e o catálogo de 1620 da Biblioteca Bodley usou a mesma expressão.[222] Nos primeiros dias após sua publicação, o clero pedia "uma Bíblia da última edição", ou "da última tradução" ou "do maior volume".[223] De 1630 em diante, as páginas-título para as concordâncias de John Downame, Clement Cotton e Samuel Newman referiam-se à BKJ como "a última tradução". Na década de 1640, a BKJ e a Bíblia de Genebra eram distinguidas, referindo-se a elas como Bíblia com ou sem notas.[224] Robert Gell em seu tremendo ataque contra a BKJ, em 1659, chama-a de a "última tradução inglesa" (página-título) e, daí em diante, refere-se geralmente a ela como "essa tradução". Em 1620, ela foi mencionada como "a Bíblia autorizada" no manuscrito de um tradutor rival e, na década de 1640, foi descrita como "permitida como autêntica por ordem especial do rei James",[225] mas a primeira menção do *Oxford English Dictionary* à Versão Autorizada é de 1824. As designações ligadas a James remontam a 1627, quando a concordância do AT de Cotton usou "a tradução autorizada por sua majestade, o rei da Grã-Bretanha" (página-título). Em 1645, o primeiro relato — breve e inexato — das traduções inglesas a incluir a BKJ a menciona como "a última tradução proporcionada pelo rei James" — e também como "a última tradução da Bíblia", "a nova tradução" e, singularmente, "a edição reformada e revisada da Bíblia".[226] Na década de 1660, Roger Norton referiu-se a ela como "a Bíblia da tradução do king James". Essas designações se tornaram comuns no século seguinte.

[222] POLLARD. *Records of the English Bible*, p. 66; JAMES. *Catalogus universalis*, p. 70.

[223] POLLARD. *Records of the English Bible*, p. 66.

[224] SPARKE. *Scintilla*, pp. 1, 3; Prynne. *Canterbury's Doom*, p. 515.

[225] USSHER, Ambrose, dedicatória a sua tradução inacabada. *Fourth Report of the Royal Commission on Historical Manuscripts*, 1874, p. 589; WHISTON, Edward. *The Life and Death of Mr Henry Jessey*, 1671, p. 48.

[226] Prefácio, possivelmente de Downame, para *Annotations upon all the Books of the Old and New Testament*, segs. B3r-B4r.

Em 1723, um historiador da Bíblia mencionou que ela "é comumente chamada de Bíblia King James".[227] John Lewis intitulou o último capítulo de sua *History of the Several Translations of the Holy Bible* (1731) de "da tradução da Bíblia para o inglês no primeiro reinado do rei James e a partir daí" e indexou a BKJ como "tradução da Bíblia para o inglês por [...] King James"; em outros lugares, ele chamou-a de várias maneiras: "Nova Tradução da Bíblia"; "essa tradução real"; "nossa presente tradução inglesa" e "nossa tradução"; ele cita um católico-romano que a chama de "Bíblia King James" e de "a Bíblia do rei".[228] Um escritor protestante chamou-a de "versão real". "A Bíblia King James" tornou-se a designação norte-americana usual, e "a Versão Autorizada" tornou-se a inglesa.

Houve outro desenvolvimento de verdadeira relevância histórica na denominação da BKJ. Por volta da época da restauração, tornou-se desnecessário referir-se especificamente à BKJ porque "a santa Bíblia" passou a representar apenas uma Bíblia. A concordância de Newman mostra a mudança. Em 1658, ainda era uma "concordância para a Bíblia em inglês conforme a última tradução"; em 1662, ela passou a ser uma "concordância para as sagradas Escrituras", e assim continuou. A BKJ tinha se tornado a única Bíblia da Inglaterra.

A ÚNICA BÍBLIA DA INGLATERRA

Em 1611, a verdadeira rival da BKJ era a Bíblia de Genebra. Ela tinha uma base firme na preferência popular e meio século de domínio de mercado. Acima de tudo, as pessoas gostavam dela por causa de suas notas. Quando a BKJ começou a dominar o mercado, "as pessoas reclamavam que não conseguiam entender tão bem o sentido da Escritura quanto as Bíblias de Genebra porque as notas desta não se ajustavam ao entendimento do novo texto nem foram fornecidas outras notas para substituí-las".[229] O desejo de ter a Bíblia explicada era forte, e a BKJ não o satisfez. Contudo, a demanda não foi pela publicação contínua da tradução de Genebra, mas pela notas da

[227] Anônimo. *Bibliotheca Literaria*, p. 22.

[228] Segunda edição (1739), pp. 339, 340, 347 e 336. Anthony Johnson, que ganhou de Lewis a honra de ser o primeiro a publicar, por um ano, um livro sobre a história da Bíblia em inglês, refere-se à BKJ como "essa nossa nova tradução" (*An Historical Account*, p. 97).

[229] Downame (?). *Annotations*, fol. B4r. Depois, Fuller apresentou um ponto idêntico, *Church History*, livro x, p. 58.

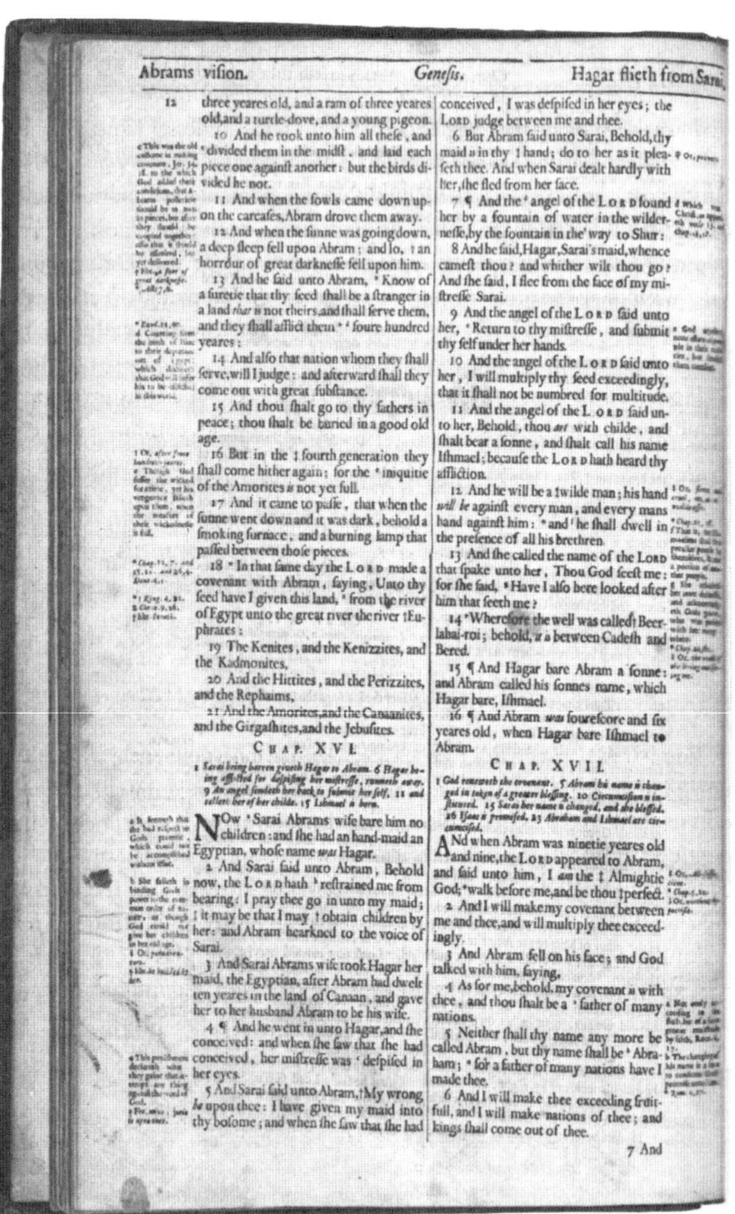

Abrams vision. *Genesis.* Hagar flieth from Sarai.

12 three yeares old, and a ram of three yeares old, and a turtle-dove, and a young pigeon.

10 And he took unto him all these, and divided them in the midst, and laid each piece one against another: but the birds divided he not.

11 And when the fowls came down upon the carcases, Abram drove them away.

12 And when the sunne was going down, a deep sleep fell upon Abram; and lo, an horrour of great darknesse fell upon him.

13 And he said unto Abram, Know of a suretie that thy seed shall be a stranger in a land *that is* not theirs, and shall serve them, and they shall afflict them foure hundred yeares:

14 And also that nation whom they shall serve, will I judge: and afterward shall they come out with great substance.

15 And thou shalt go to thy fathers in peace; thou shalt be buried in a good old age.

16 But in the fourth generation they shall come hither again; for the iniquitie of the Amorites *is* not yet full.

17 And it came to passe, that when the sunne went down and it was dark, behold a smoking furnace, and a burning lamp that passed between those pieces.

18 In that same day the LORD made a covenant with Abram, saying, Unto thy seed have I given this land, from the river of Egypt unto the great river the river Euphrates:

19 The Kenites, and the Kenizzites, and the Kadmonites,

20 And the Hittites, and the Perizzites, and the Rephaims,

21 And the Amorites, and the Canaanites, and the Girgashites, and the Jebusites.

CHAP. XVI.

1 Sarai being barren giveth Hagar to Abram. 6 Hagar being afflicted for despising her mistresse, runneth away. 9 An angel sendeth her back to submit her self. 11 and telleth her of her childe. 15 Ishmael is born.

NOw Sarai Abrams wife bare him no children: and she had an hand-maid an Egyptian, whose name *was* Hagar.

2 And Sarai said unto Abram, Behold now, the LORD hath restrained me from bearing: I pray thee go in unto my maid; it may be that I may obtain children by her: and Abram hearkned to the voice of Sarai.

3 And Sarai Abrams wife took Hagar her maid, the Egyptian, after Abram had dwelt ten yeares in the land of Canaan, and gave her to her husband Abram to be his wife.

4 ¶ And he went in unto Hagar, and she conceived: and when she saw that she had conceived, her mistresse was despised in her eyes.

5 And Sarai said unto Abram, My wrong *be* upon thee: I have given my maid into thy bosome; and when she saw that she had conceived, I was despised in her eyes; the LORD judge between me and thee.

6 But Abram said unto Sarai, Behold, thy maid *is* in thy hand; do to her as it pleaseth thee. And when Sarai dealt hardly with her, she fled from her face.

7 ¶ And the angel of the LORD found her by a fountain of water in the wildernesse, by the fountain in the way to Shur:

8 And he said, Hagar, Sarai's maid, whence camest thou? and whither wilt thou go? And she said, I flee from the face of my mistresse Sarai.

9 And the angel of the LORD said unto her, Return to thy mistresse, and submit thy self under her hands.

10 And the angel of the LORD said unto her, I will multiply thy seed exceedingly, that it shall not be numbred for multitude.

11 And the angel of the LORD said unto her, Behold, thou *art* with childe, and shalt bear a sonne, and shalt call his name Ishmael; because the LORD hath heard thy affliction.

12 And he will be a wilde man; his hand *will be* against every man, and every mans hand against him: and he shall dwell in the presence of all his brethren.

13 And she called the name of the LORD that spake unto her, Thou God seest me: for she said, Have I also here looked after him that seeth me?

14 Wherefore the well was called Beer-lahai-roi; behold, *it is* between Cadesh and Bered.

15 ¶ And Hagar bare Abram a sonne: and Abram called his sonnes name, which Hagar bare, Ishmael.

16 ¶ And Abram *was* fourescore and six yeares old, when Hagar bare Ishmael to Abram.

CHAP. XVII.

1 God reneweth the covenant. 5 Abram his name is changed in token of a greater blessing. 10 Circumcision is instituted. 15 Sara her name is changed, and she blessed. 16 Isaac is promised. 23 Abraham and Ishmael are circumcised.

ANd when Abram was ninetie yeares old and nine, the LORD appeared to Abram, and said unto him, I *am* the Almightie God; walk before me, and be thou perfect.

2 And I will make my covenant between me and thee, and will multiply thee exceedingly.

3 And Abram fell on his face; and God talked with him, saying,

4 As for me, behold, my covenant *is* with thee, and thou shalt be a father of many nations.

5 Neither shall thy name any more be called Abram, but thy name shall be Abraham; for a father of many nations have I made thee.

6 And I will make thee exceeding fruitfull, and I will make nations of thee; and kings shall come out of thee.

7 And

4. BKJ, de 1642, com anotações de Genebra, impressa em Amsterdã. Bible Society (Fry Collection). BSS.201.C42. Gênesis 16-17.

Bíblia de Genebra ou de alguma coisa do tipo especialmente adaptada para a BKJ. A publicação das *Annotations*, em 1645, foi a primeira de muitas tentativas de satisfazer essa demanda, outra tentativa foi a publicação no exterior não mais das Bíblias de Genebra, mas de edições da BKJ com as anotações da Bíblia de Genebra (1642, etc.).[230]

Todas as Bíblias têm um aspecto político, e as notas tornavam a Bíblia de Genebra especialmente política. James deixou isso claro na conferência de Hampton Court, e, quando a Guerra Civil começou a se aproximar e, por fim, se materializou, esse aspecto ficou mais claro para os bispos e a corte. Houve motivo para os bispos promoverem a BKJ e tentarem suprimir a Bíblia de Genebra. O principal homem responsável por isso foi o arcebispo William Laud, embora ele mesmo a tenha usado até o final da década de 1620.[231] Em seu julgamento (1644), ele foi claro a respeito do motivo político. Ele citou as objeções de James I e comentou "que, agora, mais que antes, essas notas eram mais comumente usadas para propósitos ruins e que, por isso, a Alta Comissão estava mais cuidadosa e severa com elas que anteriormente".[232]

O outro motivo para ir eliminando aos poucos a Bíblia de Genebra era comercial. Imprimir a Bíblia da igreja fazia parte do monopólio do impressor do rei. A verdadeira competição vinha da importada Bíblia de Genebra. No julgamento de Laud, houve um relatório de que a BKJ era "mais vendável", e o impressor do rei deixou de imprimir as Bíblias de Genebra por causa "do lucro pessoal, não em virtude de alguma restrição pública, [e, por isso,] elas eram usualmente importadas do exterior".[233] A declaração de "mais vendável", provavelmente, significa mais lucrativa para Robert Barker, que tinha de recuperar um investimento muito substancial que fizera para a publicação da BKJ. A percepção de Laud era:

[230] A primeira dessas, impressa em Amsterdã, acrescentou as seguintes palavras ao título usual: "com as anotações mais úteis em todas as passagens difíceis e outras coisas de grande importância. Essas notas nunca foram apresentadas com essa nova tradução; mas, agora, foram postas na devida ordem com grande cuidado e diligência". A edição forneceu o prefácio dos tradutores da BKJ e o sumário dos capítulos, além das tabelas da Bíblia de Genebra de nomes próprios e "as principais coisas contidas na Bíblia, sua poesia do incomparável tesouro das sagradas Escrituras", argumentos e notas, mas omitiu os diagramas (e os livros apócrifos).

[231] NORTON. *History of the English Bible as Literature*, pp. 104–5.

[232] LAUD. *Works*, vol. IV, p. 262.

[233] PRYNNE. *Canterbury's Doom*, p. 515.

que havia, graças às inúmeras Bíblias [de Genebra] vindas [...] de Amsterdã, um grande e justificável medo de que aos poucos a impressão da Bíblia seria tirada do reino. Pois os livros que vinham de fora eram mais bem impressos e blocados, o papel era de melhor qualidade e, com todos os encargos de envio, eram bem mais baratos. E quem compraria uma Bíblia pior e mais cara se podia ter uma melhor e mais barata? E a causa de um olhar mais rigoroso sobre aquelas Bíblias foi a preservação da impressão aqui em nosso país.[234]

O puritano Michael Sparke, comerciante de livros e importador de Bíblias londrino e também publicador do oponente de Laud, William Prynne, em desafio ao monopólio, forneceu um retrato idêntico em seu ataque ao monopólio da impressão, Scintilla. Ele documentou aumentos de preço, observou o quanto as Bíblias importadas eram mais baratas e acusou o impressor do rei de exploração comercial com seu monopólio. Ele, como Laud, escreve em diversas passagens sobre a "melhor qualidade do papel e da impressão" das importadas. Assim, é paradoxal que o triunfo da BKJ sobre sua rival tenha acontecido, em parte, por causa de sua produção inferior: em uma competição justa, ela provavelmente teria perdido, mas seus apoiadores tinham meios não muito transparentes à sua disposição.

O que é mais relevante nesses argumentos é que não há nada neles que sugira que o triunfo da BKJ deveu-se em algum grau ao seu mérito relativo como tradução. A questão parece não ter ocorrido a Laud nem aos seus oponentes. Não foi o mérito da BKJ como tradução nem seu atrativo como livro que levou a se tornar a única Bíblia da Inglaterra. Depois de 1644, comprar uma Bíblia em inglês passou a significar comparar meramente a BKJ. Houve, transitoriamente, apenas uma alternativa: a tradução de Theodore Haak, de 1657, de *The Dutch Annotations upon the Whole Bible.* Esse texto, visto que estava soterrado pelas muitas e extensas notas, era ilegível como tradução e pertencia mais à história dos comentários em inglês. Ele nunca foi reimpresso. Não houve outras novas traduções até o NT poliglota

[234] Laud. *Works*, vol. iv, p. 263. Fuller fornece um relato oposto e um tanto obscuro das Bíblias importadas. Ele descreve a importação das Bíblias de Amsterdã e de Edimburgo, por volta de 1640, como tendo "papel de má qualidade, impressão pior, pouca margem" e tendo "muitas e na maioria abomináveis erratas". Essas, diz ele, eram as queixas sobre "como dar grande vantagem aos papistas" (*Church History*, book xi, section iii, p. 29). O leitor pode escolher entre seu relato e o dos dois adversários imediatamente preocupados com a questão. O julgamento das Bíblias dessa época, em termos de qualidade de impressão, seriam uma questão complexa, e os argumentos de Laud, Sparke e Fuller são todos moldados por outros interesses.

de Daniel Mace, de 1729, anunciar a chegada de versões alternativas, em sua maioria do Novo Testamento. Nessa época, a BKJ estava totalmente estabelecida como a Bíblia.

AS IMPRESSÕES ATÉ SÉCULO XIX

Até 1629, a impressão da BKJ foi totalmente executada pelo impressor do rei. Ele tinha o monopólio da impressão das Bíblias oficiais, a Bíblia dos Bispos e a BKJ, o Livro de Oração e alguns documentos oficiais.[235] Robert Barker, impressor do rei nos primeiros anos da BKJ, também detinha o monopólio da impressão da Bíblia de Genebra na Inglaterra.[236] Sua posição deve ter sido lucrativa, embora a Bíblia pudesse ser mais um fardo que um prêmio, e ele talvez fosse um negociante irremediavelmente pobre. A BKJ envolveu-o em custos de, no mínimo, 3.500 libras esterlinas,[237] e as Bíblias em tamanho fólio eram (e ainda são) especialmente caras para ser produzidas e lentas para dar o retorno do investimento. Barker levantou esse dinheiro vendendo o estoque a preços de atacado e talvez também pegando emprestado com Bonham Norton e John Bill, que vieram a se tornar seus sócios e também seus adversários legais e, provavelmente, até mesmo sabotadores dele,[238] sendo perseguidos pelo resto da vida por multas e custos substanciais e prisão e o direito efetivo do cargo de impressor do rei passou de um para outro, entre eles mesmos, conforme as fortunas mudavam de mão.[239]

Em razão desse endividamento e conflito, não é de admirar que o começo da história da impressão da BKJ tenha sido complexo e obscuro. Barker fez seus homens trabalharem duro, aparentemente tentando inundar o mercado com Bíblias. Entre 1611 e 1613, eles compuseram o texto completo da BKJ treze vezes, do NT do BKJ duas vezes, das Bíblias de Genebra quatro vezes, duas ou três vezes dos NTs de Genebra e do NT da Bíblia dos Bispos. É uma quantidade extraordinária de trabalho, em especial porque cada edição

[235] No capítulo 3, Handover fornece uma história do trabalho árduo do impressor do rei e da recompensa recebida de imprimir a Bíblia; 'The Bible Patent', *Printing* in *London.*

[236] Barnard. 'Financing of the Authorized Version', p. 29.

[237] Ball. *A Brief Treatise*, p. 27.

[238] A omissão do "não" na frente do sétimo mandamento (Êx 20.14) na Bíblia "Perversa", de 1631, provavelmente, foi sabotagem em favor de Norton.

[239] Para essa história complexa, veja Plomer. 'The King's Printing House'; e Handover. *Printing in London*, pp. 81–5. Barnard corrige a percepção de Plomer e faz acréscimos à parte anterior da história.

ou reimpressão envolvia recompor todo o texto. A demanda imediata das igrejas por Bíblias tamanho fólio foi provavelmente atendida, e alguma coisa foi oferecida na maior parte do mercado, os quartos em tipo gótico e romano, incluindo um NT, os oitavos em tipo romano e um NT em tamanho duodécimo em tipo romano.

Duas omissões de oitavos são dignas de nota. A página-título omitiu "Designada para ser lida nas igrejas", presumivelmente, porque esses formatos pequenos eram apenas para leitura individual. O prefácio dos tradutores foi omitido por uma questão de economia; à medida que o século corria, o prefácio começou a ficar cada vez mais raro, chegando até mesmo a desaparecer dos fólios (não aparece nos fólios de Oxford).

Com tantas Bíblias impressas disponíveis, dificilmente se conseguiria manter o padrão de exatidão textual. Barker usava a prática comum de recompor página por página: em cada um de seus formatos, cada versículo da página terminando no mesmo ponto. Isso permitia o trabalho simultâneo em diferentes partes do texto em uma mesma gráfica ou espalhado por diversas gráficas, aumentando muitíssimo a velocidade de produção.[240] Os vários tipógrafos trabalhavam a partir de diversas cópias de uma edição no mesmo formato, e provavelmente havia pouca checagem do trabalho contra uma única cópia mestra. A impressão página por página também permite que as folhas de uma impressão se misturem com as folhas de outra, criando variação nas edições. Essa superabundância também foi causada por outra economia de Barker: sua prática de vender livros para fazer caixa rápido antes de eles estarem completamente impressos (e perdendo, assim, os melhores preços que poderia conseguir se esperasse até a impressão estar completa).[241]

Isso não quer dizer que a impressão era muitíssimo imprecisa, em especial em comparação com algumas das impressões feitas mais tarde no mesmo século, mas houve erros e uma variedade de leituras foram desenvolvidas junto com uma variedade de mudanças feitas de forma deliberada. Um dos erros que, provavelmente, foi deliberado e sugere a inevitável tensão no local de trabalho sob o comando de um mestre enérgico: em vez de "princes have persecuted me without a cause" (Sl 119.161; "Príncipes me perseguem sem

[240] Sparke registra seis gráficas trabalhando para o impressor do rei em 1629, produzindo uma Bíblia em tamanho fólio, em 1629, "em um instante" (*Scintilla*, p. 1).

[241] Plomer. 'The King's Printing House', p. 362; Norton. *Textual History*, p. 64.

causa"; ARA), algumas cópias da primeira edição in-oitavo de 1612 trazem: "printers have persecuted me without a cause", "printers" em vez de "princes". As variações incluem: "is there no blame in Gilead" (Jr 8.22, no tamanho quarto de 1613, "blame" em vez de "balm"; "Acaso, não há bálsamo em Gileade?"; ARA); e: "Darius the sting" (1Ed 4.47, no tamanho quarto de 1612, "sting" em vez de "king"; "Dario, o rei").

O desenvolvimento do texto da BKJ sob o patrocínio de Barker foi limitado. Os formatos menores, cada um com suas próprias particularidades, eram um beco sem saída textual, desaparecendo com sua última impressão.[242] Os tamanhos fólio, seja para melhor seja para pior, receberam mudanças duradouras. Os erros da primeira edição foram corrigidos, as leituras que pareciam um erro — mas provavelmente não eram — foram mudadas; e novos erros, cometidos. A segunda edição (a Bíblia "ela"), uma reimpressão página por página da primeira edição, provavelmente, começou em 1611, a data na página-título do NT, e algumas cópias foram concluídas bem depressa. Mas, então, a porção de Juízes 13 a Ezequiel 20, de alguma maneira, foi destruída e teve de ser recomposta. A maioria das cópias tem o ano de 1613 na página-título e, em geral, assume-se que essa é a data da edição. Essa edição, além de corrigir os erros tipográficos, criou cerca de trinta leituras, algumas realmente com variações de grafia, que sobreviveram nas BKJs padrão. Algumas dessas mudanças, como "hoops" (argolas), em vez de "hooks" ("ganchos"; ARA) em Êxodo 38.11, coincidem com as anotações feitas na Bod 1602 e sugerem que o trabalho dos tradutores era consultado de vez em quando, e a maioria das correções era apenas uma questão de lógica e não precisava dessa consulta. Duas das leituras, Rute 3.15 e "hewed" ("abati") em Oseias 6.5, começaram o processo de introduzir as leituras que se contrapõem ao julgamento dos tradutores. Isso também produziu uma safra de erros tipográficos, começando com: "OE THE BIBLE" e "Chkist", na dedicatória.

Barker produziu outro fólio, em 1613, usando um tipo gótico menor, diminuindo, assim, o número de páginas necessárias de 732 para 508, além de fornecer uma alternativa mais barata para as igrejas. Essa edição desempenhou um papel menor na história do texto, introduzindo quatro leituras que se tornaram padrão, uma delas, Mateus 6.3, vai contra a evidência da

[242] Norton. *Textual History*, p. 73.

Bod 1602. Ela também produziu uma leitura que ainda é encontrada de vez em quando: "fleshly" (carnal) para "fleshy" (2Co 3.3; "de carne"; ARA). O maior interesse da edição está no fato de que mostra a atitude de Barker (ou de seus funcionários) com o texto. Nessa edição foram usadas a primeira e a segunda edições como cópia, seguindo uma delas por uma longa extensão de texto, depois, mudando para a outra e, de vez em quando, mesclando as duas. Se dois tipógrafos ou gráficas foram usados na composição, um compôs de Gênesis a Juízes a partir da primeira edição, enquanto o outro compôs de Rute a 1Reis a partir da segunda edição e assim por diante. Ou pode ser que um único tipógrafo tenha trabalhado, às vezes, a partir da primeira edição e, outras vezes, da segunda. Para eles, um fólio era tão bom quanto o outro.

Em 1616, foi impresso um fólio em tipo romano pequeno usando a primeira edição como cópia, mas acrescentando leituras da segunda edição salpicadas pelo texto. Isso trouxe cerca de vinte novas leituras, algumas das quais envolviam certo grau de erudição e pareciam ter sido extraídas de traduções mais antigas. Apenas poucas destas são encontradas nas edições subsequentes do impressor do rei, mas os criadores da edição de Cambridge, de 1629, consultaram essa edição em fólio e, assim, puseram em circulação suas leituras. No que dizia respeito ao impressor do rei, o texto foi composto, em 1617, na terceira das edições grandes em tamanho fólio. O texto misturou leituras da primeira e da segunda edições, acrescidas por algumas novas leituras e está longe de ser a forma perfeita do texto.

No começo da década de 1590, Cambridge imprimiu o NT e a Bíblia de Genebra. Na década de 1620, Cambridge tentou imprimir a BKJ e, finalmente, conseguiu seu privilégio original de Henrique VIII e confirmado em 1628. As Bíblias de 1629 e 1638 resultantes foram, depois da primeira edição, os dois fólios mais importantes no desenvolvimento do texto. Conforme já comentado, diz-se que dois dos tradutores originais, Bois e Samuel Ward, além de Joseph Mede e Thomas Goad, participaram do trabalho da edição de 1638, embora esse registro seja incerto, é possível que eles também estivessem envolvidos na edição de 1629. Eram necessários homens do calibre deles.

Essa primeira edição de Cambridge, pelas minhas contas, fez 356 mudanças em leitura e grafia de nomes que se tornaram padrão e, na edição de 1638, fizeram mais 235 mudanças. As edições também restauraram algumas das 29 variantes da primeira BKJ. Esse é um número razoável, mais de uma variante a cada dois capítulos. Essas edições desenvolveram as referências cruzadas e o uso do itálico, o que só pode ter sido feito com o exame do texto à luz do hebraico e do grego. O cuidado acadêmico meticuloso é a marca dessas edições de Cambridge. Enquanto as edições do impressor do rei lidaram principalmente com os erros tipográficos, eles focaram as inexatidões da tradução.

A mudança feita em 1Macabeus 5.13 é característico desse cuidado. Os editores da edição de 1629 perceberam e corrigiram um erro de pontuação, salvando, assim, a vida de esposas e filhos. O texto de 1611 trazia:

> Yea all our brethren that were in the places of Tobie are put to death, their wives and their children; also they have carried away captives, and borne away their stuff.

Essa pontuação não pode ter sido criação dos tradutores porque o texto grego não é ambíguo: as esposas e os filhos não morreram. Com toda probabilidade, a mudança no manuscrito da BKJ não estava pontuada, como a maioria das anotações na Bod 1602, e o impressor tomou uma decisão equivocada quanto a como pontuar o texto, talvez nem mesmo percebendo que o texto podia ter dois sentidos. Os editores da edição de 1629, ao ler a tradução cotejando com o texto grego, viram o problema e, mudando a pontuação, deixaram o texto de acordo com o grego.

> Yea all our brethren that were in the places of Tobie are put to death: their wives and their children also they have carried away captives, and borne away their stuff.

> (Todos os nossos irmãos que moravam no distrito de Tobias foram chacinados, enquanto suas esposas e filhos foram levados prisioneiros e seus bens saqueados; BJ.)

As mudanças mais comuns na edição de 1629 são as quantidades e nem sempre elas concordam com a decisão original dos tradutores. A passagem 1Samuel 28.7 da edição, de 1611, apresenta este texto:

> Then said Saul unto his servants, Seek me a woman that hath a familiar spirit, that I may go to her and inquire of her. And his servant said to him, Behold, there is a woman that hath a familiar spirit at Endor.

> (Então, disse Saul aos seus servos: Apontai-me uma mulher que seja médium, para que me encontre com ela e a consulte. Disseram-lhe os seus servos: Há uma mulher em En-Dor que é médium; ARA.)

A edição de 1629 restaurou a leitura da Bíblia dos Bispos, de 1602, no começo da segunda sentença: "and his servants said". Esse é o sentido literal do hebraico, mas os tradutores tiraram o "s" na Bod 1602, sem dúvida, achando que os servos não responderam em coro. A fidelidade literal foi a tendência dos editores da edição de 1629; eles, provavelmente, sem conhecer o raciocínio dos tradutores, inseriram a tradução que, no julgamento deles, devia ter sido dada na edição de 1611. Essas mudanças foram o início da revisão da BKJ, no sentido de conseguir uma tradução "melhor".

O trabalho com os nomes foi semelhante a esse. Muitas vezes, a mudança não fez diferença na pronúncia, mas, em geral, melhorou a fidelidade ao texto hebraico. A edição de 1611 tinha corrigido o nome "Kenezites", da Bíblia dos Bispos, para "Kenizites" (Gn 15.19; "quenezeu"; ARA), mas os editores da edição de 1629 observaram que o hebraico duplicava uma das letras, assim, deram uma grafia ainda mais exata para "Kenizzites". A edição de 1638 fez mais mudanças desse tipo. Às vezes, a mudança envolvia a pronúncia. A edição de 1611 mudou de "Olofernes" para "Holofernes" (Jd 3; "Holofernes"; BJ). A edição de 1629 seguiu a segunda edição na regularização para a forma grega: "Olofernes"; depois, a edição de 1638, seguindo o espírito da instrução 2 para os tradutores, forneceu a forma comumente usada: "Holofernes".

Houve algumas ocasionais reescritas menores: "I said"; passou a ser: "Said I" (Is 6.8; "Disse eu"; ARA) e, reciprocamente, "saw I" passou a ser "I saw" (2Ed 13.12; "eu vi"). Um versículo foi reescrito. A tradução de Jó 4.6 da edição de 1611 foi tirada direto da anotação da Bod 1602, seguindo as palavras hebraicas, mas sem fazer sentido: "is not this thy fear, thy confidence; the uprightness of thy ways and thy hope?" A edição de 1629 adaptou a passagem para que fizesse sentido: "is not thy fear, thy confidence; and the uprightness of thy ways, thy hope?" ("Porventura, não é o teu temor de Deus aquilo em que confias, e a tua esperança, a retidão dos teus caminhos?"; ARA.)

A edição de 1629 também foi um importante passo adiante na grafia do texto da Bíblia. Os "e" supérfluos começaram a ser tirados e deram lugar à outra grafia mais moderna — e quase sempre mais curta. Isso junto com o uso do tipo romano, incluindo o "v" e o "j", fez o texto parecer muito mais moderno. Claro que as formas curtas eram mais econômicas para o impressor.

Às vezes, a inconsistência na prática de composição produz resultados inconsistentes e antiquados, notavelmente nas passagens em que se usa "vv", em vez de "w" no início de uma palavra. A edição de 1638 fez mais algumas mudanças e introduziu alguns apóstofros.

Quantas pequenas inovações entraram na edição de 1629 fica evidente na comparação com a amostra da página de Gênesis 16-17 de 1611. Há 74 diferenças (incluindo duas que são erros tipográficos da edição de 1629), a maioria delas são variações de grafia. São introduzidos sete usos de itálico, nove mudanças de pontuação, sete delas ponto e vírgula. O nome de todos os livros nas notas de margem está em maiúscula. "Thy eyes" (16.6m; "teus olhos"; ARC) passa a ser "thine eyes".

O refinamento minucioso do texto foi acompanhado da exatidão e qualidade geral da impressão em ambas as edições. Nesses aspectos, elas ficaram muito melhores — se não absolutamente perfeitas — que qualquer uma produzida pelo impressor do rei. O erro mais famoso da edição de 1638 mudou a leitura de um versículo em relação à indicação de diáconos, Atos 6.3 passou de: "look ye out among you seven men of honest report [...] whom we may appoint", para: "whom ye may appoint" ("escolhei dentre vós sete homens de boa reputação [...] aos quais encarregaremos deste serviço"; ARA), tradução adequada aos puritanos e, depois, houve a suposição de que tenha sido resultado de um suborno de 1.000 ou até mesmo 1.500 libras esterlinas.[243] A edição de 1638 se tornou o texto padrão por mais de cem anos. Uma edição holandesa de 1645 anunciou-se na página-título como impressa "de acordo com a cópia impressa por Roger Daniel, impressor da Universidade de Cambridge"; "de acordo com a cópia" está em um tipo especialmente pequeno na página-título do NT, fazendo parecer que a própria edição foi impressa por Daniel.[244] William Bentley, que desafiou os detentores do monopólio de diversas edições de 1646 em diante, imprimiu um texto "corrigido só pela Bíblia de Cambridge".[245]

Alguns críticos ainda procuram um texto definitivo, enquanto os impressores, incluindo as universidades, continuam a produzir Bíblias, às vezes, com mais que seu quinhão de erros e a preços que provocam queixas. William Kilburne, inimigo da florescente coleção de erros de impressão, fez

[243] Herbert. *Historical Catalogue*, p. 520; McKitterick. *A History*, vol. i, pp. 326–7.

[244] Herbert. *Historical Catalogue*, p. 584.

[245] Anônimo. 'The case of the printery at Finsbury'.

Abrams viſion. Chap.xv.xvi.xvii. Hagar fleeth from Sarai.

CHAP. XV.

1 God encourageth Abram. 2 Abram complaineth for want of an heire. 4 God promiſeth him a ſonne, and a multiplying of his ſeed. 6 Abram is juſtified by faith. 7 Canaan is promiſed again, and confirmed by a ſigne, 12 and a viſion.

AFter theſe things the word of the LORD came unto Abram in a viſion, ſaying, Fear not, Abram: *I am* thy ſhield, *and* thy exceeding * great reward. *Pſal.16.5.

2 And Abram ſaid, Lord GOD, what wilt thou give me, ſeeing I go childleſſe, and the ſteward of my houſe *is* this Eliezer of Damaſcus?

3 And Abram ſaid, Behold, to me thou haſt given no ſeed: and lo, one born in my houſe is mine heire.

4 And behold, the word of the LORD *came* unto him, ſaying, This ſhall not be thine heire, but he that ſhall come forth out of thine own bowels ſhall be thine heire.

5 And he brought him forth abroad, and ſaid, Look now toward heaven, and tell the ſtarres, if thou be able to number them: and he ſaid unto him, * So ſhall thy ſeed be. *Rom.4.18.

6 And he * beleeved in the LORD; and he counted it to him for righteouſneſſe. *Rom. 4.3. Galat.3.6. James 2.23.

7 And he ſaid unto him, I *am* the LORD that brought thee out of Ur of the Chaldees, to give thee this land to inherit it.

8 And he ſaid, Lord GOD, whereby ſhall I know that I ſhall inherit it?

9 And he ſaid unto him, Take me an heifer of three yeares old, and a ſhe-goat of three yeares old, and a ramme of three yeares old, and a turtle-dove, and a young pigeon.

10 And he took unto him all theſe, and divided them in the midſt, and laid each piece one againſt another: but the birds divided he not.

11 And when the fowls came down upon the carcaſes, Abram drove them away.

12 And when the ſunne was going down, a deep ſleep fell upon Abram; and lo, an horrour of great darkneſſe fell upon him.

13 And he ſaid unto Abram, Know of a ſuretie * that thy ſeed ſhall be a ſtranger in a land *that is* not theirs, and ſhall ſerve them, and they ſhall afflict them foure hundred yeares. *Acts 7.6.

14 And alſo that nation whom they ſhall ſerve, will I judge: and afterward ſhall they come out with great ſubſtance.

15 And thou ſhalt go to thy fathers in peace; thou ſhalt be buried in a good old age.

16 But in the fourth generation they ſhall come hither again: for the iniquitie of the Amorites *is* not yet full.

17 And it came to paſſe, that when the ſunne went down and it was dark, behold a ſmoking furnace, and † a burning lamp that paſſed between thoſe pieces. †Heb. *a lamp of fire.*

18 In that ſame day the LORD made a covenant with Abram, ſaying, * Unto thy ſeed have I given this land, from the river of Egypt unto the great river the river Euphrates: *Chap. 12.7. and 13.15. and 26.4. Deut.34.4.

19 The Kenites, and the Kenizzites, and the Kadmonites,

20 And the Hittites, and the Perizzites, and the Rephaims,

21 And the Amorites, and the Canaanites, and the Girgaſhites, and the Jebuſites.

CHAP. XVI

1 Sarai being barren giveth Hagar to Abram. 6 Hagar being afflicted for deſpiſing her miſtreſſe, runneth away. 9 An angel ſendeth her back to ſubmit her ſelf, 11 and telleth her of her childe. 15 Iſhmael is born.

NOw Sarai Abrams wife bare him no children: and ſhe had an handmaid an Egyptian, whoſe name *was* Hagar.

2 And Sarai ſaid unto Abram, Behold now, the LORD hath reſtrained me from bearing: I pray thee go in unto my maid; it may be that I may † obtain children by her: and Abram hearkened to the voice of Sarai. †Heb. *be builded by her.*

3 And Sarai Abrams wife took Hagar her maid, the Egyptian, after Abram had dwelt ten yeares in the land of Canaan, and gave her to her huſband Abram to be his wife.

4 ¶ And he went in unto Hagar, and ſhe conceived: And when ſhe ſaw that ſhe had conceived, her miſtreſſe was deſpiſed in her eyes.

5 And Sarai ſaid unto Abram, My wrong *be* upon thee: I have given my maid into thy boſome; and when ſhe ſaw that ſhe had conceived, I was deſpiſed in her eyes: the LORD judge between me and thee.

6 But Abram ſaid unto Sarai, Behold, thy maid *is* in thy hand; do to her † as it pleaſeth thee. And when Sarai † dealt hardly with her, ſhe fled from her face. †Heb. *that which is good in thine eyes.* †Heb. *afflicted her.*

7 ¶ And the angel of the LORD found her by a fountain of water in the wilderneſſe, by the fountain in the way to Shur.

8 An he ſaid, Hagar, Sarais maid, whence cameſt thou? and whither wilt thou go? And ſhe ſaid, I flee from the face of my miſtreſſe Sarai.

9 And the angel of the LORD ſaid unto her, Return to thy miſtreſſe, and ſubmit thy ſelf under her hands.

10 And the angel of the LORD ſaid unto her, I will multiply thy ſeed exceedingly, that it ſhall not be numbred for multitude.

11 And the angel of the LORD ſaid unto her, Behold, thou *art* with childe, and ſhalt bear a ſonne, and ſhalt call his name ‖Iſhmael; becauſe the LORD hath heard thy affliction. ‖That is, *God ſhall heare.*

12 And he will be a wilde man; his hand *will be* againſt every man, and every mans hand againſt him; * and he ſhall dwell in the preſence of all his brethren. *Chap. 25.18.

13 And ſhe called the name of the LORD that ſpake unto her, Thou God ſeeſt me: for ſhe ſaid, Have I alſo here looked after him that ſeeth me?

14 Wherefore the well was called * ‖Beer-lahai-roi; behold, *it is* between Cadeſh and Bered. *Chap. 24.62. ‖That is, *the well of him that liveth and seeth me.*

15 ¶ And Hagar bare Abram a ſonne: and Abram called his ſonnes name, which Hagar bare, Iſhmael.

16 ¶ And Abram *was* fourescore and ſix yeares old, when Hagar bare Iſhmael to Abram.

CHAP. XVII.

1 God reneweth the covenant. 5 Abram his name is changed in token of a greater bleſſing. 10 Circumciſion is inſtituted. 15 Sarai her name is changed, and ſhe bleſſed. 16 Iſaac is promiſed. 23 Abraham and Iſhmael are circumciſed.

ANd when Abram was ninety yeares old and nine, the LORD appeared to Abram, and ſaid unto him, I *am* the Almightie God; * walk before me, and be thou ‖ perfect. *Chap. 5.22. ‖Or, *upright, or, ſincere.*

2 And I will make my covenant between me and thee, and will multiply thee exceedingly.

3 And Abram fell on his face; and God talked with him, ſaying,

4 As for me, behold, my covenant *is* with thee, and thou ſhalt be a father of † many nations: †Heb. *multitude of nations.*

5 Neither ſhall thy name any more be called Abram, but thy name ſhall be Abraham; * for a father of many nations have I made thee. *Rom.4.17.

6 And I will make thee exceeding fruitfull, & I will make nations of thee; & kings ſhall come out of thee.

7 And I will eſtabliſh my covenant between me, and thee, and thy ſeed after thee, in their generations, for an everlaſting covenant; to be a God unto thee, and to thy ſeed after thee.

8 And I will give unto thee, and to thy ſeed after thee, the land † wherein thou art a ſtranger, all the land †Heb. *of thy ſojournings.*

5. Gênesis 15-17, Bíblia de Cambridge, de 1629. Cópias múltiplas da Sociedade da Bíblia e UL. BSS.201.C42.

uma campanha malsucedida para o estabelecimento de uma cópia mestra à qual todas as edições deveriam se recorrer. Ele propôs que fosse feita uma cópia justa da última tradução da Bíblia em papel pergaminho ou velino, em caractere integral que poderia ser comparada com a edição original e, assim, fez no Sion College, como um registro autêntico: com ortografia tão verdadeira e criticamente escrita que, depois, nenhuma letra seria alterada; para que as pessoas, caso tivessem qualquer dúvida, pudessem recorrer ao original para testar se sua cópia impressa tinha alguma variação ou não.[246]

Ele acrescentou que achava que "a Bíblia nunca foi mais bem impressa" que na edição de 1638 de Cambridge e parece ter considerado essa como a cópia-mestra — a conclusão e perfeição do trabalho dos editores de Cambridge. Em termos gerais, a ideia era boa, mas tinha um elemento de irrealidade: talvez as leituras pudessem ser fixas, mas o inglês estava longe de ter padrões fixos de grafia. Se a proposta de Kilburne tivesse sido bem-sucedida, talvez recebêssemos a BKJ em uma forma que, embora revisada, estaria mais próxima do trabalho dos tradutores, provavelmente com grafia mais estranha e pontuada de uma maneira que seria um tanto mais fácil para o gosto moderno.

Kilburne estava certo em protestar contra os padrões de impressão de sua época. O inglês impresso, em geral, era deficiente e, na Bíblia, os padrões de produção do livro e de correção textual estavam em declínio. Algumas edições, achava ele, chegavam a ter 20.000 erros. Entre os erros específicos citados por ele estão: "found rulers in the wilderness", em vez de "found the mules in the wilderness" (Gn 36.24; "achou as fontes termais no deserto, quando apascentava os jumentos de Zibeão"; ARA); "the Lord gave her corruption", em vez de "conception" (Rt 4.13; "o Senhor lhe concedeu que concebesse"; ARA); e, indiscutivelmente, um erro tão sério quanto a omissão do "não" no sétimo mandamento foi este: "the unrighteous shall inherit the kingdom of God", em vez de: "shall not inherit" (1Co 6.9; "os injustos [não] herdarão o reino de Deus"; ARA).[247] Deve-se acrescentar que os padrões deficientes continuaram. W. J. Loftie denomina o NT de Edimburgo, de 1694 (provavelmente impresso no estrangeiro), como o pior já impresso e

[246] Apresentado em McKitterick. *A History*, vol. i, p. 388. "Em caractere integral" provavelmente quer dizer letras de tamanho grande e sem abreviações. O Sion College, um corpo de sacerdotes anglicanos de Londres, foi fundado em 1630.

[247] Norton. *Textual History*, apêndice 6, enumera todos os erros identificados por Kilburne.

tem bons motivos para isso: "But while he thought on these things, behold, the Augel of the Lord apppeared unto him in a dream, saying, Joseph thou son of Davih. fear not to take unto thee Mary thy wife: for that which is couceived in her, is of the holy Ghost" (Mt 1.20; não tem pontuação final; "Enquanto ponderava nestas coisas, eis que lhe apareceu, em sonho, um anjo do Senhor, dizendo: José, filho de Davi, não temas receber Maria, tua mulher, porque o que nela foi gerado é do Espírito Santo"; ARA).[248]

O declínio do padrão tem muito que ver com o sistema de monopólio que controlava o mercado de impressão. Conforme Sparke mostrou, em 1641, os preços altos acompanhavam a baixa qualidade. As Bíblias da igreja passaram de £1,20 para £2 (libras esterlinas). O formato in-oitavo, que se tornou o mais popular passou de 3 xelins e 4 centavos passou para 4 xelins sem blocagem, embora o texto estivesse espremido em um número menor de folhas. Os NTs em tamanho oitavo passaram para 1 xelim, em vez dos 10 centavos. As Bíblias em tamanho duodécimo importadas da Holanda, em 1639, eram melhores que as do impressor do rei do mesmo ano, e o preço de 2 xelins para cada exemplar sem blocagem era a metade da outra — "a compaixão da indústria devia ser levada para ali pelo querido vendedor daqui". Só uma vez o preço de Londres foi mais baixo: na edição de Cambridge de 1629 ao custo de 10 xelins sem blocagem e, imediatamente, passou a concorrer com uma edição em quarto do impressor do rei vendida mais barato por 5 xelins.[249]

Quer Kilburne estivesse certo em relação a ser possível faturar 10.000 libras esterlinas por ano com a venda de Bíblias quer não,[250] o monopólio era firmemente protegido e cobiçado. Em 1642, durante a Guerra Civil, o cargo de impressor do rei foi banido, e outros impressores entraram no mercado.[251] Também em 1642, as BKJs com as anotações da Genebra/Tomson/Júnio começaram a ser impressas. A página-título da edição de 1642 do NT declara que as notas foram "postas na devida ordem por J. C.", provavelmente, John Canne, um importante brownista, que, desde 1647, fornecia um conjunto diferente de notas para a BKJ consistindo em grande parte de referências cruzadas que, no fim, contribuíram substancialmente para as no-

[248] Loftie. *A Century of Bibles*, p. 18; Herbert. *Historical Catalogue*, p. 836.

[249] Sparke. *Scintilla*, p. 1–4

[250] McKitterick. *A History*, vol. i, p. 389.

[251] Ibid., p. 319.

tas de margem da BKJ. A bolsa dos livreiros e editores de Londres começou a imprimir Bíblias, e William Bentley, com a autorização do Parlamento, produziu edições, em 1646, 1648 e 165, in-oitavo sem os livros apócrifos.[252]

Uma das edições de Bentley, datada de 1646, mas provavelmente posterior, é notável. O resumo dos capítulos foram revisados e diminuídos e terminam com: "&c." (etc.). As notas, depois do começo de Gênesis, são em número muito menor e quase completamente independentes; as referências cruzadas foram muito expandidas e também são independentes. O material de margem comumente avança até o pé da página, às vezes, chega até se interpor mesmo entre os capítulos. A edição também introduz datas como são comumente encontradas na BKJ depois de 1701: Gênesis 1 foi escrito em "before Christ 4004" ("4004 a.C.").[253]

Em 1648, John Field, que estava para passar a ser a figura predominante na impressão de Bíblias por vinte anos, lançou sua primeira Bíblia. Conforme já observado, ele estabeleceu sua posição como novo dono do monopólio com a compra do manuscrito dos tradutores. Em março de 1656, ele, com seu sócio Henry Hills, com autorização de Oliver Cromwell, registraram seus direitos autorais.[254] Táticas de suborno, de uso da força, como, em 1656, o envio de soldados para confiscar o trabalho de Bentley em um Novo Testamento, e, em 1655, sua eleição como "Printer to the Uneversete of Cambridg" (impressor para a Universidade de Cambridge)[255] fortaleceram seu poder. Os herdeiros de Bill e Barker, com a restauração, voltaram como impressores do rei, mas Field e Hills subornaram a competição de Oxford com 80 libras esterlinas por ano, e Field continuou a figura predominante, a despeito da merecida baixa reputação de seu trabalho anterior.[256]

Salvo por duas edições da BKJ de Amsterdã com notas da Bíblia de Genebra, a BKJ não tinha sido impressa no formato fólio desde a última edição no formato original em 1640. A ambição de Field, como um dos impressores de Cambridge, era produzir uma edição em fólio; em 1659, ele

[252] HERBERT. *Historical Catalogue*, pp. 591, 607; KILBURNE. *Dangerous Errors*, p. 6, acrescenta 1651 etc.

[253] A edição de 1646 antecipa a publicação do livro *Annales veteris testamenti* (1650), de James Ussher, comumente considerado a fonte das datas encontradas, depois, na BKJ. Bentley, provavelmente, usou Ussher. É provável que a data falsa na página-título tenha sido uma tentativa de evitar importunação de Field e Hills sob a legislação passada em 1649.

[254] MCKITTERICK. *A History*, vol. I, p. 323.

[255] Página-título de uma de suas Bíblias de 1664; HERBERT. *Historical Catalogue*, p. 686.

[256] MCKITTERICK. *A History*, vol. I, p. 326.

realizou isso com tal magnificência e tamanho que sua reputação melhorou consideravelmente. John Ogilby, publicador ambicioso e empreendedor, assumiu o comando da maior parte da edição e pôs ilustrações e uma nova página-título. Essa versão de 1660 marcou o início das Bíblias ilustradas para o segmento superior do mercado — ou até mesmo o mais alto fim: ela foi dedicada e, provavelmente, dada a Carlos II, e Ogilby, primeiro, apresentou uma cópia à Casa dos Comuns e, depois, conseguiu o pagamento de 50 libras esterlinas por ela.[257] Essa edição tinha uma das páginas-título mais extraordinárias já vista em uma BKJ; embora ela representasse Salomão no trono (veja 1Rs 10.18-20), ela é ostensiva e lisonjeiramente monarquista, pois é difícil não perceber o rei com cabelo longo como o de Carlos II e os doze pequenos leões como doze apóstolos servis. O contraste com a página--título original de Boel de 1611 é espantoso. No interior, há cem páginas duplas com esculturas de J[ohn] Ogilby, uma frase muito estranha feita com elaborado entalhe, em geral de origem holandesa, baseada nas obras de artistas como Rubens (mas a frase sugere duas das outras carreiras de Ogilby, mestre de dança e criador de mapas). O investimento de Ogilby nessa Bíblia e em outras iniciativas de impressão demoraram para trazer retorno; um de seus expedientes para mudar isso foi transformá-la em um prêmio de loteria valendo 25 libras esterlinas.[258] Esse parece ser um triste destino para um projeto tão ambicioso, mas talvez não seja mais do que mereceu por transformar a Bíblia ao mesmo tempo em uma Bíblia de púlpito e o que, hoje, chamaríamos de livro de mesa.

Essa não foi a primeira BKJ ilustrada. Um conjunto de ilustrações, também de origem holandesa, que apareceu, pela primeira vez, em algumas cópias da primeira BKJ impressa na Escócia causou controvérsia. Essa Bíblia escocesa de 1633, tamanho oitavo, impressa pelo recém-designado impressor do rei para a Escócia, Robert Young, provavelmente, estava ligada à coroação de Carlos I, em Edimburgo. Uma carta de 1638 descreve as ilustrações como "pinturas tão abomináveis que uma horrível impiedade salienta-se por intermédio delas".[259] Sparke, em uma segunda *Scintilla*, viu as ilustrações

[257] Van Eerde. *John Ogilby and the Taste of his Times*, p. 46.

[258] McKitterick. *A History*, vol. I, pp. 327–8. Uma curiosidade da cópia da biblioteca da Universidade de Cambridge é que, no início do livro de Salmos, tem uma página simples com uma gravura de George I, datando de 1715.

[259] Citado em Herbert. *Historical Catalogue*, p. 475.

como parte de uma conspiração papal, e a aprovação dessas "imagens românicas" foi uma de suas acusações contra o arcebispo Laud, além do fato de que este queria que as ilustrações circulassem como parte de sua tentativa de "seduzir as pessoas ao papado e à idolatria".[260]

As ilustrações, como um ponto opcional extra, gradualmente, abriram caminho nas Bíblias do século XVII para o mercado. Um oitavo de 1680, de Bill e Barker, às vezes, incluía uma página com título separada: "A história do Antigo e do Novo Testamentos em gravuras"; no NT há 120 gravuras de página inteira, no AT há 53 gravuras, quatro imagens por página, junto com três gravuras monarquistas de página inteira, o retorno de Carlos II ilustrando 2Samuel 22.44,51, a Conspiração da Pólvora (Sl 9.16; 10.14) e a morte de Carlos I (Sl 31.13).[261]

Os não conformistas objetaram a inclusão dos livros apócrifos na Bíblia (e os impressores, sem dúvida, não tinham nada contra omiti-los),[262] eles foram omitidos primeiro das edições das Bíblias em inglês (em contraposição à omissão de encadernação a pedido do comprador) de uma Bíblia de Genebra, de 1640, impressa na Holanda. O prefácio dessa edição é uma tradução da decisão do Sínodo de Dort que argumenta em detalhes a natureza não canônica e não inspirada dos livros apócrifos. Bentley omitiu os livros apócrifos em 1646 e, por volta de 1673, as edições da BKJ estavam sendo publicadas mencionando os livros apócrifos na lista de conteúdo, mas, ao folhear as páginas, não havia referência a eles nem estavam incluídos na edição.

Cambridge decaiu e, depois, desapareceu como impressora e publicadora de Bíblias, sua última edição, em mais de meio século, apareceu em 1683. Londres, Escócia e Holanda continuavam firmes, e, em 1675 e 1679, Oxford começou sua subida com a impressão de Bíblias em tamanho quarto. John Fell, bispo de Oxford, vice-chanceler da Universidade de Oxford e a força propulsora nos bastidores do que veio a ser a Oxford University Press, tinha proposto que Oxford produzisse uma edição nova com comentários

[260] PRYNNE. *Canterbury's Doom*, pp. 109–10.

[261] HERBERT. *Historical Catalogue*, p. 755.

[262] Gell, que achava que muitas das leituras marginais da BKJ eram melhores que as do texto, reclamou que "essas notas de margem deviam ser excluídas junto com os livros apócrifos a fim de tornar a Bíblia portátil e adequada para ser levado no bolso" (seg. c4[v]).

6. Página-título e fólio, de 1660, de Field e Ogilby. Biblioteca da Universidade de Cambridge.

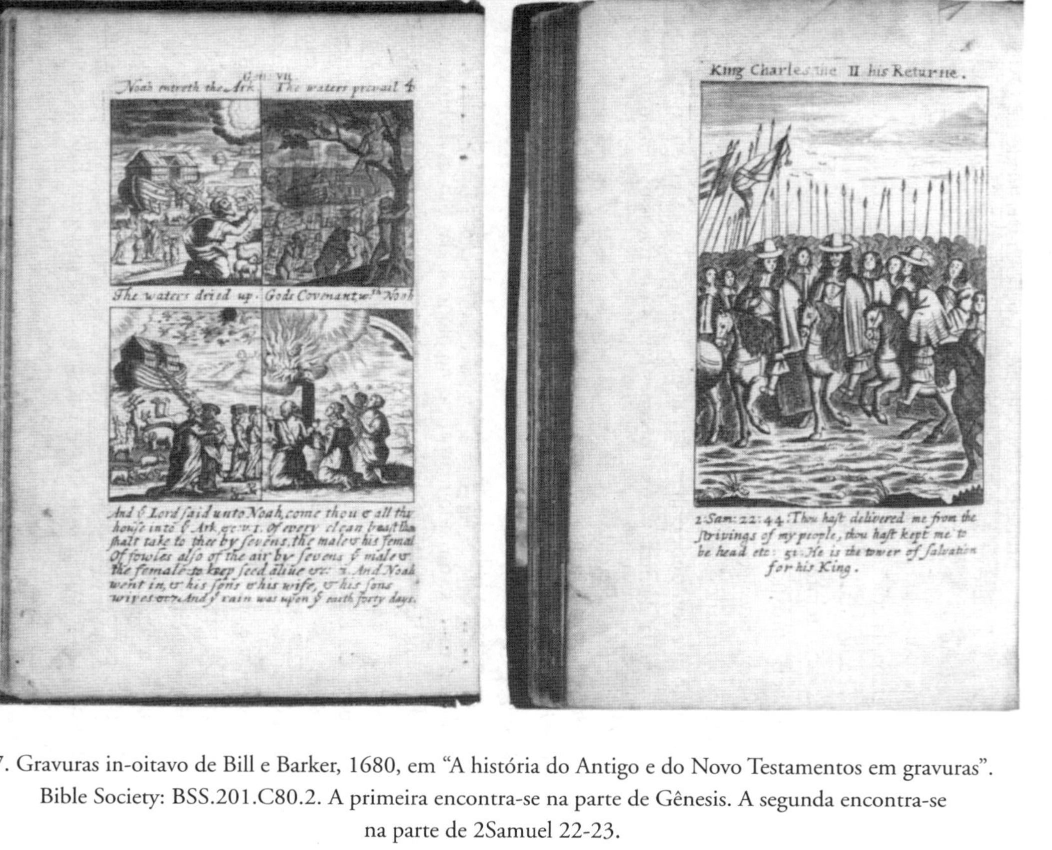

7. Gravuras in-oitavo de Bill e Barker, 1680, em “A história do Antigo e do Novo Testamentos em gravuras”. Bible Society: BSS.201.C80.2. A primeira encontra-se na parte de Gênesis. A segunda encontra-se na parte de 2Samuel 22-23.

que pode ter "mais vantagens que qualquer outro projeto no qual possamos pensar", mas, provavelmente, seu projeto falhou porque era impraticável.[263] Por conseguinte, a primeira Bíblia impressa pela Universidade de Oxford tinha pouco a oferecer de diferente. A edição, além da reintrodução de datas na edição de 1679, fornecidas como número na margem começando do zero, tinha uma grafia levemente estranha. A edição de 1675, às vezes, usa a grafia da edição de 1611 que, de modo geral, não era mais usada nas Bíblias, como "daies" (dias), outras vezes, introduz inovações como estas de Mateus 4-5: "temter" (tentador), "judg" (juiz), "bin" (para "been"; [ser] e "neighbor" (próximo). Essas inovações provocaram queixas, como esta de Humphrey Prideaux: "Tenho de confessar, uma vez que o sr. Reitor [Fell] tomou a liberdade de inventar uma nova maneira de escrever e usar a língua, que acho que confunde e altera a analogia da língua inglesa, o que não aprovo de maneira alguma".[264] As inovações foram um fracasso; a maioria delas foi eliminada na edição de 1679.

Um desenvolvimento relevante aconteceu nesse período. A edição de 1679 foi impressa para quatro livreiros de Londres que estavam envolvidos na importação de Bíblias mais baratas da Holanda e, com frequência, mais bem impressas. A bolsa dos livreiros e editores de Londres (e, nela, o impressor do rei) tinha se tornado mais eficaz no bloqueio das Bíblias da Holanda, com frequência, mais bem impressas, afetando seriamente o negócio de quatro livreiros de Londres. O mais famoso deles, Thomas Guy, fundou o Guy's Hospital, em Londres, e com histórico de dissidência, estava particularmente ansioso para vender Bíblias; então, em 1678, ele e outros três contrataram a Universidade de Oxford para criar o que veio a ser a Oxford Bible Press, uma entidade bem distinta da gráfica acadêmica de Oxford e, sobretudo no século XIX, passou a ser tanto maior quanto mais rentável. Inicialmente, o trabalho da gráfica era produzir grande quantidade de Bíblias baratas, despertando, assim, anos de cara oposição legal de venda por preço inferior e distúrbio por parte dos impressores do rei.[265] Essa competição e o aumento de suprimento levou a uma queda substancial do preço das Bíblias: em um memorando escrito em 1684, Fell observou que os tamanhos fólio tinham caído de 6 libras esterlinas para 1,10 libra esterlina, e que os formatos meno-

[263] Carter. *A History of Oxford University Press*, pp. 86–7.

[264] Citado em ibid., p. 72.

[265] *ODNB*, Guy; Carter. *A History of Oxford University Press*, pp. xxviii–xxix e capítulo 8.

res, agora, eram vendidos por 1,04 xelim. Grandes volumes comprados para caridade contribuíram para essa queda de preço.[266]

Em 1699, a Convocação da Igreja da Inglaterra pediu a William Lloyd (que logo viria a ser o bispo de Worcester) para produzir uma edição melhorada da BKJ, mas há pouca coisa nova em sua edição em fólio de 1701, a não ser a reintrodução das datas, conforme tinham sido fornecidas na edição de Bentley de "1646", em que se calculou o *Anno Domini.*

Na primeira metade do século XVIII, John Baskett dominou a impressão da BKJ. Entre 1710 e 1712, ele adquiriu sucessivamente partes, depois, todo o cargo de impressor do rei (como era em 1710), parte do cargo de impressor do rei na Escócia e o monopólio da impressão em Oxford. Ele sobreviveu à falência e à destruição de sua gráfica em Oxford em um incêndio para deixar um império restabelecido para seus filhos (eles venderam o cargo de impressor do rei para Charles Eyre por £10.000 (libras esterlinas), cargo que passou a ser detido por Eyre e Spottiswoode e foi assumido pela Cambridge University Press, os atuais detentores do que, hoje, é apenas um cargo nominal).[267] O fólio de 1717 produzido por Baskett em Oxford é uma das edições da BKJ mais famosas do século, grandiosa com uma falha (havia a queixa de que era necessário um guindaste para levantá-la)[268] e o eloquente e insistente fracasso de prestar atenção ao próprio texto. Arthur Charlett, quatro anos antes da publicação, descreveu a obra em progresso:

Estamos imprimindo aqui a mais magnífica Bíblia em inglês, pouquíssimas cópias serão em velino como presente para a rainha e meu Senhor Tesoureiro. Você sabe que o dr. Wallis e o dr. Gregory declararam que Denison é absolutamente o melhor revisor que já conheceram. Se essa obra tiver a vantagem de seu olhar escrupuloso, pelo menos, dando as primeiras orientações e determinando a distância das linhas e das palavras e a grande arte em uma divisão de sílabas bonita e uniforme, com diversos outros ajustes menores e invisíveis aos olhos comuns, não lhe faltará o esplendor proposto [...]. Temos de eliminar o grande número de referências acrescentado por alguns reformadores e revisores posteriores da Bíblia, conservando apenas as dos próprios tradutores originais, acreditando que aqueles que passaram pelo sofrimento da versão tinham bons motivos para as referências que incluíram, embora eu tema

[266] Carter. *A History of Oxford University Press*, p. 98.

[267] *ODNB*, Baskett; Herbert. Historical Catalogue, p. 910, 1219.

[268] Carter. *A History of Oxford University Press*, p. 172.

que, com essa omissão, possamos incorrer na censura de alguns Reverendíssimos, mas estamos com tanta frequência e há tanto tempo sob elas que já estamos quase insensíveis ao seu peso.[269]

O "esplendor proposto" é o ponto: todo trabalho descrito tem o objetivo de alcançar a perfeição tipográfica. O trabalho do "revisor" é realmente planejar a página e inspecionar o tipo: essa é uma Bíblia do impressor — como tal sua única rival é a edição em fólio de 1763 impressa em Cambridge por John Barker. A decisão de voltar para as notas de margem de 1611 foi lógica — como o é o medo da reação — mas parece não ter havido nenhum pensamento em relação ao texto.

Contudo, essa Bíblia foi — de acordo com o inevitável trocadilho — "um erro de Baskett"; o apelido dessa edição, "Bíblia Vinagre", deve-se ao título "parábola do vinagre" que constou em Lucas 20, em vez de "parábola da vinha". Charlett estava errado em não prever que os "Reverendíssimos" objetariam a isto: a exatidão textual era importante para alguns compradores de Bíblia. William Lowth escreveu para ele, de Winchester:

Alguns de meus irmãos daqui desejam que leve ao seu conhecimento que a grande Bíblia da igreja, [...] recentemente adquirida por nossa catedral, foi impressa com erros. Nas duas lições sobre o dia de Pedro, encontramos dois erros graves. [...] Após encontrarmos duas falhas em dois capítulos sucessivos, temos motivo para temer que toda a edição seja falha, e diversos outros erros foram encontrados por aqueles do nosso coro que leem as lições diárias. Espera-se, além da desonra para a religião causada por edições tão descuidadas da Bíblia, que o impressor tenha um mínimo de preocupação com a própria reputação e com seu interesse em vender o livro, e temos sempre que possível fazer com que o mundo saiba como essa Bíblia é inadequada para o uso público.[270]

Dessa maneira, conforme Carter observa: "A fama da edição foi fixada pelos erros; o que poderia ter sido uma das glórias da impressão inglesa veio a ser uma das curiosidades dela". A edição não vendeu bem e, em 1728, o preço do exemplar não encadernado caiu de 4 libras esterlinas e 4 xelins

[269] Citado em ibid., p. 170.

[270] Citado em ibid., p. 171. As duas leituras fornecidas omitem "all" da frase: "and all the prophets" (At 3.24; "E todos os profetas"; o próprio Lowth cita de maneira equivocada o texto), e: "when they had that", e: "when they heard that" (At 4.24; "Ouvindo isto").

para 3 libras esterlinas e 5 xelins; Carter achou que a edição "não valia muito mais agora",[271] mas essas grandes curiosidades da impressão da Bíblia, agora, valem um alto preço para colecionadores.

Lowth continua e repete a antiga queixa contra o preço por causa do monopólio:

> E ainda tenho de informá-lo que o Baskett, em razão de seu interesse no rei e na gráfica da universidade, conseguiu o monopólio das Bíblias e acabou de aumentar as Bíblias comuns que custavam 4 xelins para 4 xelins e 6 centavos pondo, assim, uma pesada taxa sobre as pessoas comuns, bem como sobre aqueles que entregam Bíblias para caridade.

Essas queixas eram verdadeiras. A assembleia geral escocesa de 1717 publicou instruções "para parar e evitar a impressão, venda e importação das cópias incorretas das sagradas Escrituras" e, na Inglaterra, uma ordem real de 1724 determinava:

> I. Que, daqui em diante, todas as Bíblias impressas por eles [os donos de patentes, ou seja, Baskett] devem ser impressas em papel de boa qualidade, no mínimo, da mesma qualidade das amostras apresentadas por eles.
>
> II. Que eles têm de entregar de imediato *quatro* das ditas amostras a ser depositadas e mantidas no escritório dos dois secretários e no Registro Público do arcebispo da Cantuária e do Bispo de Londres, para que o último recurso caiba a eles.
>
> III. Que, por ora, eles têm de contratar revisores de impressão e lhes pagar um salário que, por enquanto, tem, de tempos em tempos, de ser aprovado pelo arcebispo da Cantuária e pelo bispo de Londres.
>
> IV. Que os detentores de patente para imprimir Bíblias, etc. imprimam na página-título de cada livro o preço preciso pelo qual venderão o livro aos livreiros.[272]

Os erros não desapareceram (em 1793, o Sínodo da Universidade de Glasgow reclamou da impressão imperfeita e do papel de má qualidade

[271] Ibid., p. 172.

[272] HERBERT. *Historical Catalogue*, p. 959, citado em LEWIS. *History of the Several Translations*, p. 351.

apresentando resultados quase ilegíveis),[273] mas o preço impresso em algumas páginas-título, começando com a edição in-oitavo de Baskett de 1725 impressa em Londres tinha o "preço de seis xelins sem blocagem" e sua Bíblia em quarto impressa em Oxford no mesmo ano tinha o "preço de 9 xelins sem blocagem". O padrão de preços para Bíblia sem blocagem estava em 2 xelins para o tamanho duodécimo, 6 xelins (às vezes, 3) para os oitavos e 9 xelins para os quartos.

Até aqui, os principais participantes na história são os impressores do rei (incluindo os da Escócia), as duas universidades, a bolsa dos livreiros e editores de Londres e os impressores holandeses, mas a impressão da Bíblia estava se espalhando para outros lugares. Em 1714, Aaron Rhames imprimiu para William Binauld e Eliphal Dobson a primeira e sobrevivente BKJ irlandesa, um fólio, e imprimiu, pelo menos, duas outras edições em formatos menores. Na Irlanda, a impressão regular — cerca de uma edição a cada três anos — começou em 1739, dessa vez do impressor do rei na Irlanda, George Grierson, livreiro e impressor de Dublin nascido em Edimburgo. A maioria das BKJs irlandesas do século XVIII é obra de Grierson e de seus herdeiros. Nesse meio tempo, os Estados Unidos dependeram, até 1777, das Bíblias importadas, tanto as de Genebra quanto as BKJs. Em meados do século, podem ter havido impressores norte-americanos e houve diversas propostas malsucedidas de produzir edições com anotações antes de conseguirem a independência, mas a primeira Bíblia impressa nos Estados Unidos e sobrevivente é um NT em duodécimo de Robert Aitken e a primeira Bíblia completa foi a duodécimo que ele imprimiu em 1782. No período da guerra, foram impressas dúzias de NTs, depois, nas duas últimas décadas do século, foram impressos 24 Bíblias e 44 NTs.

A impressão também se espalhou pela Inglaterra. No século XVIII, as tentativas de evitar o monopólio se tornaram mais comuns. A partir da época do livro *A Paraphrase and Annotations upon all the Books of the New Testament* (1653), de Henry Hammond, algumas Bíblias de paráfrases e de anotações incluíam o texto da BKJ. Hammond e algum de seus sucessores, como Richard Baxter (1685), Samuel Clark (1701, seguido por Thomas Pyle), Daniel Wihtby (1702), John Guyse (1739) e Philip Doddridge (1739) estavam produzindo uma nova obra substancial da qual a BKJ fazia

[273] Herbert. *Historical Catalogue*, p. 1383.

parte, e isso pode ter contribuído para a percepção de que as Bíblias com anotações não eram uma violação do monopólio, considerado só para a impressão do texto. Em outras mãos como as de J. W. Pasham, com sua *Holy Bible* [...] *with Notes* (1776), as linhas de marca de anotação no fim da página — com espaço considerável entre elas e o texto — tornaram-se uma desculpa para desconsiderar o monopólio, e essas Bíblias eram mais comumente encontradas com a página interrompida acima das notas.

As Bíblias da família foram desenvolvidas a partir desses comentários (às vezes, não há como distingui-las a não ser pela expressão "família" na página-título). O NT em paráfrase de Baxter era "pela franqueza e brevidade, adequado para o uso de famílias religiosas em sua leitura diária das Escrituras" e auxiliava no desenvolvimento "da religião familiar e na educação cristã do jovem" (declarações feitas no título e no prefácio); o título de Clark declarava que sua obra seria "sempre útil para as famílias"; e o *Practical Expositor*, de Guyse, era "para o uso da família e o uso particular". O breve título da popularíssima obra de Doddrige era *The Family Expositor*. A primeira a se intitular como Bíblia da família foi *The Complete History of the Old and New Testament: or, a Family Bible* (1735), de S. Smith. Essas Bíblias abriram um mercado que os impressores do rei e as universidades mal tinham tocado. Elas, com frequência, eram publicadas em partes, uma iniciativa que era econômica para o impressor, uma vez que exigia muito menos capital e dava retorno imediato e que tornou a Bíblia acessível em larga escala a novas camadas da população. Uma Bíblia em fólio em sessenta partes de 6 centavos, conforme anunciada por William Rider, em 1762, equivalia a £1,10 (libra esterlina), menos que o custo da maioria dos fólios dos detentores do monopólio e oferecendo consideravelmente mais em termos de anotação e de ilustrações — a última não representando um custo adicional.

The Universal Family Bible: or Christian's Divine Library (1773?) — livro ao qual Henry Southwell permitiu que seu nome fosse ligado pelo valor de 100 guinéus, mas que era trabalho sob encomenda realizado por Robert Sanders, que recebeu £1,05 (libra esterlina) por folha — foi vendido em fólio de cem páginas, mais uma vez a 6 centavos cada, e o comprador tinha a opção de adquirir o livro completo "elegantemente encadernado com couro de novilho e marcado com letras por £2,18 libras esterlinas.[274] Não

[274] Ibid., 1225; Cook. *A New Catalogue*, p. 4.

obstante, nem sempre essas publicações eram lucrativas. Uma das de melhor reputação, a *The Holy Bible... with original notes and practical observations* (1788-1792), de Thomas Scott, foi um desastre financeiro. Thomas Bellamy contratou Scott para produzir cem publicações semanais a um guinéu cada, emprestou dinheiro dele e foi à falência, deixando Scott com dívidas e tendo de financiar o projeto depois da 15ª publicação. As cem publicações projetadas passaram para 174, e Scott só se livrou de uma confusão de litígio e dívida em 1813.[275]

No século XVIII, apareceram cerca de quarenta Bíblias da família distintas, três quartos delas apareceram entre 1760 e 1790. A maioria delas em fólio, a maioria do resto em quartos e havia uma certa uniformidade nelas, o que indica um forte senso do que era vendável. Algumas eram flagrantemente comerciais, com não mais que uma pincelada de anotação, a maioria delas eram genuínas tentativas de abrir as Escrituras e instruir as pessoas: essas não só ajudaram a reforçar um senso de família, mas também puseram a Bíblia mais firmemente no cerne da família.

A obra em fólio de Samuel Newton, *The Complete Family Bible* (1771?), é um caso típico. A página-título descreve o livro como contendo os dois Testamentos "como um todo" e os livros apócrifos "com uma ilustração completa de todas as passagens difíceis, em que todas as objeções dos infiéis eram removidas, as passagens obscuras eram esclarecidas e toda dificuldade aparente era explicada; junto com notas históricas e críticas". A referência a "objeções dos infiéis" invoca o ânimo racionalista no exterior, manifestado em ataques ateístas ou deístas à Bíblia. Em vez da dedicatória para o rei James, há um prefácio exaltando as Escrituras e o cristianismo, resumido nestes termos: "tal é a forma encantadora da religião revelada; seus benevolentes princípios; nobres preceitos e as obrigações que prescreve para a raça humana; e encorajando-a a ouvir seus ditames e a perseverar na boa conduta, além de oferecer a recompensa de uma ressurreição gloriosa e felicidade eterna nas mansões da Canaã celestial". O último parágrafo, de forma mais breve que a maioria, trata das dificuldades das Escrituras, no "desejo firme" do autor "de eliminar essas dificuldades" que "fornecem motivo abundante para me engajar nessa façanha", além de ser um convite para "o público imparcial" julgar quão bem ela é executada. Contém breves resumos dos livros,

[275] *ODNB*, Scott; Herbert. *Historical Catalogue*, 1366.

mas nenhum resumo de capítulos; o texto é impresso em duas colunas de forma clara, e metade da página é dedicada a comentários. Tem 33 gravuras ilustrando o texto (menos que em muitas publicações rivais), notáveis mais pelas bordas decorativas que pela qualidade intrínseca.

Algumas Bíblias da família incluíam informações misturadas como tabelas de pesos e medidas judaicos. A obra *The Christian's New and Complete Family Bible: or Universal Library of Divine Knowledge* (1790?), de Thomas Bankes — um título típico — apresenta algumas estatísticas sobre a BKJ, repetidas com mais frequência do que mereciam:

	AT	(Apócrifos)	NT	Total
Livros	39	—	27	66
Capítulos	929	(183)	260	1.189
Versículos	23.214	(6.081)	7.959	31.173
Palavras	592.439	(152.185)	181.253	773.692
Letras	2.728.100	—	838.380	3.566.480

Há 35.543 ocorrências de "e" no Antigo Testamento e 10.684 no Novo Testamento, enquanto há 6.855 ocorrências de "Jeová". O capítulo do meio e mais curto da Bíblia é Salmos 117, o versículo do meio é Salmos 118.8, e a metade é 2Crônicas 4.16. Esdras 7.21 tem todas as letras do alfabeto (o "I" [eu] maiúsculo das Bíblias com letra gótica pode ser confundido com "J", mas elas usam "u", em vez de "v").

A popularidade e a abundância dessas Bíblias eram tais que os detentores do monopólio não só reduziram os preços, mas também quase abandonaram a impressão de Bíblias em fólio.[276] A última edição em fólio de Cambridge foi a impressão da Bíblia *par excellence,* de John Baskerville, de 1763. Embora Baskerville pudesse se intitular "impressor da universidade", ele tinha comprado esse direito limitado a fim de satisfazer sua ambição de produzir "livros de importância social, de mérito intrínseco ou de reputação estabelecida", em especial, o Livro *comum de oração* e uma Bíblia em fólio, em edições aperfeiçoadas "com a maior elegância e correção" ou, conforme

[276] McKitterick. *A History,* vol. II, p. 224. Oxford produziu quatro depois da edição de Blayney de 1769, e o impressor do rei, agora Eyre e Strahan, só uma edição em 1772.

THE

FIRST BOOK OF MOSES,

CALLED

G E N E S I S.

The ARGUMENT.

This book is called Bereschith, *in the beginning, by the Hebrews, and* Genesis, *generation, by the Greeks; because it begins with the history of the creation of the world. It includes a history of two thousand three hundred and sixty-nine years, from the beginning of the world to the death of the patriarch Joseph. Moses has here given us an authentic account of the creation of the world; the original innocence and fall of man; the propagation of the human species; the rise of religion; the invention of arts; the deluge; the restoration of the world; the division and peopling of the earth; the origin of nations and kingdoms; and the genealogy of the patriarchs from Adam to the sons and grandsons of Jacob.*

CHAP. I.

IN the beginning God created the heaven and the earth.
2 And the earth was without form, and void; and darkness *was* upon the face of the deep: and the Spirit of God
moved upon the face of the waters.
3 ¶ And God said, Let there be light: and there was light.
4 And God saw the light, that it *was* good: and God divided the light from the darkness.
5 And God called the light Day, and the darkness he called
Night: and the evening and the morning were the first day.
6 ¶ And God said, Let there be a firmament in the
midst of the waters, and let it divide the waters from the
waters.
7 And God made the firmament; and divided the waters
which *were* under the firmament, from the waters which *were*
above the firmament: and it was so.
8 And God called the firmament Heaven: and the evening
and the morning were the second day.
9 ¶ And God said, Let the waters under the heaven be gathered together unto one place, and let the dry *land* appear:
and it was so.

10 And

Commentary on the First Chapter.

Ver. 1. *In the beginning,* &c.] Moses begins his account of the creation with asserting, that the world had a beginning, in opposition to those who held it to be eternal: laying, at once, the foundation of religion in the belief of one supreme, self-existent Being, the Maker and absolute Lord of all other beings in the universe, in opposition to the polytheism of the adjacent nations. For it appears to have been the fatal error of the idolatrous unthinking world, in those early ages, to believe, that the heavens and heavenly bodies, especially the sun, moon, and planets, were a kind of independent beings, the sovereign disposers of good and evil, whose benign or malignant influence scattered blessings or calamities on mankind at pleasure; and consequently that they were the just objects of religious worship.

God created the heaven and the earth.] Though the Jews by *the heaven and earth* understood the universe, as appears from Acts xvii. 24. yet it is evident, that Moses in the subsequent part of this chapter confines himself to describe only the creation of the solar system, or this visible world; and though in this verse he asserts, that God is the creator of all things, yet it is used as a preface, not as an explanation of the remaining part of this chapter.

2 *And the earth was without form, and void.*] This terrestrial globe, which we now inhabit, was a confused indigested heap, having neither beasts, trees, herbs, or any thing else which now adorn it: a chaos, a heap of confusion, wherein the elements of things were all blended together. The words in the original are *Tohu Vebohu,* which signifies emptiness and confusion.

Darkness was upon the face of the deep.] To use the image of sacred poetry, thick darkness, like a swaddling-band, surrounded the infant world. Nothing was visible but to him with whom *the darkness and light are both alike.*

And the Spirit of God moved upon the face of the waters.] By the Spirit of God, the best commentators understand the divine power or energy, which exerted its influence in reducing and disposing the chaos into form and order. The Hebrew word, which we render *moved,* properly signifies *brooded,* as a hen does on her eggs; and therefore implies the communicating a vivifying spirit and virtue to the earth, for producing plants and animals in the proper time and order appointed by God.

3 *And God said, let there be light, and there was light.*] Longinus has justly admired the sublimity of this expression. What can give us a greater idea of the omnipotent power of the great Creator, than to conceive the starting of light into being, at his word. Light, of all material beings, most resembles its divine Creator in purity, power and brightness, and is therefore often considered in Scripture as an emblem of God himself. *God is light,* 1 John i. 15.

6 *And God said, Let there be a firmament,* &c.] The Hebrew word, which we render *firmament,* signifies an *expansion,* or *extension;* and in this sense the royal psalmist uses the word, when he represents the Almighty as spreading out the heavens like a curtain. As the waters under the firmament evidently signify those on the earth, so the waters above it are those suspended in the clouds; between which and the earth, the firmament or airy expansion is stretched out.

9 *Let the waters,* &c.] The air being thus formed, and the vapours and clouds suspended in the upper regions, the waters which covered the surface of the earth, were collected into seas and lakes, that the dry-land might appear. The original word rendered *gathered,* comes from *kow,* a square rule, or perpendicular line; and therefore denotes the wisdom displayed by our paternal creator, in proportioning the quantity, and in setting out the bounds of this raging element; for in the sublime expressions of scripture we may say, "He hath compassed the water with bounds"—*He hath shut up the sea with doors, and brake up for its decreed place, and set bars and doors, saying, Hitherto shalt thou come and no further; and here shall thy proud waves be staid.* Job xxxviii. The two last verses are thus rendered in the Arabic; "And when from the night and day, the second day was passed; God willed, that the water under the heaven should be gathered together into one

NUMB. 1. B "place,

8. *The Complete Family Bible*, de 1771, de Samuel Newton. Primeira página de Gênesis. British Library.

ele escreveu em outro lugar, "a edição mais correta e bonita dos escritos sagrados que já apareceu".[277] A beleza e elegância foram alcançadas, mas não a correção. A habilidade para desenho de Baskerville e suas muitas inovações na técnica de impressão, incluindo o tipo, papel, tinta e acabamento brilhoso para a página foram amplamente demonstrados — contudo essa edição não foi um sucesso comercial, limitada a 1.250 cópias, não muito mais que a metade foi vendida depois de três anos, e ele vendeu o restante para um livreiro de Londres.

Baskerville era um intruso na impressão de Bíblia e, em Cambridge, foi abrigado ali porque a universidade podia lucrar com seu trabalho, mas, do contrário, desamparado pelo impressor principal da universidade, Joseph Bentham, sob instrução dos síndicos (sindicato ou comitê que dirigia a editora), competia com ele. Um produto dessa competição foi uma edição em fólio que, finalmente, desenvolveu o trabalho no texto aperfeiçoado das Bíblias de Cambridge de 1629 e de 1638.

Em 1731, Cambridge fez uma tentativa mal sucedida de voltar a imprimir a Bíblia e arrendou seu direito a um grupo que propôs imprimir a BKJ com estereótipo; ou seja, fazer chapas para cada página, eliminando, assim, a necessidade constante de recomposição e todos os inevitáveis erros e custos envolvidos nesse processo. A impressão com estereótipo já fora usada na Holanda, mas parece que os tipógrafos, antecipando o luddismo, comprovaram que as chapas eram inúteis; independentemente do motivo exato, essa antecipação do desenvolvimento prático mais importante na impressão da BKJ deu em nada. Assim, Cambridge decidiu transformar a impressão da Bíblia e do Livro de Oração uma parte — como se viu, a parte mais importante — do negócio comum da editora; em 1740, foi designado um novo impressor, Bentham que trabalhou na direção de novas edições de boa qualidade. Um relato contemporâneo mostra o raciocínio comercial por trás dessa decisão.

Os síndicos achavam que seria aconselhável empreenderem a impressão de uma Bíblia no tamanho cuja demanda geral fosse maior e assim fizeram: 1) a fim de servir o público com uma edição mais bonita e mais correta do que seria facilmente encontrada; 2) para a honra da universidade, que seria favorecida com um trabalho

[277] Citado em McKitterick. *A History*, vol. II, p. 197; "propostas para imprimir a santa Bíblia por subscrição", reproduzido em McKitterick. *A History*, vol. II, p. 199.

bem executado em sua editora; 3) que eles, tendo a garantia de que teriam emprego constante, pudessem ter sempre disponível uma quantidade de boas mãos para executar qualquer trabalho que aparecesse; 4) porque acreditavam que a universidade conseguiria um lucro considerável com a impressão de Bíblias, embora ainda não se pudesse fazer uma estimativa de quão grande seria o lucro nem se pudesse esperar que fosse igual ao de um comerciante particular.[278]

O primeiro resultado foi uma edição em duodécimo em 1743. Desde 1638, tinha havido poucas mudanças no texto da BKJ, em contraposição às mudanças na margem, na qual as referências cruzadas tinham septuplicado desde as 8.990 originais (6.588 no AT, 885 nos livros apócrifos e 1.517 no NT); e as 8.357 notas de margem originais (6.610 no AT, 996 nos livros apócrifos e 751 no NT) aumentaram em 346, e outras 73 foram revisadas. O elemento da leitura e correção cuidadosas da prova, ausente havia muito tempo, foi retomado nessa Bíblia de 1743. O trabalho foi empreendido por um dos síndicos, Francis Sawyer Parris (F. S.), do Sidney Sussex College, com um salário de 40 libras esterlinas, auxiliado por Henry Therond, do Trinity College.[279] A amostra da página de Gênesis, comparada com o texto da edição de Cambridge, de 1638, tem 35 mudanças, a maioria correspondendo ao que veio a se tornar o texto padrão. Percebe-se que a maior preocupação foi com grafia e pontuação, incluindo a inserção de apostrofes indicando o possessivo; salvo na continuação do uso do "s" longo, que os olhos modernos veem como um "f", o texto tem uma aparência muito familiar. Excepcionalmente, a colocação de parágrafo estende-se até o final de Atos dos Apóstolos, sendo revisada em outras passagens. O aspecto mais importante dessa Bíblia é a extensão em que antecipa a edição de Parris, de 1762, até hoje considerada a edição mais importante de Cambridge do século XVIII. Deixando de lado as notas de margem e os livros apócrifos, não incluídos na edição de 1743, 71 das 87 novas leituras das últimas edições tiveram origem aqui, junto com as três encontradas em outras edições publicadas entre essas duas (de 1743 e 1762); mas treze antecipam a edição de Oxford, de 1769. Há cinco colocações corretas de apóstrofe possessivo, todas envolvendo decisões gramaticais, só encontradas em F. H. A. de Scrivener, a *Bíblia em Parágrafo de Cambridge* de 1873. O fato de que

[278] Citado em ibid., p. 180.

[279] Ibid., p. 183.

ainda havia trabalho a ser feito não só nos livros apócrifos e nas notas de margem, mas também na grafia e, inevitavelmente, nos erros tipográficos, não diminui a importância dessa pequena Bíblia sem precedentes. Parris mostra ser um editor muito perceptivo, muitíssimo atento à relação entre a tradução e o original e sensível aos detalhes de linguagem e pontuação. Embora Cambridge não tenha feito publicidade desse trabalho maciço de dedicação, o resultado, de diversas maneiras, foi uma produção característica da Universidade de Cambridge, erudita e fielmente bem produzida, além de estar disponível em dois tipos distintos de papel (o de melhor qualidade por um ágio de 6 centavos sobre o papel padrão de 2 xelins) visava a um mercado maior (essa atitude nem sempre era característica de Cambridge) e vendeu ambas ao público em geral e em grande escala para uma sociedade cristã de caridade, nesse caso a Society for Promoting Christian Knowledge, a SPCK, fundada em 1698.

O trabalho de Parris culminou na edição em quarto e em fólio de Cambridge, de 1762 (ambas impressas a partir da mesma composição).[280] Boa parte dessa edição foi adotada pelas edições em quarto e em fólio de Oxford, de 1769 (mais uma vez, as duas foram impressas a partir da mesma composição) e, ali, o texto impresso em geral, salvo pouquíssimas mudanças, estava estabilizado. Oxford passara a se preocupar com a impressão de sua Bíblia, em parte, sem dúvida, em resposta aos desenvolvimentos de Cambridge, e em 1764, ordenou que fosse feito o cotejo com "o original ou a edição mais autêntica da tradução atual", cujo resultado passou a ser usado na correção das Bíblias de Oxford "levando em conta as variações modernas apenas mera ortografia".[281] Os representantes, sem saber que texto adotar, pediram uma recomendação ao arcebispo da Cantuária; ele também não sabia o que recomendar, mas respondeu que tinha ouvido dizer que Parris "se esforçara muito para fazer esse mesmo bom trabalho".[282] O resultado foi o cotejamento com a primeira edição (não se sabe se esta foi corretamente identificada — a incerteza quanto a qual era a primeira edição persistiu na era vitoriana) com as edições de Cambridge de 1743 e 1760 e com o fólio de Lloyd de 1701. Benjamin Blayney, depois professor régio de hebraico em Oxford, editou a edição resultante que, seja para melhor seja para pior,

[280] Ibid., pp. 192, 441, nº. 87.

[281] Citado em Carter. *A History of Oxford University Press*, p. 356.

[282] Citado em ibid., p. 358.

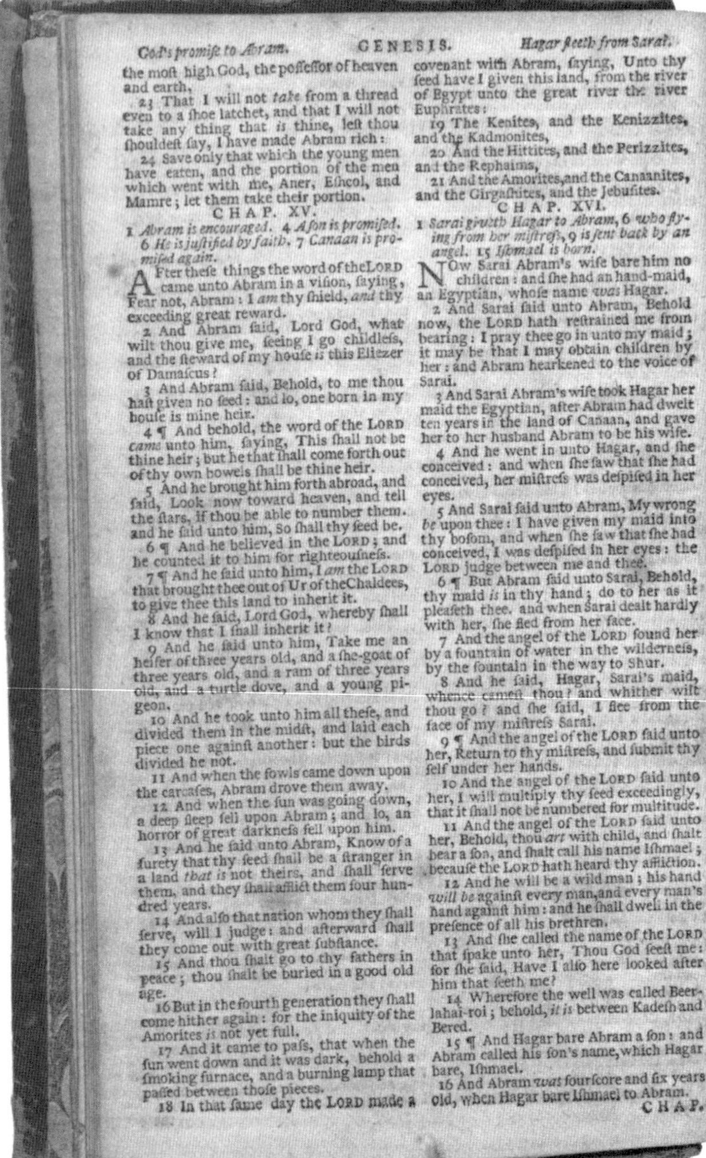

God's promise to Abram. GENESIS. *Hagar fleeth from Sarai.*

the most high God, the possessor of heaven
and earth,
23 That I will not *take* from a thread
even to a shoe latchet, and that I will not
take any thing that *is* thine, lest thou
shouldest say, I have made Abram rich:
24 Save only that which the young men
have eaten, and the portion of the men
which went with me, Aner, Eshcol, and
Mamre; let them take their portion.

CHAP. XV.

1 *Abram is encouraged.* 4 *A son is promised.*
6 *He is justified by faith.* 7 *Canaan is pro-*
mised again.

AFter these things the word of the LORD
came unto Abram in a vision, saying,
Fear not, Abram: I *am* thy shield, *and* thy
exceeding great reward.
2 And Abram said, Lord God, what
wilt thou give me, seeing I go childless,
and the steward of my house *is* this Eliezer
of Damascus?
3 And Abram said, Behold, to me thou
hast given no seed: and lo, one born in my
house is mine heir.
4 ¶ And behold, the word of the LORD
came unto him, saying, This shall not be
thine heir; but he that shall come forth out
of thy own bowels shall be thine heir.
5 And he brought him forth abroad, and
said, Look now toward heaven, and tell
the stars, if thou be able to number them.
and he said unto him, So shall thy seed be.
6 ¶ And he believed in the LORD; and
he counted it to him for righteousness.
7 ¶ And he said unto him, I *am* the LORD
that brought thee out of Ur of the Chaldees,
to give thee this land to inherit it.
8 And he said, Lord God, whereby shall
I know that I shall inherit it?
9 And he said unto him, Take me an
heifer of three years old, and a she-goat of
three years old, and a ram of three years
old, and a turtle dove, and a young pigeon.
10 And he took unto him all these, and
divided them in the midst, and laid each
piece one against another: but the birds
divided he not.
11 And when the fowls came down upon
the carcases, Abram drove them away.
12 And when the sun was going down,
a deep sleep fell upon Abram; and lo, an
horror of great darkness fell upon him.
13 And he said unto Abram, Know of a
surety that thy seed shall be a stranger in
a land *that is* not theirs, and shall serve
them, and they shall afflict them four hundred years.
14 And also that nation whom they shall
serve, will I judge: and afterward shall
they come out with great substance.
15 And thou shalt go to thy fathers in
peace; thou shalt be buried in a good old
age.
16 But in the fourth generation they shall
come hither again: for the iniquity of the
Amorites *is* not yet full.
17 And it came to pass, that when the
sun went down and it was dark, behold a
smoking furnace, and a burning lamp that
passed between those pieces.
18 In that same day the LORD made a
covenant with Abram, saying, Unto thy
seed have I given this land, from the river
of Egypt unto the great river the river
Euphrates:
19 The Kenites, and the Kenizzites,
and the Kadmonites,
20 And the Hittites, and the Perizzites,
and the Rephaims,
21 And the Amorites, and the Canaanites,
and the Girgashites, and the Jebusites.

CHAP. XVI.

1 *Sarai giveth Hagar to Abram,* 6 *who fly-*
ing from her mistress, 9 *is sent back by an*
angel. 15 *Ishmael is born.*

NOw Sarai Abram's wife bare him no
children: and she had an hand-maid,
an Egyptian, whose name *was* Hagar.
2 And Sarai said unto Abram, Behold
now, the LORD hath restrained me from
bearing: I pray thee go in unto my maid;
it may be that I may obtain children by
her: and Abram hearkened to the voice of
Sarai.
3 And Sarai Abram's wife took Hagar her
maid the Egyptian, after Abram had dwelt
ten years in the land of Canaan, and gave
her to her husband Abram to be his wife.
4 And he went in unto Hagar, and she
conceived: and when she saw that she had
conceived, her mistress was despised in her
eyes.
5 And Sarai said unto Abram, My wrong
be upon thee: I have given my maid into
thy bosom, and when she saw that she had
conceived, I was despised in her eyes: the
LORD judge between me and thee.
6 ¶ But Abram said unto Sarai, Behold,
thy maid *is* in thy hand; do to her as it
pleaseth thee. and when Sarai dealt hardly
with her, she fled from her face.
7 And the angel of the LORD found her
by a fountain of water in the wilderness,
by the fountain in the way to Shur.
8 And he said, Hagar, Sarai's maid,
whence camest thou? and whither wilt
thou go? and she said, I flee from the
face of my mistress Sarai.
9 ¶ And the angel of the LORD said unto
her, Return to thy mistress, and submit thy
self under her hands.
10 And the angel of the LORD said unto
her, I will multiply thy seed exceedingly,
that it shall not be numbered for multitude.
11 And the angel of the LORD said unto
her, Behold, thou *art* with child, and shalt
bear a son, and shalt call his name Ishmael;
because the LORD hath heard thy affliction.
12 And he will be a wild man; his hand
will be against every man, and every man's
hand against him: and he shall dwell in the
presence of all his brethren.
13 And she called the name of the LORD
that spake unto her, Thou God seest me:
for she said, Have I also here looked after
him that seeth me?
14 Wherefore the well was called Beer-
lahai-roi; behold, *it is* between Kadesh and
Bered.
15 ¶ And Hagar bare Abram a son: and
Abram called his son's name, which Hagar
bare, Ishmael.
16 And Abram *was* fourscore and six years
old, when Hagar bare Ishmael to Abram.

CHAP.

9. Gênesis 15-16, duodécimo de Cambridge, de 1743.
BSS.201.D43.6.

se tornou a edição padrão. Seu relato sobre o trabalho, embora declare que não foi cumprido e também não mencione a dívida com Parris e Cambridge nem o uso substancial das referências cruzadas de Canne,[283] dá uma boa noção do que ele fez. Não foi dada atenção à grafia — "mera ortografia" — a pontuação recebe um comentário passageiro e tudo que ele diz da leitura é que o texto foi cotejado (conforme a instrução recebida) e "reformado para alcançar um padrão de pureza como, presume-se, não foi alcançado em nenhuma edição até então", uma declaração muito vaga para ser útil. O único item quase textual que foi comentado com algum detalhe foi a revisão dos itálicos. No resto, ele estava mais interessado em assuntos extratextuais, o resumo dos capítulos e a introdução dos títulos, as notas, as referências cruzadas e a cronologia. Por fim, ele relata a atenção com que o trabalho foi recebido pela imprensa.[284] A despeito dessas declarações de ter dado mais atenção aos auxílios editoriais para o entendimento do texto (os itálicos são um desses auxílios, em vez de ao genuíno assunto do texto), sua contribuição mais relevante foi para a grafia e, em alguns aspectos, para a gramática do texto.

O efeito dos trabalhos de Parris e de Blayney é mais bem percebido se eles forem discutidos juntos. Há 99 leituras nas edições mais modernas que vieram de Parris; e 58, de Blayney — dados que são mais imprecisos do que parecem, uma vez dependem apenas do que é considerado uma leitura e da falibilidade necessariamente envolvida na forma como se faz esses cálculos. Três quartos das leituras variantes de Parris e três quintos das de Blayney são uma questão de inglês. A maioria das outras variantes — não um número grande — deixam a BKJ mais literal, em geral ao inserir um artigo definido ou mudar o número de um substantivo em contraposição às decisões tomadas pelos tradutores originais; por exemplo, na edição de 1743, Parris, seguindo o hebraico e refletindo a prática dos tradutores no NT, mudou de "of passover" (de Páscoa) para "of the passover" (Êx 34.25; "da Páscoa"; ARA) e ficando com os olhos mais afiados, ou pedantes, na edição de 1762 do que tinha em 1743, mudou "all thy coasts" (todos os teus territórios) para "all thy coast" (Dt 16.4; "todo o teu território"; ARA). Ambos os editores tendiam a ser mais literais do que os tradutores julgavam apropriado.

[283] Blayney, seguindo o conselho do arcebispo da Cantuária, consultou e selecionou as referências das Bíblias escocesas, ou seja, as referências de Canne (ibid., p. 359).

[284] Foi originalmente publicado na *The Gentleman's Magazine*, nº 39, de novembro de 1769, pp. 517-519; reproduzido em NORTON. *Textual History*, pp. 195-197.

As mudanças para o inglês da BKJ, com frequência, foram só uma questão de grafia conforme Parris e Blayney continuaram a gradual — e geralmente benéfica — modernização encontrada nas primeiras edições, mas ela tem algumas peculiaridades e leva a algumas mudanças de linguagem. Nas passagens em que as palavras têm duas grafias possíveis distintas, Blayney, em particular, tentava criar consistência. Os tradutores usaram "among" dez vezes com mais frequência que "amongst" (entre), e Blayney decidiu uniformizar para "among" — mas deixou passar os dois primeiros exemplos: Gênesis 3.8 e 23.9. Acho digno de nota e correto o fato de ele ter ignorado a aparente diferença de som e considero característico o fato de não ter alcançado completa consistência. Algumas das mudanças ultrapassaram a linha entre mudança de grafia e mudança de palavra, como quando Parris mudou a fala de Suzana de: "I am straited on every side: for if I do this thing, it is death unto me: and if I do it not, I cannot escape your hands" (Susana 1.22; Estou cercada por todo lado, pois se fizer isso, morro, e se não fizer, não escapo de suas mãos), para: "I am straitened" (Estou restringida). As duas palavras estão intimamente relacionadas, mas são diferentes. Ela, obviamente, está em apuros, mas não está "narrowed" (limitada) como: "the breadth of the waters is straitened" (Jó 37.10; "as largas águas se congelam"; ARA). O perigo na mudança de grafia é que, às vezes, a precisão da linguagem dos tradutores fica obscurecida. As mudanças, algumas vezes, equivalem a reescrever o texto, como a mudança de Parris de: "the four hundred and fourscore year", para: "the four hundred and eightieth year" (1Rs 6.1; "No ano quatrocentos e oitenta"; ARA). Um dos maiores problemas que Parris e Blayney tentaram resolver foi o uso de "ye" (vos) e "you" (você/tu), problema esse que se tornou particularmente difícil porque o uso e a prescrição gramatical estavam em desacordo na época. Os tradutores, em geral, usavam "ye" como sujeito e "you" como objeto, mas, de vez em quando, como por exemplo em Deuteronômio 5.32,33, os dois pronomes foram misturados livremente. Durante um tempo, Parris tentou seguir a prática normal dos tradutores; depois, seguiu em frente bem independente deles. Blayney foi bem-sucedido em tentar fazer a mesma coisa, mas ainda deixou passar alguns exemplos. Por conseguinte, quase todas as 289 instâncias do que, hoje, é o inglês normal, "you" como sujeito, sumiram da BKJ. Blayney não era avesso a deixar a linguagem da BKJ mais arcaica; há cinco ocorrências da terceira pessoa do singular no inglês moderno, como: "he sticks" (1Ed 4.21; ele determinou-se), nos livros apócrifos, das quais quatro ele mudou para a forma antiga ("he sticketh", etc.), mas se esqueceu de mudar uma, daí: "every man that takes" (Eclo 22.2; "todo aquele que o tocar"; BJ) ficou como a única terceira pessoa do singular moderna nas BKJs padrão.

Nem sua edição em fólio nem a em quarto está livre de erros, como declarou Blayney; Scrivener considerava-as "visivelmente deficientes" e achava que "o número normalmente estimado de 116 erratas parecia estar abaixo da verdade".[285] A despeito dos defeitos, Blayney considerava a edição em fólio, "de certa forma, a mais perfeita das duas e, portanto, a mais adequada para ser recomendada como cópia padrão".[286] A Oxford University Press manteve uma cópia que, inevitavelmente, acumulou revisões. Ela foi durante muitos anos o padrão segundo o qual as Bíblias de Oxford foram corrigidas; ou seja, o [fólio] de Blayney conforme corrigido por muitas mãos ao longo do tempo. Dificilmente, o volume em fólio mantido como referência tem uma página, com exceção dos livros apócrifos, sem uma marca de correção escrita cuidadosamente em tinta. Todos esses consertos, menos alguns, são de pouca relevância: uma letra maiúscula, em vez de minúscula, em uma referência; o acréscimo de uma vírgula; uma grafia moderna.[287]

Oxford também, como a maioria dos outros impressores nacionais e estrangeiros, adotou a edição de Blayney como padrão, assim, o texto como hoje é geralmente encontrado não é o da primeira impressão, mas algo que evoluiu de forma irregular ao longo de um século e meio antes de se assumir a forma quase fixa segundo os padrões da década de 1760 aplicados de modo imperfeito.

Um dos principais motivos para o texto de Blayney se tornar padrão é o fato de ser uma tarefa gigantesca empreender essa revisão e edição. Cambridge, não uma vez, mas diversas vezes, e Oxford, os guardiães acadêmicos do texto, agora, tinham cada uma delas empreendido essa tarefa, e não é de esperar que queiram empreendê-la de imediato de novo. O fato de a edição de Blayney, em vez da de Parris, tornar-se o padrão não é apenas uma questão de ele a ter oferecido como tal. A edição de Blayney, mesmo sem um exame acadêmico ou erudito minucioso, estava claramente um passo além da de Parris: em termos de erudição, ela adotou e acrescentou ao seu trabalho; e em termos de ortografia, gramática e pontuação, a edição

[285] pp. 30-31; Scrivener apresenta uma lista substancial de erros nas páginas seguintes. Entre os erros estão: "ERZA" como cabeçalho de Ezra 10 (Esdras 10) (só no fólio); traz: "sweetsmelling favour", em vez de "sweet-smelling savour" (Ef 5.2; "aroma suave"; ARA); e a omissão da metade do versículo de Apocalipse 18.22.

[286] Relatório de Blayney; NORTON. *Textual History*, p. 197.

[287] CARTER. *A History of Oxford University Press*, p. 358.

dele foi um grande passo adiante, alcançando uma aproximação razoável aos padrões do século XVIII. Embora a edição não fosse perfeita, como algum exame minucioso teria revelado, era claramente o melhor texto até aqui. Também é provável que tenha se tornado o padrão porque, por volta de 1769, a opinião geral a respeito da BKJ tinha, finalmente, alcançado a reverência, e a neofobia começava a predominar. Embora, em 1787, a Critical Review se referiu às traduções alternativas, seu julgamento reflete as atitudes para com a própria BKJ: "Reformar o texto da Bíblia teria parecido para o ignorante pouco menos que mudar uma religião nacional".[288] Esse espírito podia apegar-se aos mínimos detalhes do texto de Blayney.

A página de amostra de Gênesis 17 e 18 mostra uma diferença das edições modernas do texto[289] e das notas. A marca de parágrafo de Blayney no versículo 17.5, herdada de Parris, foi eliminada. O resumo dos capítulos e as referências cruzadas são um assunto diferente: essas raramente são seguidas. No entanto, olhando em retrospectiva, as diferenças da edição de 1611 são visíveis em todos os lugares. Há uma nota de margem extra para o versículo 17.7, cerca de 57 mudanças de grafia, incluindo a mudança erudita de "Cadesh" para "Kadesh" (16.14; "Cades"; ARA); 21 mudanças de pontuação, incluindo o acréscimo de apóstrofes; sete usos adicionais de itálicos; e algumas outras mudanças gerais como optar por letra maiúscula em algumas palavras.

A Bíblia de Blayney, vista no todo, representa um acúmulo de mudanças de leitura. Muito poucas mudanças subsequentes foram introduzidas nos textos padrão, seis novas leituras, junto com a reintrodução de, pelo menos, trinta leituras antigas, 22 das quais envolvendo grafia de nomes.[290] O cálculo de quantas mudanças de leitura há na edição de Blayney varia e, em geral, o número é muito maior que as quase setecentas mudanças que enumero no apêndice 8 de A *Textual History*, lista essa fundamentada no trabalho de Scrivener, em outras comparações e nas minhas próprias observações.[291] Dessas mudanças, 201 eram correções necessárias ao texto de 1611, mas 420 delas vão contra os tradutores, mudando a leitura criada por eles que poderia ser demonstrada que foram deliberadas ou que bem podiam ser deliberadas.

[288] *Critical Review*, nº 63, de janeiro de 1787, p. 46.

[289] Usei uma edição da Cambridge Concórdia de 1992 como representativa do texto moderno.

[290] NORTON. *Textual History*, p. 115.

[291] Essa lista inclui os livros apócrifos e omite as mudanças de itálicos, as mudanças repetidas e as correções de erros do impressor na primeira edição. Ela também omite 68 leituras variantes nas passagens em que a leitura de Blayney é a mesma de 1611 e do texto atual.

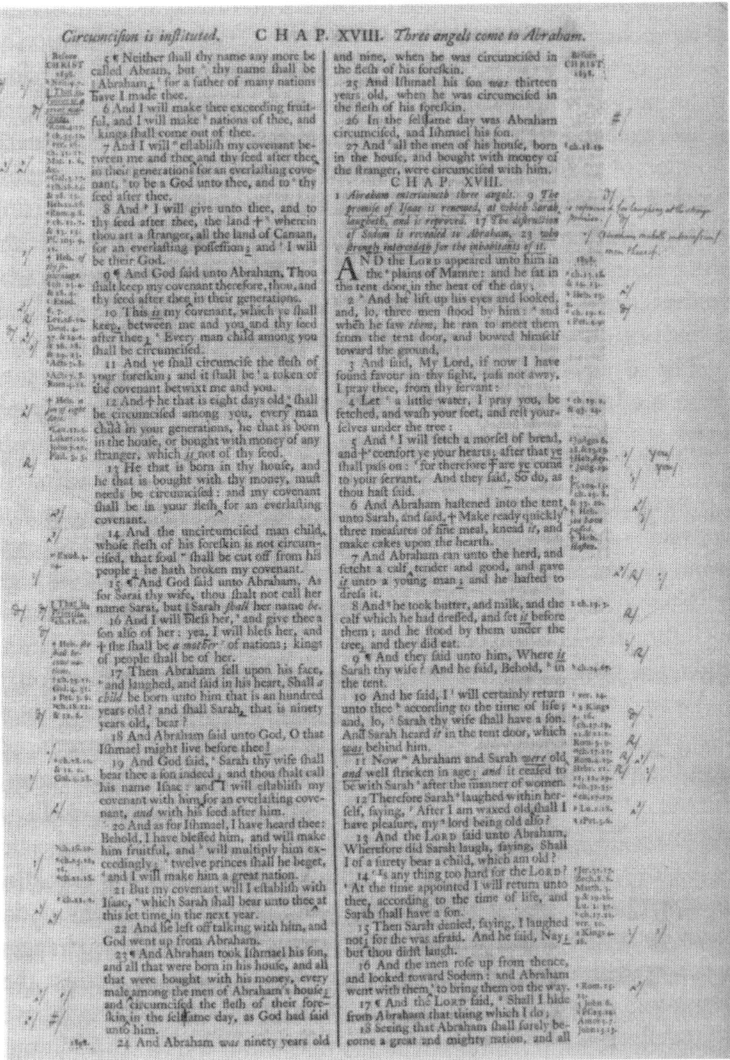

Circumciſion is inſtituted. CHAP. XVIII. *Three angels come to Abraham.*

5 ¶ Neither ſhall thy name any more be called Abram, but thy name ſhall be Abraham; for a father of many nations have I made thee.

6 And I will make thee exceeding fruitful, and I will make nations of thee, and kings ſhall come out of thee.

7 And I will eſtabliſh my covenant between me and thee and thy ſeed after thee in their generations for an everlaſting covenant, to be a God unto thee, and to thy ſeed after thee.

8 And I will give unto thee, and to thy ſeed after thee, the land † wherein thou art a ſtranger, all the land of Canaan, for an everlaſting poſſeſſion; and I will be their God.

9 ¶ And God ſaid unto Abraham, Thou ſhalt keep my covenant therefore, thou, and thy ſeed after thee in their generations.

10 This *is* my covenant, which ye ſhall keep, between me and you and thy ſeed after thee; Every man child among you ſhall be circumciſed.

11 And ye ſhall circumciſe the fleſh of your foreſkin; and it ſhall be a token of the covenant betwixt me and you.

12 And † he that is eight days old ſhall be circumciſed among you, every man child in your generations, he that is born in the houſe, or bought with money of any ſtranger, which *is* not of thy ſeed.

13 He that is born in thy houſe, and he that is bought with thy money, muſt needs be circumciſed: and my covenant ſhall be in your fleſh for an everlaſting covenant.

14 And the uncircumciſed man child, whoſe fleſh of his foreſkin is not circumciſed, that ſoul ſhall be cut off from his people; he hath broken my covenant.

15 ¶ And God ſaid unto Abraham, As for Sarai thy wife, thou ſhalt not call her name Sarai, but Sarah *ſhall* her name *be*.

16 And I will bleſs her, and give thee a ſon alſo of her: yea, I will bleſs her, and † ſhe ſhall be *a mother* of nations; kings of people ſhall be of her.

17 Then Abraham fell upon his face, and laughed, and ſaid in his heart, Shall *a child* be born unto him that is an hundred years old? and ſhall Sarah, that is ninety years old, bear?

18 And Abraham ſaid unto God, O that Iſhmael might live before thee!

19 And God ſaid, Sarah thy wife ſhall bear thee a ſon indeed; and thou ſhalt call his name Iſaac: and I will eſtabliſh my covenant with him for an everlaſting covenant, *and* with his ſeed after him.

20 And as for Iſhmael, I have heard thee: Behold, I have bleſſed him, and will make him fruitful, and will multiply him exceedingly; twelve princes ſhall he beget, and I will make him a great nation.

21 But my covenant will I eſtabliſh with Iſaac, which Sarah ſhall bear unto thee at this ſet time in the next year.

22 And he left off talking with him, and God went up from Abraham.

23 ¶ And Abraham took Iſhmael his ſon, and all that were born in his houſe, and all that were bought with his money, every male among the men of Abraham's houſe; and circumciſed the fleſh of their foreſkin in the ſelfſame day, as God had ſaid unto him.

24 And Abraham *was* ninety years old and nine, when he was circumciſed in the fleſh of his foreſkin.

25 And Iſhmael his ſon *was* thirteen years old, when he was circumciſed in the fleſh of his foreſkin.

26 In the ſelfſame day was Abraham circumciſed, and Iſhmael his ſon.

27 And all the men of his houſe, born in the houſe, and bought with money of the ſtranger, were circumciſed with him.

CHAP. XVIII.

1 *Abraham entertaineth three angels.* 9 *The promiſe of Iſaac is renewed, at which Sarah laugheth, and is reproved.* 17 *The deſtruction of Sodom is revealed to Abraham,* 23 *who ſtrongly intercedeth for the inhabitants of it.*

AND the LORD appeared unto him in the plains of Mamre: and he ſat in the tent door in the heat of the day;

2 And he lift up his eyes and looked, and, lo, three men ſtood by him: and when he ſaw *them*, he ran to meet them from the tent door, and bowed himſelf toward the ground,

3 And ſaid, My Lord, if now I have found favour in thy ſight, paſs not away, I pray thee, from thy ſervant:

4 Let a little water, I pray you, be fetched, and waſh your feet, and reſt yourſelves under the tree:

5 And I will fetch a morſel of bread, and † comfort ye your hearts; after that ye ſhall paſs on: for therefore † are ye come to your ſervant. And they ſaid, So do, as thou haſt ſaid.

6 And Abraham haſtened into the tent unto Sarah, and ſaid, † Make ready quickly three meaſures of fine meal, knead *it*, and make cakes upon the hearth.

7 And Abraham ran unto the herd, and fetcht a calf tender and good, and gave *it* unto a young man; and he haſted to dreſs it.

8 And he took butter, and milk, and the calf which he had dreſſed, and ſet *it* before them; and he ſtood by them under the tree, and they did eat.

9 ¶ And they ſaid unto him, Where *is* Sarah thy wife? And he ſaid, Behold, in the tent.

10 And he ſaid, I will certainly return unto thee according to the time of life; and, lo, Sarah thy wife ſhall have a ſon. And Sarah heard *it* in the tent door, which *was* behind him.

11 Now Abraham and Sarah *were* old *and* well ſtricken in age; *and* it ceaſed to be with Sarah after the manner of women.

12 Therefore Sarah laughed within herſelf, ſaying, After I am waxed old ſhall I have pleaſure, my lord being old alſo?

13 And the LORD ſaid unto Abraham, Wherefore did Sarah laugh, ſaying, Shall I of a ſurety bear a child, which am old?

14 Is any thing too hard for the LORD? At the time appointed I will return unto thee, according to the time of life, and Sarah ſhall have a ſon.

15 Then Sarah denied, ſaying, I laughed not; for ſhe was afraid. And he ſaid, Nay; but thou didſt laugh.

16 And the men roſe up from thence, and looked toward Sodom: and Abraham went with them to bring them on the way.

17 ¶ And the LORD ſaid, Shall I hide from Abraham that thing which I do;

18 Seeing that Abraham ſhall ſurely become a great and mighty nation, and all

10. Gênesis 17-18, fólio de Blayney, de 1769, com anotações feitas por Gilbert Buchanan, c. 1822, apresentando diferenças do texto original. UL Rare Books: Adv.bb.77.2.

Além disso, 73 das novas leituras precisam de mais revisão. Isso não denigre o trabalho feito em todas essas mudanças — todas são produto de observação e meditação profundas — mas serve para observar o fundamento sobre o qual elas foram feitas, e também o fato de que o trabalho dos tradutores é incerto, podendo facilmente cair em exageros. Há, inevitavelmente, princípios e questões de julgamento textual envolvidos aqui, e talvez seja notável que a atenção ao texto exigida pelos seus erros tenha produzido tão poucas mudanças. Mas se o texto pode ser incerto em passagens nas quais não está comprovadamente errado, o processo que levou da obra de Tyndale à BKJ pode continuar até que a última edição da BKJ se torne a Versão Revisada (para não olhar mais à frente).

Se o respeito e a reverência pelo trabalho dos tradutores da BKJ têm de ser o princípio, então, o texto revisado representado pela Bíblia de 1769 e a maioria das BKJs subsequentes não são tão boas quanto deveriam ser. Tendo dito isso, se algumas diferenças no texto são pequenas, então temos de ressaltar que a maioria das diferenças entre as edições de 1611, 1769 e grande parte das BKJs atuais é pequena e, em vista do tamanho do texto, poucas. Por contraste, as outras diferenças no texto, de grafia e de pontuação são inumeráveis. E as mudanças de grafia, em particular, têm isto em comum com as mudanças de leitura: em sua maioria, pelos padrões desenvolvidos por intermédio da edição de 1769, foram bem feitas.

Muitas das letras supérfluas, características da edição de 1611, foram eliminadas pelas duas primeiras edições de Cambridge, edições essas que foram as primeiras manifestações dos novos padrões de grafia e que exerceram relevante influência no estabelecimento deles. Esse processo quase chegou à conclusão na edição de 1769, embora tenham permanecido algumas palavras com letras extras, mais comumente as com terminação em "ck", como "musick" ("music", música). Em toda parte, nos textos atuais em inglês (textos e padrões norte-americanos não são mais os mesmos) há cerca de 219 palavras avulsas que não se ajustam aos padrões modernos, palavras como "alway" (32 ocorrências lado a lado com o uso de "always" (sempre); "arrogancy" (arrogância) (uma de várias palavras que usavam a terminação "-ncy", mas que hoje terminam com "-nce"); "asswage" ("assuage", aliviar, aplacar); "astonied" (dez ocorrências lado a lado com 46 usos de "astonished" (estupefação, espanto); "bason" (pia, bacia); "clift" (despenhadeiro);

"cuckow" ("cuckoo", cuco, louco) e "ensample" (exemplo, amostra).[292] Todas essas grafias são claramente obsoletas e fáceis de ser modernizadas. Contudo, às vezes, há histórias por trás da grafia que mostram a delicada linha que pode haver entre modernizar a grafia e mudar a linguagem. Por exemplo, em 1611, "ensample" e "example" eram grafias alternativas para uma mesma palavra, mas "bewray" (revelar, divulgar ou trair) e "betray" (trair) eram palavras diferentes e com sentido distintos. Em todos os lugares, a grafia do texto atual herdou uma relevante quantidade de grafias obsoletas e inconsistentes, algumas das quais refletem os padrões do século XVIII de Blayney e também outros padrões ainda mais antigos.

A pontuação da BKJ tem sido sempre errática. A primeira edição mostra a mesma variedade, mesmo em exemplos sucessivos da mesma estrutura — algo que também caracteriza a grafia — embora na pontuação, muitas vezes, seja mais difícil perceber os motivos para as diferenças, mas podemos apontar a falta de padrões aceitos e, mesmo em uma época na qual a consistência não era uma mania, as falhas humanas. Um elemento importante na variedade é que a pontuação, às vezes, é gramatical, outras vezes, retórica. Estamos acostumados à pontuação que marca as relações gramaticais, mas a BKJ usa com bastante frequência a pontuação para marcar o que podemos chamar de ritmo do texto. Na segunda metade do livro de Salmos, por exemplo, os dois pontos passaram a ser cada vez mais comuns no meio de um versículo, marcando de forma eficaz a interrupção entre as duas partes de um paralelismo. Isso é algo que estamos acostumados a ver como uma mudança de linha na poesia. Daí, na primeira edição: "He hath not dealt with us after our sins: nor rewarded us according to our iniquities" (Sl 103.10; "Não nos trata segundo os nossos pecados, nem nos retribui consoante as nossas iniquidades"; ARA), é provável que nós, pontuando gramaticalmente, puséssemos uma vírgula onde estão os dois pontos. Mas o efeito alcançado pela edição de 1611 é adequado para essa poesia:

> He hath not dealt with us after our sins:
> nor rewarded us according to our iniquities.

As edições atuais, seguindo Blayney, ficam caracteristicamente na metade do caminho entre a pontuação retórica e a gramatical, usando o ponto e vírgula nesses lugares.

[292] Veja NORTON. *Textual History*, apêndice 9, para uma lista de grafias obsoletas da BKJ.

Os impressores e os editores tratavam livremente a pontuação, deixando o texto atual relativamente consistente segundo os padrões do século XVIII. Mas isso é apenas relativo: uma das inconsistências mais notáveis, herdada em parte da edição de 1611, é o uso de ponto e vírgula, em vez de vírgula, antes de fala; isso se torna cada vez mais comum de Jeremias 21 em diante. Cerca de um quinto da pontuação foi revisada. A primeira edição de Cambridge fez um quarto dessas mudanças, Parris fez outro quarto, e Blayney fez metade delas. O livro de Rute fornece uma pequena amostra do que foi feito. Ele teve 79 mudanças, 23 da primeira edição de Cambridge, uma da segunda edição, sete da de Parris e 48 da de Blayney. A mais comum é a eliminação de vírgulas, e diversas vezes o ponto foi substituído por dois pontos. Essas mudanças dão uma sensação mais leve, mais moderna. Outras têm o efeito oposto. Blayney, às vezes, acrescenta vírgulas (uma de suas mudanças mais comum ao longo da Bíblia dizem respeito a transformar "and behold" em "and, behold" ["e eis"]) e a transformou quatorze vírgulas em pontos e vírgulas; e sete pontos e vírgulas em vírgulas.

Algumas coisas nunca foram feitas na BKJ. Temos de agradecer pelo fato de que o hábito de escrever os nomes em letras maiúsculas — e algumas outras palavras — não foi adotado. Talvez devamos lamentar o fato do trabalho de pontuação não ter se estendido até a inclusão de marcas de fala, uma forma muito mais eficiente de identificar a fala que confiar no contexto e no uso de letra maiúscula no início da fala. Mais importante, o formato básico da BKJ permaneceu essencialmente o mesmo desde 1611 até as edições mais modernas, algo pelo que devemos ser agradecidos com reservas. Da perspectiva tipográfica, a BKJ (e muitas outras Bíblias antes dela e a partir dela) é diferente dos outros livros: basta ver a página, sem ler nenhuma palavra, para se saber que está olhando uma Bíblia. O *layout* revela que ela é diferente dos livros seculares, evocando imediatamente o sentimento adequado em relação ao livro sagrado. Isso também é muitíssimo eficaz, permitindo que boa parte do texto seja incluída em uma página enquanto a dificuldade de manter o lugar da leitura fica reduzido ao mínimo. Encontrar um lugar específico pode ser mais difícil por causa dos versículos numerados e visualmente separados. Além disso, o estudante é encorajado a adotar uma percepção holística da Palavra inspirada, indo de uma passagem no texto para passagens relacionadas, às vezes, localizadas no outro extremo da Bíblia, conforme apresentados por meio das referências cruzadas; por exemplo, de

Deuteronômio 4.2 para Apocalipse 22.18, passando também por Deuteronômio 12.32; Josué 1.7 e Provérbios 30.6 (referências da edição de 1611). Em suma, essa parece ser a atitude de leitura correta, ajuda o estudante a desvendar o texto, encoraja o senso de que a Bíblia é inspirada e unida e, nas edições maiores, é fácil de ser lida em voz alta.

O formato também tem suas deficiências. Deixando de lado as referências cruzadas, o texto mostra dois tipos de estrutura na escrita, as unidades menores representadas pelos versículos e as unidades maiores representadas pelos capítulos, mas ambas foram originalmente projetadas para facilitar a referência, em vez de ser uma forma de mostrar como o texto é construído. Claro que há as marcas de parágrafo, mas elas competem debilmente com a apresentação visual dos versículos como parágrafos. O filósofo John Locke, lutando para entender as epístolas de Paulo (às quais faltam até mesmo as marcas de parágrafo), apresenta o problema de forma vigorosa. Para ele, a principal dificuldade das epístolas é

> A divisão delas em capítulos e versículos [...] por meio dos quais o texto é cortado e triturado e, a maneira como as Bíblias são impressas hoje, o texto continua tão quebrado e dividido que a pessoa comum não só considera os versículos geralmente como aforismos distintos, mas até mesmo homens de conhecimento mais avançado, ao lê-los, perdem muito da força e poder de coerência e a luz que depende do texto. Nossa mente é tão fraca e estreita que precisa de toda ajuda e auxílio disponível para, tranquilamente, depositar diante dela sem qualquer perturbação a ameaça e a coerência de qualquer discurso, por meio do qual ela pode ser verdadeiramente aperfeiçoada e levar ao genuíno sentido que o autor tinha em mente. Quando o olho é constantemente perturbado com sentenças soltas que, por seu padrão e separação, parecem como muitos fragmentos distintos, a mente tem trabalho para captar e reter em sua memória um discurso uniforme que depende de raciocínio, em especial tendo sido usada desde o berço para impressões equivocadas em relação a elas e estar constantemente acostumada a ouvi-las ser citadas como sentenças distintas sem nenhuma limitação nem explicação de seu sentido exato a partir do lugar em que permanecem e da relação que carregam com o que vem antes ou depois delas. Essas divisões também fornecem a oportunidade para a leitura dessas epístolas em parcelas e partes, o que confirma ainda mais o mal provocado por essas partições.[293]

[293] Locke. *Essay for the Understanding of St Paul's Epistles*, p. vii.

Embora isso seja especialmente verdade para as epístolas, também se aplica à Bíblia como um todo. A Bíblia, na apresentação tradicional, é uma pilha de tijolos preciosos, em vez de um templo. O tipo de apresentação pela qual Locke procura é a que Tyndale (trabalhando antes da criação de versículos numerados) deu ao seu NT, prosa contínua ordenada apenas pelas quebras de parágrafos e divisões de capítulo, com poesias, como o *Magnificat*, fornecidas em linhas poéticas. O motivo de Tyndale para traduzir foi "por ter percebido pela experiência como era impossível transmitir às pessoas leigas alguma verdade, a não ser que as Escrituras fossem claramente dispostas diante de seus olhos em sua língua pátria, para que pudessem ver o processo, a ordem e o sentido do texto".[294] Seu NT foi modelado para apresentar o texto com essa leitura clara e contextual.

O formato tradicional não faz distinção entre prosa e poesia. Há fundamento para achar que isso é uma coisa boa: às vezes, não há uma distinção clara entre os dois e os tradutores não começam/planejam fazer uma tradução poética das partes poéticas.

Contra isso, algumas partes da BKJ, em especial Salmos e partes de Isaías, funcionam notavelmente bem como poesia e é útil ter um lembrete visual da natureza do texto que está lendo, sobretudo, se esse lembrete ajudar a revelar a forma como as palavras funcionam. Tyndale, fazendo uma tradução em prosa, com certeza, pensava assim. Alguns críticos do século XVIII, por sua vez, perceberam que a BKJ de vez em quando tinha um tipo de forma poética que podia ser revelada por meio do uso de linhas poéticas. Samuel Say, clérigo (clergyman) não conformista, no curso de um argumento geral sobre o poder do ritmo na prosa e na poesia, apresentou alguns versículos da Bíblia como poesia. Ele apresentou Gênesis 49.7 desta maneira (incidentalmente, ilustrando alguns hábitos de uso de letra maiúscula e de grafia do século XVIII):

> Cursed be their Anger! for it was fierce,
> And their Wrath! for it was Cruël.
> I will divide 'em in Jacob; and scatter 'em in Isräel.
> Maldito seja o seu Furor[!] pois era forte,
> e a sua Ira[!] pois era Dura;
> dividi-los-ei em Jacó e os espalharei em Israel (ARA).[295]

[294] Prefácio para o Pentateuco (1530), não ornamentado.

[295] Say. "Essay… on the harmony, variety and power of numbers in general, whether in prose or verse", em *Poems on Several Occasions*, p. 103.

Mas para essa apresentação, talvez não se perceba quanto a cadência da BKJ é poderosa nesse versículo; os pontos de exclamação destacam os pontos altos da duas primeiras linhas. Na mesma época, Robert Lowth, professor de poesia de Oxford e futuro bispo de Londres, estava desenvolvendo suas percepções em relação à poesia hebraica, incluindo sua teoria de paralelismo; ele argumentou que "um poema traduzido de forma literal do hebraico em prosa de alguma outra língua, enquanto conserva as mesmas formas das sentenças, ainda retém, no que diz respeito à versificação, muito de sua dignidade nativa e uma esmaecida aparência de versificação".[296] A BKJ tem uma tradução literal assim, e Say mostra que a aparência de versificação pode ser mais que esmaecida.

ALGUNS DESENVOLVIMENTOS POSTERIORES

Não se pode determinar com precisão como e quando foram feitas as poucas mudanças no texto no Blayney. As editoras, em geral, não mantêm um bom registro de seu trabalho e não têm compilação completa das inúmeras edições da BKJ publicadas desde 1769. De vez em quando, trabalhava-se muito no texto sem anúncio algum. Por volta de 1805, por exemplo, Cambridge revisou seu texto, restaurando inúmeras leituras da edição de 1611, mas não ficou claro que princípios regeram esse trabalho nem quem o fez. Menos de vinte anos depois, a própria editora de Cambridge não tinha ideia do que tinha acontecido, como ficou evidente durante uma nova campanha contra os detentores do monopólio e por um texto confiável. Esse foi o trabalho de um comitê de ministros dissidentes liderados por Thomas Curtis, cuja obra *The Existing Monopoly, an Inadequate Protection of the Autho-rised Version of Scripture* (1833) fornece percepções no trabalho das universidades e teve um efeito decisivo no texto impresso, embora não tenha tido o efeito que Curtis esperava: estabeleceu o uso do texto de Blayney (mas não suas notas de margem, resumos e títulos) como padrão. É surpreendente o uso da expressão "Versão Autorizada" nesse título. Ele acreditava que a BKJ tinha sido autorizada pela Conferência de Hampton Court e que essa autorização fora cumprida com a entrega pelos tradutores de seu trabalho para o impressor do rei; nesse ponto, a autoridade cessou de modo que nem mesmo "os tradutores têm direito algum de, no futuro, fazer uma única alteração crítica

[296] Lowth. *Lectures on the Sacred Poetry of the Hebrews*, vol. I, p. 71.

sem renovar a autorização" (p. 51). Assim, Oxford e Cambridge não tinham direito algum de fazer "alterações críticas no material"; a única obrigação dessas universidades era "preservar a versão pública e autorizada, estabelecida e uniforme" (p. 2). Não obstante, de acordo com suas observações sobre um quarto do texto, das notas de margem, do resumo dos capítulos e dos títulos há mais de 11.000 mudanças do texto de 1611, sem incluir nesse número pequenos detalhes de grafia e pontuação.

Tendo descoberto ainda que "não havia nenhum sistema nem concordância em comum entre as universidades" no cumprimento da responsabilidade delas com o texto, ele questionou a editora de Cambridge sobre "quais eram os métodos que a universidade adotara [...] para assegurar a futura exatidão do texto?" A resposta foi "que as autoridades de Cambridge imprimiriam corretamente a Bíblia — se 'conhecessem o padrão a ser seguido'"; além disso, eles, evidentemente sem conhecimento do trabalho de Parris e do que eles, subsequentemente, tinham feito perto da virada do século, pediram ao bispo de Londres informação sobre o padrão a ser seguido (um leve reflexo da pergunta que, setenta anos antes, o arcebispo da Cantuária não soubera responder) e "professaram uma total falta de confiança nos 'homens de Oxford' nesses assuntos" (pp. 4-5) Não obstante, Cambridge simpatizava com a proposta de corrigir a situação, e Curtis começou uma substancial conferência como parte do esforço da universidade de produzir "uma edição que possa ser considerada padrão" (p. 22), frase que traduziu o desejo dos síndicos de "que a nova edição fosse uma impressão exata da edição de 1611 com exceção dos erros tipográficos" (p. 28). Contudo, os síndicos mudaram de ideia e a edição foi abortada.

Curtis também abordou Oxford. "Pode-se dizer com justiça", perguntou ele a Edward Burton, professor régio de divindade, "que vocês têm um padrão (com certeza, vocês não têm um padrão autorizado) em Oxford?" (p. 37). Foi uma pergunta com dois intentos, pois ele sabia a resposta de que eles, em geral, seguiam Blayney e também sabia como solapar isso. Não só a edição de Blayney estava cheia de erros, mas a própria edição prestigiada de Oxford de 1817 em fólio, editada por George D'Oyly e Richard Mant, não seguiu Blayney para todo o texto; em vez disso, voltaram às notas de margem e resumos da primeira edição porque, conforme disseram a respeito das referências de margem acrescentadas, "elas não repousam na mesma autoridade que as referências dos tradutores".[297] Burton replicou que todos os erros enumerados por Curtis tinham sido corrigidos e tomou isso como uma evidência de que Oxford recorreu à primeira edição: "O fato é que Collingwood introduziu um sistema de precisão que talvez não seja encontrado em nenhuma outra editora; ele refere-se constantemente à edição original, uma cópia da qual fica retida na editora, e sua própria carta é uma prova convincente de que faz bom uso dela" (p. 39). Contudo, ele ficaria moralmente devedor a Curtis se tivesse informado à editora dos erros na última edição.

Esse convite levou Curtis a visitar Oxford, onde Samuel Collingwood, o impressor, gentilmente enviou a cópia da editora da primeira edição para o hotel de Curtis a fim de que este a examinasse. Curtis, além de examinar outras cópias, também "encontrou na Biblioteca de Bodley [...] uma edição da Bíblia em fólio de 1602, originalmente de Selden; com muitas sugestões no MS, conforme acreditavam, de um dos tradutores da King James — ou seja, ele encontrou a Bod 1602. Ele acrescenta profeticamente que, "em um rígido cotejamento em nome do perfeito retorno ao padrão, tenho motivo para supor que esse livro seja útil" (p. 42n).

Nessa época, o envolvimento de Curtis com a Universidade de Cambridge veio à tona, levando, supõe ele, tanto ao colapso do projeto de Cambridge quanto, mais importante, a algo que também passava a ser uma necessidade comercial, renovar a cooperação entre as universidades.[298] Nesse meio tempo, Curtis foi deixado de fora, ainda fazendo campanha.

A principal consequência desse episódio foi que, com a conscientização das universidades da necessidade de padronização, o padrão de Oxford, em essência o texto de Blayney, agora, passava a imperar. Outra consequência foi uma reimpressão exata da primeira edição publicada por Oxford em 1833, uma peça verdadeiramente notável que reproduz todas as peculiaridades da primeira edição, até mesmo as letras invertidas, com raros erros. Os representantes consideraram esse "o método mais eficaz para capacitar a eles mesmos e aos outros para julgar o quanto as queixas tinham fundamento".[299] Scrivener comentou que essa edição "praticamente resolveu todo o debate, mostrando ao leitor em geral a evidente impossibilidade de

[297] Oxford, 1817, 3 vols. *"General Introduction to the Bible"*, vol. I, sem paginação.

[298] Veja McKitterick. *A History*, vol. II, pp. 254–5.

[299] *A santa Bíblia, uma reimpressão exata*, declaração apresentada no início da Bíblia.

voltar à Bíblia de 1611, com todos os defeitos em que estiveram envolvidos aqueles que supervisionam a impressão por mais de dois séculos e reduzindo a uma forma mais consistente e apresentável" (p. 35). Pode-se acrescentar na qualificação que muitas das queixas de Curtis eram justificadas e que, em geral, o leitor zeloso ainda gostaria de ver exatamente o que os tradutores e seus impressores produziram.[300]

Os textos norte-americanos foram muitíssimo alinhados com os de Blayney. Por volta da década de 1830, o texto da Sociedade Bíblica Americana estava servindo de modelo para outras editoras norte-americanas,[301] mas a Sociedade, quase desde sua fundação em 1816, estivera preocupada com a exatidão de seu texto. Em 1847, seu conselho de administradores estabeleceu um Comitê de Versões para criar seu próprio texto padrão. Após quatro anos de trabalho, o comitê recomendou "que a Bíblia de referência in-oitavo, agora, em processo de preparação, [...] fosse adotada como cópia padrão da Sociedade; à qual todas as futuras edições publicadas pela Sociedade deviam se conformar" e apresentou um relatório informando algumas imprecisões históricas ocasionais do texto e detalhando o progresso do trabalho.[302] A "edição real in-oitavo" da Sociedade foi cotejada com "cópias das quatro principais edições britânicas, a saber, as de Londres, Oxford, Cambridge e Edimburgo; e também com a edição original de 1611" (p. 16); a edição de Oxford foi a de Blayney, "considerada desde sua publicação como a cópia padrão" (p. 10). Embora esse cotejamento tenha produzido quase 24.000 variações no texto e na pontuação (sem incluir as notas de margem, os resumos ou os títulos), o comitê declarou que "nenhuma delas comprometia a integridade do texto nem afetava nenhuma doutrina ou preceito da Bíblia" (p. 31). Curtis ficou atônito com essa declaração e só podemos imaginar sua fúria na declaração de que "a Bíblia inglesa, como deixada pelos tradutores, nos é entregue inalterada em relação ao *texto*, exceto nas mudanças de ortografia pelas quais toda a língua inglesa tem passado" (p. 7) e, de maneira similar, que a lição da reimpressão de 1833 da primeira edição foi de que,

[300] Em tempos recentes, isso foi possível por meio da edição de Nelson de 1990 (e de Hendrickson de 2010) "reimpressão palavra a palavra da primeira edição da Versão Autorizada apresentada em letra romana para facilitar a leitura e comparada com as edições subsequentes" (página-título), salvo por algum material introdutório, este material é uma reprodução fotográfica da edição de Oxford.

[301] Herbert. *Historical Catalogue*, p. 397; aqui devo algumas informações a Herbert.

[302] Anônimo. *Report on the History*, p. 32.

com exceção dos erros tipográficos e a ortografia, "o texto da nossa Bíblia atual continua imutável e sem variação desde a cópia original deixada pelos tradutores" (p. 11).

O comitê, cotejando seus seis textos sem considerar que os quatro textos modernos podiam ser de Blayney e os outros três podiam ser representações próximas do trabalho dele, tratou essa amostragem não acadêmica de uma maneira menos acadêmica ainda, ou seja, tratou-as democraticamente. A regra adotada para as variações na pontuação, ou seja, de que "o uso uniforme de quaisquer das três cópias devia ser seguido" parece refletir sua prática geral, que resultou "na grande maioria de exemplos de conformidade com as cópias inglesas [modernas]" (pp. 17,25). Se essa é uma reflexão insensível sobre um projeto imenso, o comitê trouxe-a sobre si mesmo ao obliterar quase todos os sinais de consideração erudita dos verdadeiros méritos das leituras: são mencionadas só cinco leituras estabelecidas em relação ao original sob o inocente título: "Palavras".[303] O que o comitê, no que diz respeito às leituras, ofereceu foi o texto de Blayney com seus próprios 116 erros tipográficos eliminados. Com seu "grande e principal objeto [sendo] a *uniformidade*" (p. 19), isso ajudou a fortalecer o padrão de Oxford.[304]

A política de seguir a pontuação da maioria de suas cópias impedia a inovação e também ia contra a uniformidade em qualquer uma de suas cópias; o resultado foi uma versão eclética da pontuação do século XVIII. Não obstante, o comitê fez um bom trabalho em outras áreas, como o resumo dos capítulos, a regularização dos nomes (algo que, agora, tornava os livros apócrifos da Sociedade Bíblica Americana visivelmente diferentes das edições britânicas) e da grafia. Esse último item é o que prende os olhos porque contém um relevante número de mudanças que ainda precisam ser feitas nas edições britânicas, incluindo a regularização do uso de "a" e "an".[305] As edições norte-americanas subsequentes seguiram esse exemplo, mas não com grande rigor, embora a política da Sociedade Bíblica Americana continuasse a ser a de adequar a grafia aos padrões modernos.[306]

[303] pp. 19-20, Josué 19.2; Rute 3.15; Cântico 2.7; Isaías 1.16 ("eash yee", 1611) e Mateus 12.41. Nessa última passagem, que o relatório cita equivocadamente, é inserido o artigo definido, apresentando: "no Juízo", porque o grego tem o artigo definido e a mesma frase é traduzida assim no versículo seguinte. O comitê não registra como reconciliou essa mudança com seus princípios.

[304] A opinião de Scrivener sobre essa edição é a mesma, mas expressa-se de forma mais dura, pp. 37–8

[305] Norton. *Textual History*, pp. 121–122. Ele enumera 59 mudanças de grafia.

[306] Herbert. *Historical Catalogue*, p. 399.

O resultado desse trabalho foi uma admirável edição da Bíblia em quarto, sem os livros apócrifos, publicada em 1856 e que se pretendia que fosse o texto padrão da Sociedade Bíblica Americana. O próprio *Report*, inicialmente, foi aceito e, depois, rejeitado "com base na alegada falta de autoridade constitucional e da insatisfação popular com uma série de mudanças feitas".[307] De maneira semelhante, a Bíblia de 1856 teve problema, principalmente por causa do tratamento dado ao resumo dos capítulos. Foi formado um novo comitê, as mudanças foram avaliadas e foram produzidas novas edições que passaram a ser o padrão por setenta anos. O texto de Blayney, com algumas variações de grafia e pontuação, passara a ser o texto norte-americano.

Em 1873, foi publicada outra revisão do texto pela Cambridge, F. H. A. *Trabalho realizado por Scrivener, The Cambridge Paragraph Bible of the Authorized English Version, with the text revised by a collation of its early and other principal editions, the use of the italic type made uniform, the marginal references remodelled, and a critical introduction prefixed.* Sua considerável importância histórica acabou por mostrar que se devia ao trabalho de Scrivener, a "introdução crítica", depois publicada separadamente como *The Authorized Edition of the English Bible* (1611): *its subsequent reprints and modern representatives* (1884). A própria Bíblia em Parágrafos de Cambridge nunca foi republicada na forma criada por Scrivener; antes, seu texto foi usado para uma elegante edição de quinhentas cópias, a Doves Press Bible (1905), o texto do NT foi usado para o NT em óctuplo de Bagster (1962), e seu texto foi usado mais uma vez na "Bíblia BKJ Gift & Award Revisada da Zondervan" (2002). Nenhuma dessas edições usou a apresentação em parágrafos de Scrivener nem suas notas de margem intensamente revisadas. Contudo, Scrivener tinha feito um trabalho imenso: o cotejamento de textos foi muito mais substancial que qualquer tentativa anterior, estendendo-se até mesmo à verificação minuciosa das fontes da BKJ e o trabalho no itálico e nas notas de margem, em especial nas referências cruzadas; todo o trabalho ficou completo e, de muitas maneiras, era admirável. Se Cambridge, que deve ter investido substancialmente no projeto, não o considerou um fracasso, não obstante, o condenou ao não publicar mais nenhuma edição em uma tentativa de torná-lo o novo padrão. A realidade da contínua demanda pela

[307] Lightfoot *et al. Revision of the English Version of the New Testament*, p. xxx.

versão padrão aceita pode ter tornado muito arriscado apresentar alguma coisa diferente.

A Bíblia em Parágrafo de Cambridge, como o título indica, é pioneira em novos métodos de apresentação. Ela mudou o número do capítulo e do versículo para a margem, deixando o "texto [arranjado de forma] contínua em parágrafos formados de acordo com o sentido" do texto, formou novos parágrafos no todo e apresentou as partes poéticas de forma poética.[308] Nesse sentido, ela antecipou muitas traduções modernas, embora, infelizmente, seu *layout* de página comprimida torne a leitura difícil. É lamentável (em vez de infeliz) que só algumas edições da BKJ, como *A Bíblia do Leitor*, tenham sido publicadas conjuntamente pelos três guardiões do texto, em 1951, seguida da tentativa de criar um texto contínuo, supostamente por causa de pressões de conservadores, já comentadas, e essas edições tenham aparecido como edições literárias.

A principal preocupação de Scrivener era preparar "uma edição crítica da Versão Autorizada" que a representasse "na medida do possível na forma precisa que ela teria assumido se seus veneráveis tradutores tivessem se mostrado mais isentos de incorrer nas fraquezas humanas do que o foram; ou se a mesma exatidão rígida, que, agora, é uma exigência na impressão de um volume tão importante, tivesse sido considerada um prerrequisito ou fosse absolutamente usual em sua época" (pp. 1, 2). Está implícito aqui, e em tudo, a ideia de que a obrigação do editor é aperfeiçoar o texto à luz dos originais. Scrivener, ao destacar as fraquezas humanas dos tradutores, abriu caminho para a mudança do texto mesmo em passagens em que não há erro de impressão envolvido. Isso o alinha com a maioria dos editores anteriores, sentindo-se capaz de corrigir o texto nos trechos em que julgou que os tradutores cometeram equívocos em seu ofício. Scrivener, auxiliou, assim, a dar ao texto a "forma precisa que [...] teria assumido". Ele testa leituras variantes não pela evidência do julgamento dos tradutores, mas por sua percepção de como os textos originais deveriam ter sido traduzidos. O resultado é mais conservador que o texto de Blayney, pois ele restaura cerca de um terço das leituras originais, mas o leitor da *Bíblia em Parágrafos de Cambridge* nunca tem certeza de que o texto é o dos tradutores porque Scrivener, de fato, é um revisor.

[308] *Cambridge Paragraph Bible*, p. ix. Sigo o livro de Scrivener, exceto nesse caso em que há uma relevante diferença entre a introdução original e o livro.

Pouco depois dessa reforma fracassada, mas fascinante no texto da BKJ, apareceu uma reforma muito mais radical da BKJ: a Versão Revisada (NT, de 1881; AT, de 1885; livros apócrifos de 1895). Isso marcou o reinício do tipo de esforço erudito e criativo que tinha produzido a BKJ a partir do trabalho de Tyndale e seus sucessores. Esse esforço, ainda continuando em caminhos fraturados, em geral, caracterizou-se pelo desejo de manter algo parecido com a linguagem da BKJ, agora, absolutamente estabelecida como o inglês religioso, a Versão Americana Padrão (1901), a Nova Bíblia Americana Padrão (1971), a Versão Padrão Revisada (1952), a Nova Versão Padrão Revisada (1989), a Nova Versão King James (1982) e a Versão King James Século 21 (1994) apelam para a herança da BKJ, embora sejam manifestamente distintas dela. Elas, junto com o número cada vez maior de traduções e paráfrases em inglês moderno, fazem parte de um grande movimento que desestabilizou totalmente o texto inglês da Bíblia. Por conseguinte, a BKJ passou da única Bíblia da Inglaterra para uma entre as inúmeras espalhadas pelo mundo. Nesse contexto, a estabilidade de seu texto é inconfundível, um marco. Independentemente da qualidade das outras versões — erudição moderna, inglês simples e acessível, correção política, apresentação contemporânea —, todas elas são pretendentes ao trono da BKJ, enquanto ela permanece, aparentemente, o que sempre foi: a autêntica, idosa, cada vez mais negligenciada, mas ainda a reverenciada monarca entre as Bíblias.

A editora de Cambridge, a despeito dos riscos envolvidos de se desviar do padrão aceito, fez mais uma revisão no texto da BKJ. A história estava se repetindo. O texto precisou ser recomposto porque as imagens estavam perdendo a qualidade, e a editora de Cambridge não sabia a base de seu próprio texto, a não ser que "fora preparado/editado por alguém de Oxford e por outras pessoas de Cambridge depois da Segunda Guerra Mundial e, supostamente, incorporou a grafia 'moderna' e as boas práticas editoriais".[309]

Essa, a edição de Concórdia, na verdade, foi um texto padrão bem produzido do começo ao fim e, em essência, era o texto de Blayney sem outras modernizações de grafia e com um diferente conjunto de referências cruzadas e era o mesmo texto de Oxford (embora a "concórdia" não se estendesse até os livros apócrifos, que nessa época só eram impressos de vez em quando). Cambridge, após consulta e meditação, decidiu que a grafia precisava

[309] Do administrador de publicação da Bíblia para mim mesmo; citado em Norton. *Textual History*, p. 132.

ser trabalhada, que a edição de Concórdia tinha de ser cotejada com o texto de Scrivener como a única edição distintiva com boa reputação de erudição e, por meio do livro de Scrivener, com plena justificativa para suas leituras. À medida que o trabalho progrediu, ficou claro que era necessário dar atenção a mais do que à grafia. Da mesma maneira que a grafia, também a pontuação não estava correta pelos padrões atuais nem pelos dos tradutores. A pontuação também precisava ser revisada. A lista de leituras variantes de Scrivener sugeria que algumas das mudanças, incluindo algumas das decisões dele, eram questionáveis e que todas as leituras variantes precisavam ser examinadas. No devido tempo, percebeu-se a importância das anotações no manuscrito da Bob 1602, em especial no AT, e a evidência delas junto com as do MS 98 foram incorporadas ao exame. A apresentação também, concordamos, podia ser melhorada. O objetivo passou a ser apresentar o texto o mais próximo possível do decidido pelos tradutores e tornar o todo o mais acessível possível para o leitor e o estudante usando a grafia moderna, pontuação revisada e a melhor apresentação moderna possível.

A página de amostra de Gênesis apresenta um texto um pouco menos mudado dos textos padrões: as palavras e as formas gramaticais são as mesmas. As diferenças de grafia são da edição de 1611 e as mudanças do "man-child" do OED para o "man child", de Blayney (Gn 17.10,12; "descendência"; ARA); de "spoke" para "spake' (16.13; "falava"; ARA) e de "bore" para "bare" (16.15,16; "deu à luz"; ARA). Esses dois últimos são como a grafamos e a pronunciamos hoje em dia. As seis mudanças de pontuação são visíveis no capítulo 17, todas elas voltam para a pontuação da edição de 1611 e envolvem o gosto por ponto e vírgula do século XVIII. Três mudanças revertem às vírgulas (vv. 1,3 e 8), e três revertem aos dois pontos (vv. 5,10 e 14) mostrando a relação lógica envolvida nas mudanças. Uma das inovações de Blayney, o uso de letra maiúscula para iniciar uma ordem ou mandamento é eliminado a partir de Gênesis 17.10 (a leitura de Blayney e do texto padrão: "This is my covenant [...]; Every man child" ["Esta é a minha aliança, [...] todo macho [...]", ARA]).

A aparência da página é a diferença mais evidente das BKJs tradicionais, embora se possa encontrar uma apresentação semelhante em algumas Bíblias, incluindo no NT e no Pentateuco de Tyndale. As unidades de texto ficam imediatamente visíveis por causa do uso de parágrafos e de marcas de

[2]obtain: Heb. *be built by her*

16 Now Sarai Abram's wife bore him no children: and she had a handmaid, an Egyptian, whose name was Hagar. [2]And Sarai said unto Abram, 'Behold now, the LORD hath restrained me from bearing: I pray thee, go in unto my maid: it may be that I may obtain children by her'. And Abram hearkened to the voice of Sarai. [3]And Sarai Abram's wife took Hagar her maid the Egyptian, after Abram had dwelt ten years in the land of Canaan, and gave her to her husband Abram to be his wife. [4]And he went in unto Hagar, and she conceived: and when she saw that she had conceived, her mistress was despised in her eyes. [5]And Sarai said unto Abram, 'My wrong be upon thee: I have given my maid into thy bosom, and when she saw that she had conceived, I was despised in her eyes: the LORD judge between me and thee'. [6]And Abram said unto Sarai, 'Behold, thy maid is in thy hand; do to her as it pleaseth thee'. And when Sarai dealt hardly with her, she fled from her face.

[6]as: Heb. that which is *good in thy eyes*
[6]dealt: Heb. *afflicted her*

[7]And the angel of the LORD found her by a fountain of water in the wilderness, by the fountain in the way to Shur. [8]And he said, 'Hagar, Sarai's maid, whence camest thou? and whither wilt thou go?' And she said, 'I flee from the face of my mistress Sarai'. [9]And the angel of the LORD said unto her, 'Return to thy mistress, and submit thyself under her hands'. [10]And the angel of the LORD said unto her, 'I will multiply thy seed exceedingly, that it shall not be numbered for multitude'. [11]And the angel of the LORD said unto her, 'Behold, thou art with child, and shalt bear a son, and shalt call his name Ishmael; because the LORD hath heard thy affliction. [12]And he will be a wild man; his hand will be against every man, and every man's hand against him; and he shall dwell in the presence of all his brethren.' [13]And she called the name of the LORD that spoke unto her, 'Thou God seest me': for she said, 'Have I also here looked after him that seeth me?' [14]Wherefore the well was called Beer-lahai-roi; behold, it is between Kadesh and Bered. [15]And Hagar bore Abram a son: and Abram called his son's name, which Hagar bore, Ishmael. [16]And Abram was fourscore and six years old, when Hagar bore Ishmael to Abram.

[11]Ishmael: that is, *God shall hear*

[14]Beer-lahai-roi: that is, *the well of him that liveth and seeth me*

17 And when Abram was ninety years old and nine, the LORD appeared to Abram, and said unto him, 'I am the Almighty God, walk before me, and be thou perfect. [2]And I will make my covenant between me and thee, and will multiply thee exceedingly.' [3]And Abram fell on his face, and God talked with him, saying, [4]'As for me, behold, my covenant is with thee, and thou shalt be a father of many nations. [5]Neither shall thy name any more be called Abram, but thy name shall be Abraham: for a father of many nations have I made thee. [6]And I will make thee exceeding fruitful, and I will make nations of thee, and kings shall come out of thee. [7]And I will establish my covenant between me and thee and thy seed after thee in their generations for an everlasting covenant, to be a God unto thee, and to thy seed after thee. [8]And I will give unto thee, and to thy seed after thee, the land wherein thou art a stranger, all the land of Canaan, for an everlasting possession, and I will be their God.'

[1]perfect: or, *upright*, or *sincere*

[4]many: Heb. *multitude of nations*

[5][Abraham: that is, *father of a great multitude*]

[8]wherein: Heb. *of thy sojournings*

11. Gênesis 16-17, *A Nova Bíblia em Parágrafos de Cambridge*. Cambridge University Press.

fala.[310] Contudo, essa não é a forma como se deve apresentar um texto de prosa normal: os novos parágrafos não usados não são utilizados para diálogos em lugares nos quais ele poderia ser possível, como no último parágrafo do capítulo 16. O sistema de referências é mantido por meio de marcação clara do número do capítulo e pela discrição da numeração dos versículos, tornando-o tanto um texto de estudo quanto de leitura. As anotações originais (mais uma que se tornou padrão das BKJs na passagem 17.5, marcada por chaves para indicar que não são de 1611) são postas na margem como na edição de 1611, mas sem o uso de marcas de referência. Isso fornece ao estudante tudo que os tradutores incluíram como auxílio para o entendimento.

Também há omissões visíveis. Talvez tivesse sido um toque agradável, à custa de interromper o texto, ter incluído os resumos de capítulo originais, mas deveriam ter inventado novos títulos adequados à nova paginação. Não se fez nenhuma tentativa de revisar as referências cruzadas nem de restaurar as da edição de 1611, que, conforme já observado, foram substancialmente derivadas de cópias da Vulgata e, com frequência, eram inexatas, assim, por enquanto, elas foram omitidas. Por fim, os itálicos foram eliminados não só porque a maioria dos leitores não entende o propósito deles, mas porque, mesmo em sua forma mais revisada, é um guia bem inadequado para a relação entre a tradução e o original. Foram criados guias muito melhores, notavelmente os números de Strong, que correlacionam cada palavra com a palavra traduzida, com Bíblias interlineares e digitais. Só nas notas de margem em que os tradutores oferecem uma tradução literal do original é mantida essa marcação, pois isso faz parte da observação do que estava literalmente no original, como na nota de 16.14.

A *Nova Bíblia em Parágrafos de Cambridge* é essencialmente um trabalho de restauração. Até o ponto em que é possível, essa Bíblia, usando a evidência do trabalho dos tradutores marcadas na Bod 1602, no MS 98 e na primeira edição, fornece o texto que os próprios tradutores definiram. Mas talvez sua qualidade mais óbvia sejam as restaurações feitas na antiga cópia mestra, tornando-a novamente vívida. A apresentação das partes de prosa em parágrafos deixa sua estrutura mais clara e, como mostrou a representação de Samuel Say de Gênesis 49.7 (na p. 173), as linhas poéticas ajudam o leitor a ver melhor o sentido da poesia. A grafia moderna é uma ajuda específica ao

[310] Um elemento difícil que, hoje, lamento é a colocação de pontuação depois da última marca de fala nos lugares em que a fala é só uma parte da sentença.

eliminar a poeira e a sujeira do tempo. Às vezes, envolve uma aparente mudança de som, mas nunca chega a mudar as palavras nem as formas gramaticais, como aconteceu ocasionalmente no desenvolvimento da BKJ. Dois exemplos mostram que o valor disso ultrapassa o que, algumas vezes, é visto como apreço por antiguidades. Nas BKJs modernas, o apóstolo Paulo deseja que "that women adorn themselves in modest apparel, with shamefacedness and sobriety; not with broided hair, or gold, or pearls, or costly array" (1Tm 2.9; "Da mesma sorte, que as mulheres, em traje decente, se ataviem com modéstia e bom senso, não com cabeleira frisada e com ouro, ou pérolas, ou vestuário dispendioso"; ARA). "Broided" ("frisada") é uma das partículas de poeira que impedem o entendimento e acabam sendo uma questão de som: é uma variante de "braided" ("trançado, enfeitado") (usado em Judite 10.3 na edição de 1611). Mas "shamefacedness" (tímido, com vergonha) é a palavra mais interessante. Paulo parece querer que as mulheres tenham vergonha de ser mulher, mas o sentido grego significa "com modéstia", em vez de "vergonha". "Shamefacedness" entrou no texto em 1674, mas os tradutores usaram "shamefastness", significando "modéstia, comportamento sóbrio, decência, propriedade". O leitor moderno provavelmente tem de trabalhar no sentido de "shamefacedness", mas isso é melhor que ser levado ao entendimento errôneo por uma palavra semelhante, aparentemente, fácil. "Instead" (em vez de) poderia parecer uma modernização muito mais inocente da expressão "in stead" (no lugar) da edição de 1611, sobretudo à medida que, hoje, "stead" (lugar, posição) raramente é usado como uma palavra sozinha. O inglês da edição de 1611, "stead" significa lugar, e "in stead", no lugar, em vez do sentido moderno abstrato de "instead" como uma alternativa a alguma coisa. Por conseguinte, o sentido da BKJ perdeu-se no: "he took one of his ribs and closed up the flesh instead thereof" da BKJ padrão (Gn 2.21; "tomou uma das suas costelas e fechou o lugar com carne"; ARA). O sentido da BKJ nem sempre é fácil, mas mudando uma palavra (ou duas como no caso de "in stead") por uma palavra semelhante, como acontece nos textos padrão, sempre leva a equívocos.

CAPÍTULO 7

A reputação e o futuro

A REPUTAÇÃO

A primeira crítica infame da BKJ, feita por Hugh Broughton, dizia respeito a sua falta de erudição, ou seja, a falha em adotar o ponto de vista de Hugh Broughton quanto aos relacionamentos da cronologia: "a última Bíblia", começa ele, dirigindo-se a um bajulador, "levou-me a censurá-la, o que me causou tristeza que me acompanhará enquanto estiver vivo. Foi feita de forma tão imprópria. Diga a sua Majestade que preferiria ser esquartejado por cavalos selvagens do que tal tradução com meu consentimento seja impingida às pobres igrejas".[311] A crítica à erudição da BKJ tem existido desde essa época, mas ninguém foi tão intransigente quanto Hugh Broughton. O comentário registrado mais remoto sobre a linguagem utilizada veio de um homem famoso por seu conhecimento de hebraico e traduções, John Selden. Depois de asseverar que a BKJ (junto com a Bíblia dos Bispos) "é a melhor tradução no mundo e transmite o senso do original da melhor forma possível", ele volta-se para o estilo:

> Não há livro algum traduzido como a Bíblia, com o propósito. Se traduzir um livro de francês para o inglês, eu o transformo em inglês, e não em inglês francês. "Il fait froid": digo "'tis cold" (está frio), e não "faz frio", mas a Bíblia é mais traduzida por palavras em inglês que por frases em inglês. Os hebraísmos são mantidos; e também o fraseado da língua hebraica: como, por exemplo, "'he uncovered her shame'" ("descobriu a nudez de sua irmã"; ARA), o que parece uma boa solução, desde que apenas os eruditos leiam esse texto, mas, quando chega ao povo comum, Senhor, quanta zombaria eles fazem por causa desse detalhe![312]

[311] BROUGHTON, "Censure", não paginado.

[312] Selden. *Table Talk*, p. 3.

A tradução literal usara a linguagem "com o propósito", mas as pessoas zombavam pela falta de naturalidade. Essa perspectiva negativa da BKJ como escrita inglesa prevaleceu por quase um século e meio, absolutamente em conflito com a admiração posterior pela BKJ como uma grande — aos olhos de alguns, a maior — obra literária da língua inglesa.

Erudição e inglês, os intelectuais e o povo comum: esses quatro elementos, algumas vezes de forma separada, outras vezes de forma indistinguível, são essenciais para a reputação da BKJ. A erudição, por meio século, até a Restauração, no reinado de Carlos II, foi a questão principal. John Lightfoot, editor das obras de Broughton, no final de um sermão de 1645 para a Câmara dos Comuns, encorajou essa câmara "a pensar em uma revisão e pesquisa da tradução da Bíblia", de forma que "as três nações [...] pudessem vir a entender a leitura apropriada e genuína das Escrituras por meio de uma tradução vívida, vigorosa e exata".[313] Duas tentativas de revisão, possivelmente relacionadas uma com a outra, foram feitas na época da Comunidade Britânica das Nações, o Commonwealth. Em 1652 ou 1653, um grupo de revisores foi designado, liderado por Baptist Henry Jessey: o principal em seus princípios de tradução era a literalidade levando a uma versão "a mais exata possível de acordo com o original".[314] Indicativo das prioridades de Jessey é sua preferência pela margem da BKJ "em que em mais de 800 trechos estão mais corretos que as linhas", ou seja, mais literal que o texto traduzido e aceito (pp. 59-60). O trabalho estava quase completo, mas, por razões desconhecidas, nenhum representante foi apontado para examiná-la e aprová-la, e seu trabalho desapareceu sem deixar rastro.[315] Em janeiro de 1657, um subcomitê do Grande Comitê para Religião foi estabelecido para "considerar as traduções e impressões da Bíblia e para oferecer a opinião delas para esse comitê". Acadêmicos importantes de estudos orientais foram consultados, e o comitê fez "diversas observações, bastante eruditas, de alguns erros nas traduções da Bíblia para o inglês; a qual ainda era considerada a melhor de todas as traduções do mundo; grandes esforços foram feitos para essa tarefa, mas ela foi infrutífera por causa da dissolução do Parlamento".[316] A BKJ era admirável, mas improvável

[313] LIGHTFOOT. *A Sermon Preached before the Honourable House of Commons*, p. 30.

[314] E. W. [WHISTON, Edward], *The Life and Death of Mr Henry Jessey*, p. 45.

[315] NORTON. *History of the English Bible as Literature*, pp. 98-102.

[316] As duas citações são de WHITELOCKE, Bulstrode. *Memorials of the English Affairs*, 1682, p. 645.

como tradução acurada; ainda assim, as tentativas fracassadas de melhorá-la levaram a afirmações de suas virtudes, em relação à tradução.

O último ataque do século à precisão da BKJ foi publicado em 1659, a crítica de Robert Gell, *An Essay toward the Amendment of the Last English Translation of the Bible. Or, a proof, by many instances, that the last translation of the Bible may be improved.* Gell também era defensor da tradução literal, mas o desejo de revisar essa Bíblia arrefecera com a Comunidade Britânica das Nações, o Commonwealth, e a visão contra a qual escreveu, de que a BKJ é "tão exata [...] que não precisava de nenhum ensaio para a alteração de seu texto" prevaleceu por um século.[317]

Desde a Restauração até a época Augusta, ou seja, de 1660 até meados do século XVIII, a discussão versou da erudição aos méritos literários da Bíblia, e, nessa época, a preocupação principal era com os originais, e nem tanto com a BKJ em si. Tornou-se comum argumentar, como o Jesus de John Milton o fez com Satanás, no livro IV de O *paraíso reconquistado*, que a Bíblia era superior aos clássicos da literatura. Essa era outra batalha dos livros, raramente reconhecida junta com a batalha muito conhecida, aquela entre os antigos e os modernos. Alguns escritores seguiam a linha de pensamento recorrente, de que o livro de Deus, tendo um autor divino, é o livro perfeitamente escrito. Enquanto a ideia retórica da excelência literária dominava, eles demonstravam como a Bíblia continha flores de eloquência — de forma mais prosaica, como todas as figuras de linguagem eram utilizadas de forma excelente no texto bíblico — e depois — à medida que as ideias de Longino, retórico grego, sobre o sublime na literatura tornaram-se a nova moda, no início do século XVIII —, como a Bíblia tinha esse poder afetivo.

Tal interesse e ideias começaram a ser transferidos para a BKJ como a representante inglesa dos admirados originais: alguns escritores apenas generalizaram, outros transcreveram pequenos trechos dos originais como exemplos, outros ainda parafrasearam, porém cada vez mais pessoas usavam

[317] Prefácio, fol. a2r.

[NT]Segundo a definição de Menezes, Bento. Compêndio retórico, 1794, p. 35: pathopoeia: "O talento e modo de mover os afetos no ânimo dos ouvintes é a parte tão brilhante da arte da eloquência, que mais parece ser dom particular da natureza, do que ciência adquirida pelos preceitos da mesma arte. Por isso deve o orador fazer-se poderoso em os mover: pois vence muitas vezes pelo movimento dos afetos, o que não pode fazer com a razão manifesta. Seis coisas há que considerar no modo de mover afetos: o orador que os há de mover e os ouvintes que hão de ser movidos, aquilo que é objeto dos afetos, que estilo se deve usar, aonde e quando se hão de mover, que vícios se devem evitar".

a BKJ. Talvez não pensassem que a BKJ em si mesma fosse uma obra com bom inglês, mas o efeito de ver a qualidade literária demonstrada por intermédio da BKJ tornou-se inevitável. O mais antigo guia de retórica a usar a BKJ, o muitíssimo popular *The Mystery of Rhetoric Unveiled* (1656; última impressão em 1688), de John Smith, mostra o início desse efeito. Smith demonstrou as figuras de linguagens derivadas do grego com o latim, o inglês e exemplos das Escrituras, essa última "contribuindo muito para a compreensão correta do sentido literal das Escrituras" (tirado do título). O aspecto característico é sua sinonímia, "um confortável acúmulo de diversas palavras com um sentido" que, conforme ele põe de forma magistral, "adornam e enfeitam a fala como um rico armário, no qual há muitas e variadas mudanças de vestes para adornar uma mesma pessoa" (p. 160). A maioria dos exemplos é proveniente das Escrituras — com mais frequência que o contrário, textos literais da BKJ — de forma que o leitor começa a aprender a apreciar o que ele chamaria de paralelismo por intermédio dessa descrição da sinonímia e versículos como "the Lord also thundered in the heavens, and the highest gave his voice, etc." (Sl 18.13, "Trovejou, então, o Senhor, nos céus; o Altíssimo levantou a voz [...]; ARA"). Em meio às figuras de linguagem clássicas, Smith inclui uma seção sobre hebraísmos. Ele termina com "Pathopoeia", que designa não um artifício, mas um efeito, na expectativa das ideias do sublime. É "uma forma de fala por meio da qual o falante move a mente de seus leitores à veemência do afeto, amor, ódio, alegria, tristeza, etc." (p. 266). Ilustra esse aspecto da linguagem só com a Bíblia, incluindo essa imagem surpreendente: "can a woman forget her sucking child? yea, they may forget, yet will I not forget thee: behold, I have graven thee upon the palms of my hands, etc." (Is 49.15,16; texto abreviado; "Acaso, pode uma mulher esquecer-se do filho que ainda mama, de sorte que não se compadeça do filho do seu ventre? Mas ainda que esta viesse a se esquecer dele, eu, todavia, não me esquecerei de ti. Eis que nas palmas das minhas mãos te gravei"; ARA). Assim, ele demonstra e ensina o apreço literário pela BKJ.

Levou tempo, no entanto, para que esse tipo de consciência fosse estabelecido. O apreço dos originais não se transfere facilmente para a BKJ, porque tinha, no que diz respeito aos augustanos, "todas as desvantagens da tradução da prosa antiga".[318] A tradução era necessariamente inferior aos originais — mas muito mais ainda quando era literal, quando a prosa era inferior à poesia, e quando, conforme Dryden, o tradutor pensava em si mesmo como se fosse Horácio diante de Augusto, conforme expresso em 1679,

> deve ser dito para era presente que a língua, em geral, é tão refinada desde a época de Shakespeare que muitas de suas palavras e mais de suas frases são raramente inteligíveis. E aquelas que compreendemos, algumas delas não são gramaticais, e todo seu estilo é tão aborrecido com expressões figurativas que acaba por ser afetado e obscuro.[319]

O orgulho augustano no refinamento levou a essa declaração de 1794:

> Não faz, a menos que esteja enganado, muito mais de um século desde que a Inglaterra recuperou algo semelhante ao barbarismo com respeito a seu estado das letras e cortesia. [...] deixamos de lado todas as palavras ásperas antigas e retivemos apenas aquelas com bom som e energia; o mais belo refinamento, por fim, é dado a nossa língua, e já não se percebe a influência prejudicial teutônica.[320]

Um dos literatos, com ironia na imagem, descreve a si mesmo e seus iguais como "tão plenos de Homero e Virgílio, e [...] tão fanáticos com a facção dos gregos e latinos, que estamos prontos a considerar heréticos todos os autores que não tenham uma pincelada desinteressante dos clássicos".[321] Em suma, a Inglaterra augustana era muitíssimo imprópria para apreciar a BKJ como uma peça de escrita inglesa.

Contudo, os augustanos, embora depreciassem a BKJ, estavam começando a apreciá-la. Eis a frase: "Tem todas as desvantagens da tradução de uma prosa antiga" em contexto: "Contudo, como os escritos sagrados parecem bonitos sob todas as desvantagens da tradução de uma prosa antiga? Parecem tão bonitos que, com charmosa e elegante simplicidade, cativam e transportam o leitor instruído, são tão claros que o leitor menos instruído consegue entender a maior parte deles". É uma curiosa combinação de louvor e de reprovação, muito repetida entre 1690 e 1731, que, nos Estados

[318] Husbands. *A Miscellany of Poems*, fol. d4^{v}.

[319] *Troilus and Cressida*, dedicatória ao conde de Sunderland; prefácio, fol. A4^{v}.

[320] *Welsted. Epistles*, Odes, etc., pp. vi-viii.

[321] Blackmore. *Paraphrase on the Book of Job*, fol. iI^{r-v}.

Unidos, voltou até mesmo a ressurgir em meados do século XVIII: "Não há prova mais forte do caráter indestrutível da poesia bíblica e de sua sublimidade e beleza inerentes que este fato: por intermédio de todas as desvantagens e enganos da tradução literal de uma prosa, muitas passagens dos livros poéticos e quase todo o livro de Salmos ainda retêm o espírito, o ritmo e a música mesmo do bardo".[322]

A necessária mudança dessas ideias — e algumas apreciações genuínas da BKJ — para a admiração explícita foi demorada. As pessoas comuns chegaram lá mais depressa que a elite intelectual. Da época de Tyndale em diante, a Bíblia e a alfabetização caminharam de mãos dadas. As pessoas aprenderam a ler a fim de poder ler a Bíblia; no devido tempo, ela tornou-se o principal livro para ensinar as crianças a ler. A BKJ, quando veio a ser a única Bíblia da Inglaterra, assumiu um lugar único não só na consciência religiosa, mas também na consciência linguística e literária. Era história para crianças, cartilha para adolescentes e leitura para adultos, apresentando do alfa ao ômega da consciência verbal. Sua fé, linguagem, imagem, história e poesia eram lidas, ouvidas e citadas — o mais alto fator comum no ambiente mental de milhões de pessoas ao longo de muitas gerações. Era uma parte da vida familiar e era amada (ou, de vez em quando, combatida) como a família o era. Independentemente do padrão literário da elite intelectual, livre do que eles achavam ser o melhor padrão de escrita, esse amor criava um alicerce sentimental para a admiração da BKJ e a tornou o padrão mais popular de inglês.

Em 1712, Jonathan Swift apresentou o ponto, ao responder à "observação de que se não fosse pela Bíblia e o Livro Comum de Oração na língua comum, dificilmente conseguiríamos entender algo que fora escrito entre nós centenas de anos atrás, o que, com certeza, é verdade, pois esses livros, sendo lidos perpetuamente nas igrejas, provaram ser um tipo de padrão da língua, em especial, para as pessoas comuns".[323]

A Bíblia e o Livro Comum de Oração, além de criar essa forma especial de inglês, o inglês religioso, atuaram como uma força conservadora, mantendo atuais — ou até mesmo, durante um longo período, fazendo voltar a circular — formas antigas do inglês e as palavras inglesas mais antigas

[322] Halsey. *Literary Attractions of the Bible*, p. 74.

[323] Swift. *A Proposal for Correcting, Improving and Ascertaining the English Tongue*, p. 32.

que, do contrário, provavelmente já teriam desaparecido. Quando os tradutores da BKJ escreveram suas várias escolhas de palavras, "se disséssemos, por assim dizer, a determinadas palavras: 'Levantem-se e fiquem sempre em destaque na Bíblia', e a outras de qualidade semelhante: 'Apartem-se, sejam banidas para sempre'", escreveram eles profeticamente.[324] As palavras escolhidas viveram, as não escolhidas vieram a morrer. Um tradutor da Bíblia do século XVIII que cresceu na época augustana, o quacre Anthony Purver, testificou o poder da popularidade da BKJ inglesa: "As palavras obsoletas e as expressões contrárias às regras gramaticais no texto sagrado passaram mais despercebidas por serem mais frequentemente lidas ou ouvidas, em especial quando a mente está repleta com a imaginação de que uma tradução da Escritura deve ser expressa dessa forma".[325] Ele vai adiante e faz uma crítica detalhada do inglês da BKJ do ponto de vista augustano que mostra que algumas palavras com as quais estamos acostumados eram obsoletas em meados do século XVIII. Para dar um exemplo: "unwittingly" ("ignorância"; ARA), palavra que não é citada só por Purver, era comum até cerca de 1630 e voltou a ser usada em cerca de 1815 (OED). A BKJ era um tipo de arca de Noé das palavras e expressões inglesas.

A admiração pela eloquência dos originais, o orgulho no refinamento do século da linguagem e a escrita e desprezo pela aspereza antiquada da linguagem da BKJ, sem falar no contínuo senso de falhas na tradução da BKJ, levaram as traduções a uma nova categoria no século XVIII. Na época, todas elas refletiam um propósito linguístico explícito de melhorar o inglês da BKJ, e a maioria de ir mais adiante: sem esquecer que o texto era sagrado, eles trataram a Bíblia como uma obra literária e tentaram alcançar a eloquência dos originais.

A primeira dessas novas versões, embora tenha mais de um elemento erudito nela que algumas outras, fornece um sabor justo do que estava por vir. Foi o NT poliglota em grego e em inglês de Daniel Mace, um presbiteriano, publicado em 1729. O trabalho de Mace no texto grego tinha algum valor, mas não fez avanços em relação ao respeito contemporâneo pelo Texto Recebido. Sua tradução é notável pela maneira que revisa a BKJ com toques de vocabulário grandioso e um elemento loquaz de paráfrase, como em "when ye fast, don't pu on a dismal air" (Mt 6.16; "Quando jejuardes, não

[324] "Dos tradutores para os leitores", *NCPB*, p. xxxiv.

[325] Purver. *A New and Liberal Translation of All the Books of the Old and New Testament*, vol. I, p. v.

vos mostreis contristados", ARA). Algumas dessas versões, como o Isaiah (1778), de Robert Lowth, conquistou o respeito merecido, a maioria, como o muito escarnecido *Liberal Translation of the New Testament* (1768), de Edward Harwood, foram assombros com apenas uma edição. Harwood deu testemunho da crescente reverência em relação à BKJ ao mesmo tempo em que a condena, escrevendo sobre sua consciência de "que a linguagem trivial e bárbara da antiga versão vulgar tinha adquirido uma sacralidade venerável graças ao tempo e ao costume" (p. v). O resultado hirsuto e refinado de sua tentativa de "vestir as ideias e doutrinas genuínas dos apóstolos com essa propriedade e perspicuidade na qual eles mesmos, assim apreendo, as teriam exibido, se vivessem hoje, e escrito em nossa linguagem" (p. iii) fala por si mesmo.

Survey with attention the lilies of the field, and learn from them how unbecoming it is for rational creatures to cherish a solicitous passion for gaiety and dress — for they sustain no labour, they employ no cares to adorn themselves: and yet are clothed with such inimitable beauty as the richest monarch in the richest dress never equalled. Since then God lavishes such a variety of striking colours upon a transient, short-lived flower; ought ye, who are creatures so highly exalted in the scale of being, to distrust divine providence? (Mt 6.28-30)

Em vez de correr atrás da moda, caminhem pelos campos e observem as flores silvestres. Elas não se enfeitam nem compram, mas vocês já viram formas e cores mais belas? Os dez homens e mulheres da lista dos mais bem vestidos iriam parecer maltrapilhos comparados às flores. Se Deus dá tanta atenção à aparência das flores do campo — e muitas delas nem mesmo são vistas —, não acham que ele irá cuidar de vocês, ter prazer em vocês e fazer o melhor por vocês? (Mt 6.28-30, A Mensagem). Nem mesmo seus contemporâneos admiravam isso.

A mediocridade geral (mas não universal) dessas versões contribuiu firmemente para a reputação da BKJ. O tom variável das análises críticas conta a história de como elas oscilaram da simpatia e encorajamento à admiração total pela BKJ. Em 1764, a publicação *The Critical Review*, analisando o NT de Richard Wynne em termos indiferentes, encorajou mais esforço para produzir "uma tradução precisa e elegante"; esses escritos divinos deviam ser traduzidos com exatidão e espírito. Nossa versão comum, na verdade, é uma obra valiosa e merece a mais alta estima; mas não está de maneira alguma livre de imperfeição. Ela, com certeza, contém muitas interpretações falsas, frases ambíguas, palavras obsoletas e expressões indelicadas que deformam a beleza das páginas sagradas, deixam o leitor iletrado perplexo, ofendem os ouvidos melindrosos, confirmam os preconceitos do não cristão e estimulam o escárnio do zombador. Uma tradução precisa e elegante, portanto, prestaria um serviço infinito para a religião, evitaria milhares de dificuldades e exceções, impediria princípios quiméricos e questões controversas, daria a dignidade e o esplendor devidos à revelação divina e convenceria o mundo de que tudo que parece confuso, tosco ou ridículo nas sagradas Escrituras deve ser imputado ao *tradutor*.[326]

Em 1784, a *The Critical Review* ainda mostrava simpatia pelas novas versões, mas, em 1787, sua posição tinha invertido. A publicação, analisando a obra *Prospectus of a New Translation of the Holy Bible* (1786), de Alexander Geddes, declarou que "reformar o texto da Bíblia pareceria para a pessoa ignorante um pouco menos que mudar uma religião nacional".[327] O que torna essa declaração surpreendente é o fato do revisor compartilhar o sentimento do "ignorante". Os literatos e as pessoas comuns se reúnem em uma passagem de verdadeira cordialidade.

Diz-se que [as] falhas [da BKJ] são uma deficiência do idioma, como o inglês, uma falta de uniformidade de estilo, engano no sentido de algumas palavras, precisão exagerada, o que introduz as explicações em itálico e uma leve distorção na preferência de sentimentos peculiares por parte do tradutor. Não podemos permitir que a deficiência do idioma seja uma falha, a BKJ levantou a língua além do uso comum e quase a santificou; nem poderíamos perder a nobre simplicidade, a enérgica bravura para toda a elegância das expressões idiomáticas que uma época refinada pode conceder. O dr. Geddes desaprova uma tradução muito literal, mas não queremos ver o texto atual mudado, a não ser nos pontos em que os erros reais mostram que é necessário. A venerável árvore que sempre consideramos com respeito religioso não pode ser podada em favor do modelo moderno sem nosso sentimento mais pungente de arrependimento. Nossa ligação a essa venerável relíquia, involuntariamente, tornou nossa língua calorosa (p. 48).

Contudo, ainda existe um contraste entre os padrões da BKJ e a elegância de uma época refinada, mas, decididamente, o julgamento entre as duas mudou. Em vez de ser aguardada a realização de uma Bíblia refinada, a

[326] *The Critical Review 18* (setembro de 1764), p. 189.

[327] *The Critical Review 63* (janeiro de 1787), p. 46.

BKJ, hoje, volta ao passado em busca do padrão literário: não é uma mera relíquia, mas uma "venerável relíquia" que tem influenciado beneficamente a língua. Sua era ainda é reconhecida, mas não é mais malvista.

Na medida em que se consegue localizar essa grande mudança na reputação da BKJ, ela pertence à década de 1760. Foi nessa década que a observação de Swift de que a Bíblia e o Livro Comum de Oração "tinham patenteado um tipo de padrão para a língua, em especial para as pessoas comuns" se tornou uma regra geral e frequentemente repetida. A obra *Short Introduction to English Grammar* (1762), de Robert Lowth, começa observando que "a tradução vulgar da Bíblia [...] é o melhor padrão da nossa língua" (p. 89). A mudança geral no gosto literário foi primorosamente retratada por Oliver Goldsmith em sua obra *The Vicar of Wakefield*, de 1766. Um ator diz ao idoso vigário: "'Senhor, as maneiras de Dryden e Rowe estão bem fora de moda; nosso gosto voltou um século para trás, Fletcher, Ben Jonson e todas as peças de Shakespeare são as únicas coisas que descem'". A resposta confusa do vigário anuncia a era passada: "'Como', grito, 'é possível a era atual se deliciar com o dialeto antiquado, com o senso de humor obsoleto, com os personagens exagerados que abundam nessas obras que você mencionou?'" (cap. 18). Foi uma década na qual o amor por Shakespeare se transformou em idolatria: "É ele! É ele!/ O deus da nossa idolatria!", exclamou David Garrick, em 1769 — um momento conveniente a partir do qual datar o que veio a ser conhecido como "bardolatry" (adoração por William Shakespeare).[328] O gosto pela Antiguidade estava se consolidando, e isso é visível em obras como *Fragments of Ancient Poetry* (1760), de James Macpherson, que, em algumas passagens, usa formas quase bíblicas de escrever; e na obra mais famosa *Reliques of Ancient English Poetry* (1765), de Thomas Percy. A mudança da reputação da BKJ fez parte de uma mudança mais geral no gosto literário, mudança essa que, hoje, parece inevitável em vista das realizações da literatura pré-augustana e dos excessos decadentes dos augustanos posteriores, e a história esboçada aqui mostra que a BKJ desempenhou um papel relevante na criação da mudança.

A crítica à erudição da BKJ não desapareceu. Lowth, o crítico inglês da Bíblia mais importante do século, acreditava que houvera mais progresso no conhecimento das Escrituras nos 150 anos desde a publicação da BKJ que

[328] Garrick. *Ode upon dedicating a building, and erecting a statue, to Shakespeare, at Stratford upon Avon*, p. 1; veja também Daniell. *The Bible in English*, p. 620.

nos quinze séculos precedentes. Por conseguinte, ele defendia "uma revisão precisa da nossa tradução comum por uma autoridade pública" a fim de confirmar e ilustrar esses escritos santos, de revelar sua verdade, de mostrar sua consistência, de explicar seu sentido, de torná-la mais conhecida e estudada por todas as pessoas, mais fácil e perfeitamente entendida por todos; a fim de remover as dificuldades que desestimulam o esforço honesto dos iletrados e provocar as objeções mal-intencionadas dos imperfeitamente instruídos.[329]

Por sua vez, ao defender a proximidade com que seguiu a linguagem da BKJ em sua obra Isaiah, ele observou que "o estilo da [nossa] tradução [comum] não só é excelente em si mesmo, mas também tomou posse do nosso ouvido e do nosso gosto". Portanto, seria mais aconselhável fazer uma revisão que uma nova tradução, "pois quanto ao estilo e linguagem, ela admite apenas um pouco de melhoria, mas em relação ao sentido e à exatidão de interpretação, as melhorias que ela aceita são grandes e inúmeras".[330] Essa veio a ser a opinião predominante. A erudição da BKJ podia e devia ser melhorada, mas sua linguagem não podia nem devia ser alterada. A "revisão [...] por uma autoridade pública" ainda seria dali um século, mas os parâmetros para a Versão Revisada foram determinados.

A recém-encontrada admiração pela linguagem da BKJ e suas qualidades literárias combinadas com um sentimento de que a tentativa de revisão literária do século falhou em criar a ideia de que a BKJ era uma revisão literária de suas antecessoras. Uma das muitas obras defendendo uma nova tradução alegava que a melhoria da linguagem era um dos principais motivos que levaram o rei James a ordenar uma nova tradução, pois os tradutores anteriores (tanto os tradutores da Bíblia de Genebra quanto os da Bíblia dos Bispos) "pareciam ter entendido tão bem as Escrituras que pouco mais que a linguagem dela foi alterada pelos tradutores da época do rei James".[331] Além disso, à medida que a admiração se tornou costumeira, também o trabalho difícil da BKJ e até mesmo as críticas persistentes foram esquecidos ao longo da primeira metade do século, e as pessoas começaram a acreditar que os méritos da BKJ foram percebidos de imediato e fizeram com que ela

[329] Lowth. *A sermon preached at the visitation of the Honourable and Right Reverend Richard Lord Bishop of Durham*, p. 15.

[330] Lowth. *Isaiah* (1778), p. lxxii–lxxiii.

[331] Pilkington. *Remarks upon Several Passages of Scripture*, p. 114.

alcançasse o sucesso instantâneo; nas palavras de outro defensor da revisão: "Foi uma feliz consequência dessa excelência reconhecida [da BKJ] que as outras versões tenham caído imediatamente em descrédito e não sejam mais conhecidas pelas pessoas em geral e só sejam procuradas pelos curiosos".[332] Todas essas ideias provaram ser firmes e, às vezes, o argumento de que a BKJ foi uma revisão literária é apresentado de forma ponderosa.

Boa parte da história da reputação da BKJ depois da década de 1760 é abraçada com louvor, às vezes, com sensatez, outras vezes, com excesso retórico. Junto com a adoração de Shakespeare o que chamo de VAlatria (idolatria da Versão Autorizada) passou a ser uma norma. Uma das expressões mais excelentes veio de um homem que tinha vivenciado e visto o poder da BKJ antes de se converter ao catolicismo (daí a acusação de heresia), o padre Frederick William Faber:

> Se a heresia ariana foi propagada e fincou raízes por intermédio da beleza de hinos vernaculares, então, será que alguém dirá que a beleza incomum e o inglês maravilhoso da Bíblia protestante não é uma grande fortaleza da heresia neste país? Ela alimenta os ouvidos, como música que nunca é esquecida, como o som dos sinos da igreja do qual o convertido não sabe como se privar dele. Suas alegrias, muitas vezes, parecem ser coisas, em vez de meras palavras. Ela faz parte da mente nacional e fundamenta a seriedade nacional. Não, ela é adorada com uma idolatria positiva, atenuante de cujo fanatismo grotesco sua beleza intrínseca apela beneficamente ao homem de letras e ao estudioso. A memória do morto passa por ela. As potentes tradições da infância são estereotipadas em seus versículos. O poder de todos os pesares e de todas as provações de um homem fica escondido sob as palavras. Ela representa seus melhores momentos, e tudo que há acerca dele de suave, gentil, puro, penitente e bom fala para sempre a ele a partir de sua Bíblia inglesa. A Bíblia é seu objeto sagrado, que a dúvida nunca esmaece e a controvérsia nunca macula. E ela, desde o início, é para ele como a voz calma, mas, ó, inteligível de seu anjo da guarda; e na extensão e largura da terra, não há um protestante, com uma centelha de religiosidade, cuja biografia espiritual não seja sua Bíblia saxônica.[333]

O lugar único da BKJ no coração de muitas pessoas em mais de duzentos anos é bem retratado.

[332] White. *A Revisal of the English Translation*, p. 9.

[333] Faber. 'An essay on the interest and characteristics of the Lives of the Saints', pp. 116–17.

Um coro de declarações e de frases expressou a fé na excelência da BKJ. Thomas Babington Macaulay proclamou que "essa estupenda obra" é "um livro que sozinho, se tudo o mais em nossa língua perecesse, seria suficiente para mostrar toda a extensão de sua beleza e poder".[334] Entre outros, Richard Chenevix Trench, arcebispo, filólogo e um dos responsáveis pela Versão Revisada, e George P. Marsh, estudioso norte-americano, achavam que a BKJ era "o primeiro clássico inglês"; Marsh acrescentou que ela era "o mais alto exemplo de pureza e beleza da linguagem existente em nosso idioma".[335] J. G. Frazer, autor de *The Golden Bough*, reconheceu quanto isso se tornou um clichê: "Que nossa versão inglesa da Bíblia é um dos maiores clássicos da língua, em teoria, é admitido por todos, mas poucas pessoas parecem tratá-la como tal na prática".[336] Outros, incluindo três dos responsáveis pela Versão Revisada, gostaram da frase do livro *The Faerie Queen*, de Spenser: "Muito do inglês imaculado". Outra frase favorita com uma longa história era o título do ensaio de Lowes: "O monumento mais nobre da prosa inglesa".[337]

É inevitável que alguns pensem na BKJ como inspirada. Alexander McClure, evangelista norte-americano e primeiro biógrafo dos tradutores da BKJ, sustenta "que os tradutores desfrutavam do mais alto grau dessa orientação especial que sempre é garantida aos verdadeiros servos de Deus nas exigências do interesse profundo de Seu Reino na terra".[338] Por fim, contando com a posição histórica da BKJ, tão bem descrita por Faber, essa passou a ser a posição fundamentalista apresentada por Edward F. Hills desta maneira:

> A BKJ é a Bíblia protestante de fala inglesa histórica. Deus trabalhando providencialmente estampou sobre ela Seu selo de aprovação com o uso da Bíblia por muitas gerações de cristãos. Assim, se acreditamos na preservação providencial de Deus das Escrituras, conservamos a BKJ, pois, ao fazer isso, estamos seguindo a clara liderança do Altíssimo.[339]

[334] Macauley. 'John Dryden'. *The Edinburgh Review* 47, 93 (janeiro de 1828), p. 18.

[335] Trench. *On the Authorised Version of the New Testament* (1858), p. 24; Marsh. Ed. Smith. Lectures on the English Language, p. 441.

[336] Frazer. *Passages of the Bible Chosen for their Literary Beauty and Interest* (1895), p. v.

[337] Em Lowes. *Of Reading Books*, pp. 47-77.

[338] McClure. *The Translators Revived*, p. 248

[339] Hills. *The King James Version Defended!*, p. 214.

Para alguns, Benjamin Jowett, professor de grego na Universidade de Oxford, refletindo sobre o NT Versão Revisada, diz que parece "que, em certo sentido, a Versão Autorizada é mais inspirada que o texto original".[340]Do outro lado do Atlântico, George P. Eckman entendeu que Jowett estava apresentando uma ideia acumulativa de inspiração.

> Presume-se que os tradutores de 1611, sendo homens muito devotos, invocassem constantemente a bênção de Deus sobre seu trabalho, e que a Sabedoria infinita tinha prazer em garantir o pedido deles, para que à inspiração originalmente concedida aos autores da Bíblia fosse acrescentada à inspiração que Deus concedeu aos respeitados tradutores das línguas antigas para o inglês vernacular.[341]

Ao lado das aclamações da BKJ havia vozes dissidentes, embora elas tenham tido pouco efeito na reputação da BKJ em geral. Nos primeiros cinco anos do reinado da rainha Vitória, Henry Hallam, historiador literário, protestou que "o estilo dessa tradução, no geral, é tão entusiasticamente aclamado que não é permitido a ninguém qualificar nem explicar os fundamentos dessa aprovação".[342] Em termos da reputação literária e linguística da BKJ, esse foi um protesto ineficaz. Mas, embora a reputação da BKJ nesses aspectos tenha permanecido inabalável, outras coisas começaram a trabalhar contra a BKJ. As limitações em relação às percepções acadêmicas, em especial à luz do conhecimento moderno do texto grego do NT, levaram à lenta, mas inevitável, Versão Revisada e suas sucessoras. A partir de 1881, quando o NT da Versão Revisada foi publicado, a BKJ não era mais a única Bíblia do mundo de fala inglesa, mas sua linguagem permaneceu o único inglês para tradução bíblica.

A seguir, em particular depois da Segunda Guerra Mundial, a linguagem da BKJ e também a erudição moderna, a despeito do coro de admiração, começaram a se opor a ela. Existiram edições alternativas mais cedo naquele século, notáveis como a de James Moffatt (1913 etc.), mas a guerra foi um fator decisivo na primeira das principais versões inglesas, a Nova Bíblia Inglesa, NT de 1961, AT de 1970). Algumas igrejas, achando a linguagem

[340] Conforme relatado em ABBOTT e CAMPBELL. *The Life and Letters of Benjamin Jowett*, vol. I, p. 406.

[341] Eckman. *The Literary Primacy of the Bible*, p. 197.

[342] HALLAM. *Introduction to the Literature of Europe in the Fifteenth, Sixteenth, and Seventeenth Centuries*, vol. II, p. 464.

da BKJ muito arcaica, para ser entendida por todos, estimularam uma tradução em inglês contemporâneo. Geoffrey Hunt apresentou a situação de forma clara:

> A experiência de muitos pastores, capelães, professores e líderes de grupo de jovens britânicos na Guerra de 1939 a 1945 quando, sob condições difíceis, tentaram expor e transmitir a mensagem da Bíblia, a linguagem da Versão Autorizada, com muita frequência, foi um impedimento, não uma ajuda. Ela era bonita e solene, mas punha um véu de irrealidade entre os escritores bíblicos e as pessoas dos meados do século XX que precisavam de algo que lhes falasse imediatamente. "Sempre que tínhamos um tempo determinado para ensinar uma passagem específica da Bíblia", a reclamação era: "Temos de usar metade do tempo para ensinar inglês, 'traduzindo' a Bíblia inglesa para a linguagem atual. Precisamos de uma tradução da Bíblia que já faça isso por nós, assim, poderemos começar a partir do ponto em que as pessoas realmente estão e lhes transmitir a mensagem da Bíblia em uma linguagem que elas entendam".[343]

Como um dos tradutores da Nova Bíblia Inglesa colocou de forma um tanto indelicada, a linguagem da BKJ passou a ser um "numinoso ruído",[344] um meio que obscurece o sentido da Bíblia enquanto ainda dá aos que a amam uma experiência da "beleza da santidade" na qual o salmista ordena aos seus ouvintes e leitores que adorem ao Senhor (Sl 29.2). Independentemente do que os críticos achem da Nova Bíblia Inglesa, o benefício de ter a Bíblia em língua contemporânea era inescapável. Tantas pessoas quantas começaram a se acostumar com a ideia de que a Bíblia podia ser escrita em linguagem contemporânea passaram a se desacostumar da BKJ. Por mais alta que seja a reputação da BKJ, ela não só deixou de ser a única Bíblia da Inglaterra, mas também deixou de ser a única maneira de traduzir a Bíblia. Seu monopólio na consciência protestante inglesa foi desfeito.[345]

O FUTURO

A BKJ não é mais o que foi por causa da mudança da linguagem, porque a erudição mudou e porque nós mudamos. Uma das mais fundamentais

[343] HUNT. *About the New English Bible* (1970), pp. 9–10.

[344] WILLEY. "On translating the Bible into modern English", p. 5

[345] A história esboçada aqui é apresentada em extensão em meu livro *History of the Bible as Literature* e em sua versão mais curta, *History of the English Bible as Literature*.

dessas mudanças aconteceu no século XX, quando o cristianismo perdeu sua força no mundo de fala inglesa: não é mais possível pensar na Bíblia, em qualquer forma, como uma parte comum da vida diária de todos da forma como Faber descreveu que era na época vitoriana. Nessa circunstância, deve-se perguntar se a BKJ tem futuro.

Poder-se-ia dizer que ela não viveu cerca de três séculos só porque era o livro central do cristianismo protestante de fala inglesa nem porque é um livro vivo. Como é inevitável acontecer com um livro tão lido e a respeito do qual se escreve tanto, sua qualidade, às vezes, é diminuída, outra vezes, exagerada. Acho, em particular, que sua erudição — ou seja, seu conhecimento dos textos originais e fidelidade a eles — é subestimada. Deixando de lado a qualidade dos textos que foram traduzidos para a compor, em especial, o Texto Recebido, em grego, a BKJ é notavelmente sensível em sua consciência de como o inglês pode representar os originais. Ela é um triunfo da tradução literal sensata — em vez de escrava do original. Com muita frequência, quando se contrapõe um texto específico — uma frase, versículo ou passagem — vibrante ou significativo aos originais, a qualidade parece derivar diretamente deles. Espero que algo disso tenha ficado evidente no capítulo 2. Da mesma forma, o que pode parecer ruim pela incompreensibilidade ou absoluta feiúra, com frequência, tem origem em sua fidelidade zelosa aos originais. Há momentos em que se pode preferir a tradução encontrada em outro lugar — o envolvimento criativo de Tyndale com os originais e sua habilidade de transformar obscuridade em sentido ou, digamos, a meticulosa atenção da Versão Revisada às preposições[346] — mas a BKJ, no todo, é surpreendentemente fiel. A experiência de William Blake, relatada em conexão com o início do seu aprendizado do hebraico, ainda pode ser compartilhada por aqueles capazes e dispostos a fazer o esforço: "A tradução inglesa, na verdade, é impressionante, é quase palavra por palavra, e se a Bíblia hebraica também foi bem traduzida, do que não tenho dúvida de que foi, não precisamos duvidar de que foi traduzida e escrita pelo Espírito Santo".[347]

[346] Tenho em mente a discussão de Westcott sobre a relevância teológica de "into" ("em") em Mateus 28.19 e de "in" ("em") em Romanos 6.23. *Some Lessons of the Revised Version of the New Testament* (1897), p. 62-63.

[347] Para James Blake, 30 de janeiro de 1803; Keynes (ed.), *The Complete Writings of William Blake*, p. 821-822.

Sua linguagem, um dia, pode vir a ficar tão distante do inglês moderno quanto o latim o é das línguas de romance, e a BKJ pode vir a ser como a Vulgata, compreensível para poucos escolhidos, mas um mistério mágico para a maioria das pessoas. Como mostra o trabalho de restauração empreendido na *Nova Bíblia em Parágrafos de Cambridge*, a linguagem não é sempre tão difícil quanto parece. A BKJ, tanto quanto se fundamenta nas raízes anglo-saxônicas do inglês, tem mais em comum com o inglês moderno que muitas obras inglesas clássicas, incluindo Shakespeare, e isso põe o possível dia de sua morte como um inglês compreensível mais adiante no futuro. Além disso, é uma forma ponderosa do inglês na qual, com frequência, há um forte senso de conexão com a realidade, conexão essa que é diminuída na grande abstração do inglês moderno, conforme mostrado pela diferença entre "in stead" e "instead" (p. 184). Não obstante, é a linguagem que exige esforço do leitor moderno. Parte de sua gramática não é familiar, notavelmente as formas verbais, mas não é bastante desconhecida para ser uma verdadeira dificuldade. O vocabulário é o maior desafio porque algumas palavras são arcaicas e algumas parecem conhecidas, mas são usadas com um sentido desconhecido (o "publican" [taverneiro; "publicano"] não serve bebida, mas recolhe imposto). Algumas edições têm glossário, livros com palavras bíblicas[348] ou um dicionário histórico, ferramentas úteis aqui e, sem dúvida, pode-se defender a ideia de pôr notas nas margens como em muitas edições de Shakespeare. Podemos dizer com Gregório, o Grande, pai da igreja do século VI, "que, mesmo nas Escrituras, há partes em que o elefante tem de nadar, bem como tem outras em que o cordeiro passa a vau".[349] Uma parte do inglês da BKJ é fácil, e outra não é. Claro que Gregório tinha em mente a mistura de simplicidade e dificuldade no que a Escritura diz, e isso não pode nunca ser esquecido na leitura da Bíblia. Algumas dessas coisas falam direto à alma e ao coração; algumas falam com a complexidade ou, até mesmo, com a obscuridade exercitada por dois milênios de comentários feitos sobre o texto. O leitor, às vezes, pode achar que a dificuldade da linguagem da BKJ é desnecessária, mas também deve se lembrar que o texto que está sendo lido exige envolvimento sincero, e que é ainda melhor ter uma versão que recompensa tão ricamente esse envolvimento.

[348] Por exemplo, BRIDGES e WEIGLE. *The King James Bible Word Book*; VANCE. *Archaic Words and the Authorized Version.*

[349] *Moralia in Job, Epistola ad Leandrum*, p. 4; *Corpus Christianorum, Series Latina* cxliii, p. 6; conforme apresentado por COLERIDGE, Samuel Taylor. *The Friend, Collected Works*, vol. IV (1971 etc.), vol. II, p. 61n.

Bibliografia selecionada

BÍBLIAS

1516 Desidério Erasmo. *Novum Instrumentum.*

1525 William Tyndale. Novo Testamento (incompleto).

1526 William Tyndale. Novo Testamento. Facsímile. Introd. de Davi. Daniell. 2008.

1530 William Tyndale. Pentateuco. *Antigo Testamento de Tyndale* (edição com grafia moderna). Ed. David Daniell. 1992.

1534 William Tyndale. Novo Testamento (revisado). *Novo Testamento de Tyndale* (edição com grafia moderna). Ed. David Daniell. 1989.

1534 Martinho Lutero. *Bíblia.* Introd. de Stephan Füssel. 2003.

1535 Myles Coverdale. *Biblia, a Bíblia.*

1537 John Rogers, ed. Facsímile da Bíblia de Matthew. Introd. de Joseph W. Johnson. 2009.

1539 Richard Taverner. *A Bíblia mais sagrada.*

1539 A Grande Bíblia.

1557 Novo Testamento de Genebra.

1560 A Bíblia de Genebra. Facsímile. Introd. de Lloyd E. Berry. (1969) 2007.

1568 A Bíblia dos Bispos.

1576 Laurence Tomson. *The New Testament* [...] *translated out of Greek by Theod. Beza.*

1582 Gregory Martin. Novo Testamento de Rheims.

1587	NT de Genebra e Tomson.
1589	William Fulke. *The Text of the New Testament of Jesus Christ.*
1599	NT de Genebra e Tomson NT com anotações de Júnio para Apocalipse.
1602	Bíblia dos Bispos com anotações dos tradutores da BKJ. Biblioteca Bodley: Bibl. Ing. 1602 b. 1.
1609–10	Antigo Testamento de Douai.
1611	Facsímile da Bíblia King James. Introd. A.W. Pollard. 1911.
1613	Bíblia King James, segunda edição.
1629, 1638	Bíblia King James. Primeira e segunda edições de Cambridge.
1642	Bíblia King James com anotações da Bíblia de Genebra. Broerss, Amsterdam.
1646 (?)	Bíblia King James com datas. Bentley, Finsbury.
1653	Henry Hammond. *A Paraphrase and Annotations upon all the Books of the New Testament.*
1657	Theodore Haak. *The Dutch Annotations upon the whole Bible.*
1660	Bíblia King James "ilustrada com esculturas corográficas de J. Ogilby". Cambridge.
1680	Bíblia King James com "A história do Antigo e do Novo Testamentos em esculturas". Bill e Barker.
1675, 1679	Bíblia King James. Primeira e segunda edições de Oxford.
1717	Bíblia King James. Baskett, Oxford.
1729	Daniel Mace. *The New Testament in Greek and English.* 2 vols.
1743	Bíblia King James. Ed. F.S. Parris, Cambridge.
1762	Bíblia King James. Ed. F.S. Parris, Cambridge.
1763	Bíblia King James. Baskerville, Cambridge.

1764	Anthony Purver. *A New and Liberal Translation of all the Books of the Old and New Testament.* 2 vols.
1768	Edward Harwood. *A Liberal Translation of the New Testament.* 2 vols.
1769	Bíblia King James. Ed. Benjamin Blayney, Oxford.
1771 (?)	*The Complete Family Bible.* Ed. Samuel Newton.
1790 (?)	*The Christian's New and Complete Family Bible: or Universal Library of Divine Knowledge. Ed. Thomas Bankes.*
1833	Bíblia King James. Reimpressão exata em tipo romano da primeira edição.
1873	*The Cambridge Paragraph Bible of the Authorized English Version, with the text revised by a collation of its early and other principal editions, the use of the italic type made uniform, the marginal references remodelled, and a critical introduction prefixed.* Ed. F.H.A. Scrivener, Cambridge.
1885	A Versão Revisada. (NT de 1881, livros apócrifos de 1895).
1898	Robert Young. *Literal Translation of the Holy Bible.* 1863; ed. rev.
2005	*Nova Bíblia em Parágrafos de Cambridge.* Ed. David Norton.

OUTRAS OBRAS

ABBOTT, Evelyn e CAMPBELL, Lewis. *The Life and Letters of Benjamin Jowett.* 2 vols. 3ª ed. London, 1897.

ALLEN, Ward S. (trad. e ed.). *Translating for King James.* Nashville: Vanderbilt University Press, 1969.

(ed.) *Translating the New Testament Epistles* 1604–1611: A Manuscript from King James's Westminster Company. Ann Arbor: Vanderbilt University Press, 1977.

ALLEN, Ward S. e JACOBS, Edward C. *The Coming of the King James Gospels: A Collation of the Translators' Work-in-Progress.* Fayetteville: University of Arkansas Press, 1995.

ANÔNIMO (talvez William Bentley). "The case of the printery at Finsbury", 1659.

ANÔNIMO. "An essay upon the English translation of the Bible". *Bibliotheca Literaria* 4 (1723), pp. 1–23.

ANÔNIMO. *Report on the History and Recent Collation of the English Version of the Bible: Presented by the Committee on Versions to the Board of Managers of the American Bible Society. Nova York*, 1857.

ANÔNIMO. "A true state of the case of John Field and Henry Hills", 1659.

ARBER, Edward (ed.). *A Transcript of the Registers of the Company of Stationers of London*, 1554–1640 A.D. 5 vols. Gloucester, Mass.: P. Smith (1875–94), 1967.

BABBAGE, Stuart Barton. *Puritanism and Richard Bancroft*. London: SPCK,1962.

BALL, William. *A Brief Treatise Concerning the Regulating of Printing*. London, 1651.

BARLOW, William. *The Sum and Substance of the Conference... at Hampton Court*. London, 1604.

BARNARD, John. "The financing of the Authorized Version 1610–1612: Robert Barker and 'combining' and 'sleeping' stationers'". *Publishing History* 57 (2005), pp. 5–52.

BLACKMORE, Richard. *Paraphrase on the Book of Job*. London, 1700.

BLAKE, William. *The Complete Writings of William Blake*. Ed. Geoffrey Keynes. London: Oxford University Press, 1966.

BOIS, John. Diary. Cambridge University Library. MS Add 3856.
Cópia de partes do diário de Howes of Norwich. MS Add 3857.

BRIDGES, Ronald e WEIGLE, Luther A. The King James Bible Word Book (1960). Nashville: Thomas Nelson, 1994.

BROUGHTON, Hugh. *An Advertisement of Corruption in our Handling of Religion*. Middleburg, 1604.
"A Censure of the Late Translation". Middleburg, ?1612.
Works. Ed. John Lightfoot. London. 1662.

BUDAEUS (Guillaume Budé). *Commentarii Linguae Graecae*. Paris, 1529.

BUSH, Sargent, Jr. e RASMUSSEN, Carl J. *The Library of Emmanuel College, Cambridge*, 1584–1637. Cambridge University Press, 1986.

CARTER, Harry. *A History of Oxford University Press*.
Vol. I: *To the Year 1780*. Oxford: Clarendon Press, 1975.

COOK, John. *A New Catalogue of Useful, Important, Instructive and Entertaining Books...* nº 17, 1784?

CORBETT, Margery e LIGHTBOWN, Ronald. *The Comely Frontispiece.* London: Routledge and Kegan Paul, 1979.

Critical Review 63, janeiro de 1787.

CURTIS, Thomas. *The Existing Monopoly, an Inadequate Protection of the Authorised Version of Scripture.* Londres, 1833.

DAICHES, David. *The King James Version of the English Bible.* University of Chicago Press, 1941.

DANIELL, David. *William Tyndale: A Biography.* New Haven: Yale University Press, 1994.

The Bible in English. New Haven: Yale University Press, 2003.

DILLINGHAM, William. *Vita Laurentii Chadertoni.* Cambridge, 1700.

DOWNAME, John (?). *Annotations upon all the Books of the Old and New Testament.* Londres, 1645.

DRYDEN, John. *Troilus and Cressida.* London, 1679.

ECKMAN, George P. *The Literary Primacy of the Bible.* Nova York: Methodist Book Concern, 1915.

FABER, FrederickWilliam. "An essay on the interest and characteristics of the Lives of the Saints". Em L.F.C. Chalippe. *The Life of S. Francis of Assisi.* Londres, 1853.

FOXE, John. *Acts and Monuments.* Londres, 1563.

FRAZER, James George. *Passages of the Bible Chosen for their Literary Beauty and Interest.* Londres, 1895.

FULLER, Thomas. *The Church History of Britain.* Londres, 1656.

The History of the Worthies of England. Londres, 1662.

GARRICK, David. *Ode upon dedicating a building, and erecting a statue, to Shakespeare, at Stratford upon Avon.* Londres, 1769.

GASKELL, Philip. *Trinity College Library: The First 150 Years.* Cambridge University Press, 1980.

GELL, Robert. *An Essay toward the Amendment of the last English Translation of the Bible.* Londres, 1659.

GOLDSMITH, Oliver. *The Vicar of Wakefield.* Salisbury, 1766.

GREENSLADE, S. L. (ed.). *The Cambridge History of the Bible. Vol. III. The West from the Reformation to the Present Day.* Cambridge University Press, 1963.

GREETHAM, *D.C. Textual Scholarship*: An Introduction. London: Garland, 1994.

GUTJAHR, Paul C. "Four centuries of typography in the King James Bible". Em Paul C. Gutjahr e Megan L. Benton (eds.), *Illuminating Letters: Typography and Literary Interpretation.* Amherst: University of Massachusetts Press. 2001, pp. 1–44.

HALLAM, Henry. *Introduction to the Literature of Europe in the Fifteenth, Sixteenth, and Seventeenth Centuries.* 4 vols. (1837–9). 6ª ed. Londres, 1860.

HALSEY, Le Roy J. The Literary Attractions of the Bible. Filadélfia: 1858, 1860.

HAMMOND, Gerald. *The Making of the English Bible.* Manchester: Carcanet Press, 1982.

"William Tyndale's Pentateuch: its relation to Luther's German Bible and the Hebrew original". *Renaissance Quarterly* 33 (1980), pp. 351–85.

HANDOVER, P.M. *Printing in London from 1476 to Modern Times.* Londres: Allen & Unwin, 1960.

HAPPÉ, Peter (ed.). *English Mystery Plays.* Harmondsworth: Penguin, 1975.

Herbert, A.S. *Historical Catalogue of Printed Editions of the English Bible, 1525–1961.* Londres: British and Foreign Bible Society, 1968.

HILLS, Edward F. *The King James Version Defended!* Des Moines: Christian Research Press, 1956.

HOARE, H.W. *The Evolution of the English Bible.* Londres: JohnMurray, 1901.

HUGHES, Lewes. *Certain Grievances.* Londres, 1640.

HUMPHRY,W. G. *A Commentary on the Revised Version of the New Testament.* Londres, 1882.

HUNT, Geoffrey. *About the New English Bible.* Londres: Oxford University Press, 1970.

HUSBANDS, John. *A Miscellany of Poems.* Oxford, 1731.

JAMES, Thomas. *Catalogus Librorum Bibliothecae Publicae…* Thomas Bodleius. Oxford, 1605.

Catalogus universalis librorum in bibliotheca Bodleiana. Oxford, 1620.

JOHNSON, Anthony. *A Historical Account of the Several English Translations of the Bible, and the opposition they met with from the Church of Rome.* London, 1730.

KILBURNE, William. *Dangerous Errors in several late printed Bibles.* Finsbury, 1659.

KNAPPEN, M. M. (ed.). *Two Elizabethan Puritan Diaries* por Richard Rogers e Samuel Ward. Chicago: American Society of Church History; Londres: SPCK, 1933.

LAUD, William. *The Works.* 7 vols. Oxford, 1847–57.

LEEDHAM-Green, E.S. *Books in Cambridge Inventories.* 2 vols. Cambridge University Press, 1986.

LEWIS, C.S. "The literary impact of the Authorised Version". Em C.S. Lewis, They Asked for a Paper. Londres: Bles, 1962.

LEWIS, John. *History of the Several Translations of theHoly Bible,* 1731, prefixado para The New Testament... by John Wiclif. 2ª ed. Londres, 1739.

LIGHTFOOT, John. *A Sermon Preached before the Honourable House of Commons.* Londres, 1645.

LIGHTFOOT, John B., TRENCH, Richard Chenevix e ELLICOTT, C. J. Introd. Philip Schaff. *The Revision of the English Version of the New Testament.* Nova York: Harper and Brothers, 1873.

LLOYD JONES, G. *The Discovery of Hebrew in Tudor England: A Third Language.* Manchester University Press, 1983.

LOCKE, John. *An Essay for the Understanding of St Paul's Epistles.* Londres, 1707.

LOFTIE, W. J. *A Century of Bibles, or the Authorised Version from 1611 to 1711.* Londres, 1872.

Lowes, John Livingston. "The noblest monument of English prose". Em *Of Reading Books.* Londres: Constable. 1930, pp. 47–77.

LOWTH, Robert. *A sermon preached at the visitation of the Honourable and Right Reverend Richard Lord Bishop of Durham.* Londres, 1758.
Short Introduction to English Grammar. Londres, 1762.
Isaiah. Londres, 1778.
Lectures on the Sacred Poetry of the Hebrews. Trad. George Gregory. 2 vols. Londres, 1787.

LYSONS, Daniel. *The Environs of London.* Londres, 1795.

MACAULAY, Thomas Babington. "John Dryden". *The Edinburgh Review* 47 (janeiro de 1828), p. 93.

MACCULLOCH, Diarmaid. *Thomas Cranmer: A Life. New Haven e Londres*: Yale University Press, 1996.

MARSH, George P. *Lectures on the English Language.* Ed.William Smith. Nova York, 1862.

MCCLURE, Alexander. *The Translators Revived.* Nova York, 1853.

MCKITTERICK, David. *A History of Cambridge University Press.* 3 vols. Cambridge University Press, 1992–2004.

METZGER, Bruce M. *The Text of the New Testament: Its Transmission, Corruption and Restoration.* Oxford: Clarendon Press, 1964.

MOMBERT, J.I. *English Versions of the Bible.* Londres e Nova York, 1883.

MORE, Thomas. *The Confutation of Tyndale's Answer* (1532, 1533); *The Complete Works of St. Thomas More,* vol. VIII. New Haven e Londres: Yale University Press, 1973.

MORGAN, Paul. "A King's Printer at work". *Bodleian Library Record,* 13:5 (outubro de 1990), pp. 370–4.

MOZLEY, J. F. *Coverdale and his Bibles.* Londres: Lutterworth Press, 1953.

NICOLSON, Adam. *Power and Glory: Jacobean England and the Making of the King James Bible.* Londres: HarperCollins, 2003.

NORTON, David. *A History of the Bible as Literature.* 2 vols. Cambridge University Press, 1993.

A History of the English Bible as Literature. Cambridge University Press, 2000.

A Textual History of the King James Bible. Cambridge University Press, 2005

"John Bois's notes on the revision of the King James Bible New Testament: a new manuscript". *The Library,* sexta série, 18 (dezembro de 1996), pp. 328–46.

"John Bois, Bible translator, in old age". Em *Still Shines When You Think of It: A Festschrift for Vincent O'Sullivan.* Ed. Bill Manhire e Peter Whiteford. Wellington: Victoria University Press, 2007, pp. 318–42.

OPFELL, Olga S. *The King James Bible Translators.* Londres:McFarland, 1982.

Oxford Dictionary of National Biography (versão on-line).

Oxford English Dictionary (versão on-line).

PAINE, Gustavus S. *The Men Behind the King James Version.* Grand Rapids: Baker Book House, (1959) 1977.

PETTIE, George. *The Civil Conversation* of *M. Stephen Guazzo.* Londres,1581.

PILKINGTON, Matthew. *Remarks upon Several Passages of Scripture*. Cambridge, 1759.

PLOMER, Henry R. "The King's Printing House under the Stuarts". *The Library*, n.e. 2 (1901), p. 353–75.

POLLARD, Alfred W. (ed.). *Records of the English Bible*. Londres: Oxford University Press, 1911.

PRYNNE, William. *Canterbury's Doom*. Londres, 1646.

ROSENTHAL, Erwin I.J. "Edward Lively: Cambridge Hebraist". Em D. Winton Thomas (ed.). *Essays and Studies Presented to Stanley Arthur Cook*. Londres: Taylor's Foreign Press. 1950, pp. 95–112.

SAINTSBURY, George. *A History of English Prose Rhythm*. Londres: Macmillan, 1912.

SAY, Samuel. "Essay... on the harmony, variety and power of numbers in general, whether in prose or verse". *In Poems on Several Occasions*. London, 1745.

SCRAGG, D.C. *A History of English Spelling*. Manchester University Press, 1974.

SCRIVENER, F.H.A. *The Authorized Edition of the English Bible* (1611)*: Its Subsequent Reprints and Modern Representatives*. Cambridge University Press, (1884) 1910.

SELDEN, John. *Table Talk*. Londres, 1689.

SIMPSON, Percy. *Proof-reading in the Sixteenth, Seventeenth and Eighteenth Centuries*. Londres: Oxford University Press, 1935.

SMITH, John. *The Mystery of Rhetoric Unveiled*. Londres, 1656.

SMITH, Miles. *Sermons of... Miles Smith*. Londres, 1632.

SPARKE, Michael. *Scintilla*. Londres, 1641.

SPERBER, Alexander, ed. The Bible in Aramaic. Vol. III: *The Latter Prophets According to Targum Jonathan*. Leiden: Brill, 1992.

SPOTTISWOODE (Spotswood), John. *History of the Church of Scotland*. Londres, 1655.

STRYPE, John. *The Life and Acts of Matthew Parker*. Londres, 1711.

STUBBINGS, Frank (compilador). *Forty-Nine Lives: An Anthology of Portraits of Emmanuel Men*. Cambridge University Press, 1983.

SWIFT, Jonathan. *A Proposal for Correcting, Improving and Ascertaining the English Tongue*. 2ª ed. Londres, 1712.

TRENCH, Richard Chenevix. *On the Authorised Version of the New Testament*. Londres, 1858.

TYNDALE, William, *The Obedience of a Christian Man.* Marlborow [Antwerp], 1528.

VAN EERDE, Katherine S. *John Ogilby and the Taste of his Times.* Folkestone: Dawson, 1976.

VANCE, Laurence M. Archaic Words and the Authorized Version (1996). Pensacola: Vance Publications, 1999.

VENN, John. *Biographical History of Gonville and Caius College.* 3 vols. Cambridge University Press, 1901.

VOET, Leon. *The Plantin Press* (1555–1589). *A Bibliography.* 3 vols. Amsterdam: Van Hoeve, 1980.

WHISTON, Edward. The Life and Death of Mr Henry Jessey. Londres, 1671.

WALKER, Anthony. "The Life of that Famous Grecian Mr John Bois". Originalmente publicado em Francis Peck. *Desideria Curiosa* (1779). Reimpresso em Allen. *Translating for King James.* Cópia do manuscrito do século XVIII. British Library. MS Harley 7053.

WALTON, Izaak. *The Life of Dr Sanderson.* Londres, 1678.

WARD, Samuel. *Diary.* Arquivos do Sidney Sussex College. MS 45. Thomas Baker. Seleções dos manuscritos de Ward. Biblioteca da Universidade de Cambridge. Baker Mss, Mm 2 25, pp. 308–26 (fls. 159^r–168^r).

WELSTED, Leonard. *Epistles, Odes, etc.* London, 1724.

WESTBROOK, Vivienne. "Translators of the Authorised Version of the Bible". Oxford Dictionary of National Biography.

WESTCOTT, Brooke Foss. *A General View of the History of the English Bible* (1868). 3ª ed. Rev. William Aldis Wright. Londres: Macmillan, 1905.

WHEELER, G.W. Ed.. *The Letters of Sir Thomas Bodley to Thomas James.* Oxford: Clarendon Press, 1926.

WHITE, Joseph. *A Revisal of the English Translation of the Old Testament Recommended.* Oxford, 1779.

WHITELOCKE, Bulstrode. *Memorials of the English Affairs.* Londres, 1682.

WILLEY, Basil. "On translating the Bible into modern English". *Essays and Studies,* n.e. 23 (1970), p. 1–17.

WOOD, Anthony à. *Athenae Oxonienses.* Londres, 1691.
The History and Antiquities of the University of Oxford. 2 vols Oxford,1792.

WRIGHT, William Aldis. *The Authorised Version of the English Bible 1611.* 5 vols. Cambridge University Press, 1909

Índice onomástico